副田義也社会学作品集

第Ⅱ巻

死者とのつながり

東信堂

副田義也社会学作品集　刊行にあたって

社会学研究者として、私は、半世紀余を暮らしてきた。そのあいだ、ほぼ休みなく、かきつづけてきた作品の主要なものをつかって、全十二巻の作品集をつくろうとしている。主題ごとに関心をひかれるままに作品を配置して、自作について気付いたことがある。二つの作品系列がある。

第一の系列は、死、老年と老化、子どもと若者、性愛、マス・カルチャーなどを主題とする。これらの作品群を執筆したさいの自らの心理をふりかえると、自己表現の性格が相対的につよかったのに気付かされる。それを否応なく認めさせられたのは、各論の巻頭に『死者とのつながり』『老いとはなにか』を置く心の動きが、その処置が終るまで、きわめて自然に感じられていたということによる。私は八十二歳、近づいてくる死と進んでゆく老いを自覚しつつ、日々を生きている。

第二の系列は、日本文化、教育、福祉、政治などを主題とする。これらの作品群を執筆したさいの主要な動機のひとつは、社会の変動する歴史を観察して、その変動の機序を理解したいということであった。ここでいう歴史はせんじつめれば他者といってもよい。この系列のなかに『日本文化試論』や『教育勅語の社会史』を置いた。私は、敗戦を国民学校五年生でむかえ、大学の教員を生涯の仕事とした。私にとって、歴史と政治とは、ときに知恵のひらめきが織りこまれる愚行の連鎖であった。

しかし、あらためていうまでもないが、これらの系列の区別は絶対的なものではない。自己の表現は歴史の文脈をとおしておこなわれ、歴史の理解は自己の形態を媒体としておこなわれる。社会学において、自己表現と歴史理解は相互浸透している。社会学者たちは、研究の現場において自己と歴史の双方にみいる二正面作戦をたたかわねばならない。社会学のこの半世紀あまりの変容をふまえて、新しい方法の出現として、社会学宣言と社会学革命を唱える。そこに社会学のほかの社会科学と区別される独自の性格がみいだされるといいきり、仕事はじめの挨拶とする。

目次

副田義也社会学作品集

第Ⅱ巻　死者とのつながり

1 死者とのつながり

（二〇〇一年二月　岩波書店『死の社会学』）

1　作田啓一氏の質問

一九九四年の日本社会学会大会は、その書評セッションのひとつで、私の著書『日本文化試論――ベネディクト「菊と刀」を読む』をテキストとしてとりあげた[1]。セッションが終って数日後、私は作田啓一氏から一通の書簡をうけとった。そこには、氏がセッションでおこなおうとしながら、はたさなかった質問が記されていた。それは、前記の著作を刊行したのち、その著作についてうけた批評や質問のなかで、私をもっとも深く考えこませ、その書物でかいたことのさきをかんがえさせるものであった。まず、作田氏の書簡のうち質問を記した部分を抜きがきする。

「以前ご本をいただいた際、お礼の返信の中にも触れたことなのですが、私が強い関心をいだいたのはベネディクトの The Story of My Life……を検討されている箇所です。ここで彼女の『死者とのつながり』の体験がもつ重要性が指摘されており、これが『死んだつもりになって生きる』という日本人の行動のモティヴェーションについての彼女の理解を容易にしたと述べておられます。私はかねがね日本人の民族的性格の traits の一つとして、『死者とのつながり』を挙げるべきだという考えをいだいてきました。そこでこのテキストに強い関心をもった次第です。しかし疑問も生じました。『死者とのつながり』はたしかに activist な動機づけをもたらす反面、逆に生への apathy をもたらすことになりはしないだろうか。だとすると、日本人において、『死者とのつながり』が、どうして activist な傾向だけと結びついたのだろうか。これが私の疑問です。

（中略）

いずれにしても、The Story of My Life からのこの引用は強力な impact をもっています。この引用によって、私は『死者とのつながり』が『菊と刀』の、そしてまた彼女の他の著作の読解にあたっての一つの重要な鍵となることを示唆されました。ご本に含まれている多くの示唆の中で、私はここではその一つだけを記します。」

あらためていうまでもなく、作田氏は名著『恥の文化再考』[2]を著して、わが国における『菊と刀』論議が紹介から本格的研究に移っていったさいの先導者であった方であり、その業績は恥の文化論の最高峰である。このような先達からこれほどの好意と評価を示す書簡をあたえられれば、後進としては奮い起たずにはいられない。私は、書簡を一読、片手拝みした。それからしばらく考える時間をいただき、質問に答える返書をかき、それをさしあげた。そのおり、これはやがて執筆する答えのラフ・スケッチであるといい、本稿の計画をかきそえ、そこでくわしい答えを出しますと約束した。しかし、あらためてくわしい答えを構想してみると、これは一冊の書物を必要とする規模の仕事だとわかった。したがって、以下は、第二次ラフ・スケッチとして読まれることを期待する。

2　死者との連帯

死者とのつながりという社会心理的事実について、日本社会学において最初に言及したのは、ほかならぬ作田氏自身であった。かれは「死との和解――戦犯刑没者の遺文に現れた日本人の責任の論理」（『展望』一九六四年一二月号、のち『恥の文化再考』一九六七年所収)でそれをおこなった。ただし、そのおりには、「死者との連帯」というタームが主としてつかわれていた。氏は、この論文で、B・C級の戦犯受刑者の遺文集である巣鴨遺書編纂会編『世紀の遺書』を素材としてつかい、論文タイトルが示す主題を分析した。この論文は秀作であるが、その全体を紹介するゆとりはない。死者との連帯に関連する部分のみを紹介する。

B・C級の戦犯刑没者はどのようにして死を心理的に受容したかをあきらかにすることが、この論文の最終課題であった。作田氏の検討によれば、かれらの圧倒的多数が刑死を受容していた。これ自体が日本的特性の反映であると氏はいう[3]。ついで、その受容の論理はつぎの四類型であるとされた。

(1)贖罪死。刑死を自らが犯した罪の償いとして受容する。

(2)とむらい死。刑死をすでにこの世を去った人びとへのとむらいとして受容する。

(3)いけにえ死。刑死を民族、国家、上官、部下などのための犠牲になることとして受容する。

(4)自然死。刑死を平時の自然死と本質的に同じであるとみて受容する。

死者との連帯は、とむらい死の「すでにこの世を去った人びとへのとむらい」として、あらわれる。論文中には、その四つの事例が示されている。

事例(1)、陸軍軍医中尉。『『かたわらに秋草の花語るらく/亡びしものは美しきかな』と牧水は歌って居りますが、私は本日十時半この美しき仲間に入ります。……上司の命令により俘虜の患者の診断区分を日本軍と同様に実施し……たのが非人道的行為として……罪を問われ、死刑の判決を受けた理由です。……誰かが甘受せねばならぬ運命を私が背負って行くわけです。死亡せる多数の俘虜の事、その家族の事を想うと諦めもつきます。」

事例(2)、軍医中尉。「死刑に処せられるについて何人も怨むところはありません。ただ皆様に是非肝に銘じていただきたいのは、昭和十九年の三月より終戦までの間にジャワの抑留者の約一割という五千名が死亡しています。（中略）戦争は早くすんでよかった。もしあれが一ヶ月も遅れていれば、まだまだ犠牲者が出ていたことでしょう。このことを考えれば、私一人が死んで行く位あたり前です。」

事例(3)、海軍大尉。「何一つ軍人として思い残す事は有りません。部下も良く働いて呉れました。戦死した部下と共に南国の地に静かに祖国の繁栄を祈りつつ眠りに就こうと思います。」

事例(4)、陸軍中将。「打続く作戦に疲憊《ひはい》の極に達せる将兵に対し更に人として堪え得る限度を遥かに超越する克艱《こくかん》敢闘を要求致候。之に対し黙々之を遂行し力竭《つ》きて花吹雪の如く散り行く若き将兵を眺める時君国の為とは申しながら其断腸の思いは唯神のみぞ知ると存候。当時小生の心中堅く誓いし処は必ず之等若き将兵と運命を共にし南海の土となるべく縦令《たとい》凱陣の場合と雖も渝《かわ》らじと決心致候。」

死者との連帯は、(1)と(2)では刑死する戦犯と外国人の俘虜、抑留者であった死者たちとの関係としてあらわれ、(3)と(4)では刑死する戦犯とかれらの部下＝日本軍将兵であった死者たちとの関係としてあらわれる。作田氏は、(1)と(2)の刑死の受容は、自分と敵国の人びとを死者として共通の範疇に入れることで普遍主義に達しているとみている。この普遍主義をつうじての死者との連帯は贖罪死の意識につながり、ここでとむらい死は贖罪死とかさなる。(3)と(4)の刑死の受容は、自分と部下たちを死者として共通の範疇に入れることで、当然のことながら死者との連帯が強まる。そこでは死者たちは共通して被害者であるとみれば、とむらい死はいけにえ死にかさなることになる。

また、この死者との連帯の心情は、遠い起源をたどれば、日本人の「祖先崇拝の家族宗教」に由来するのだろうと作田氏は推測している。この推測にさきだって、L・ハーンが、一九世紀末の日本社会で祖先崇拝の信仰が生きているのに驚き、この死者に対する恭順の感情こそが日本人の顕著な愛他的行動様式、愛国心、家族愛、忠義、孝行、戦友愛、自己犠牲などの源泉であると述べたのが紹介されている。この家族宗教は明治三〇年代の産業革命以降、急速に衰えたが、しかし、そこで形成されてきた死者への恭順の感情が、それから半世紀のちのB・C級戦犯たちが死者との連帯を感受しうる心情に連続してきているというのである[4]。

以上の作田説は日本人の民族的特性の一面を照射してみごとな出来栄えを示している。私がこれにどれほどのものをくわえることができるか心もとないのだが、やれるだけのことをやってみよう。まず、作田説に二点を追加していってみる。

第一は、死者との連帯というタームの適切さについてである。私の語感では、連帯という言葉には積極性、意欲の働きなどがあって、刑死者と死者たちとの関係（正確にいえば刑死する者からみた関係）をいうのに、ややふさわしくない印象がある。とくに、事例（1）と（2）のばあい、刑死者は加害者の一面をもつので、加害者が被害者との連帯をいうところには無理があるのではないか。また、（3）、（4）のばあい、共に眠る、共に土になるという表現もいっしょに行動するとはいえても、連帯という言葉とはわずかにずれるのではないか。ただし、以上のようにいうのは現在の語感によってのことであって、この論文の初出の一九六四年当時、連帯という語にはややパセティックな感情が付帯していたので、そのころとしてはこの語の使用がいまより自然に感じられただろうと推測することはできる。作田氏が今回の書簡で、死者との連帯といわず、死者とのつながりといっているのは、そのあたりの変化を反映してのことではないだろうか。私も、氏にしたがって、死者とのつながり、あるいは死者との関係というのが適切であろうかとかんがえている。

第二は、死者とのつながりというばあいの、死者とは何であるかということである。ラフ・スケッチのための分類枠というほどのつもりでかんがえると、つぎの五つが浮んでくる。

(1)死者の記憶。死者の本質を不在とみて、つまり人間は死によってその肉体と精神がすべて消失するとみて、そのうえで死者とのつながりが成立するためには、死者は生き残った者の記憶のなかの存在であるほかない。ただし、死者の本質を実在とみる(2)以下のばあいでも、その実在と死者の記憶は両立することがある。

(2)死者の霊魂。死者の本質を実在とみる見方は多様に分岐するが、その伝統的形態はこれである。もっとも一般的ないいかたをすれば、人間は肉体と霊魂から成る二元的存在であり、死によって肉体は失われても、霊魂は残るという観念である。これによれば、死者とのつながりは霊魂との関係ということになる。

(3)死者たちの世界。死者の霊魂が存在するとかんがえると、つぎにそれらの霊魂が住む場所がかんがえられることになる。死後の生が送られる世界。われわれの伝統文化では、それを幽界といい、生者たちの世界である顕界と区別してきた。死者とのつながりは、この死者たちの世界との関係をさすとも理解される。

(4)死者の転生。死者の本質を実在とみる見方の現代的形態のひとつは、死者が死後、かれ以外の存在として生きつづけるという観念となる。R・J・リフトンがいう象徴的不死性のうち、家族、人類、自然、仕事などはその実例としてつかえるだろう[5]。ほかに名誉、祖国などもかんがえられる。生き残った者は、それらに死者が生きつづけているとみて、死者とのつながりを感得する。

(5)想像上の死者としての自己。想像力をはたらかせて自己をすでに死んだ者とみたて、その自己との関係において生きかたを決めるという行動様式がある。ベネディクトが『菊と刀』でとりあげた日本人の「死んだつもりになって生きる」はその一例であろう[6]。この想像力のはたらきのなかには、やはり、死者とのつながりがある。

3　祖霊による守護

日本人の民族的特性のひとつとして死者とのつながりをかんがえるさい、歴史をさかのぼってみいだされるその原型は、農民たちの先祖の霊魂とのつながりにみいだされる。先祖の霊魂は祖霊とも呼ばれ、子孫を愛護し、守護するとかんがえられる。この祖霊と深くかかわる観念は、家、家督、氏族などである。この祖霊とのつながりは、仏教渡来以前から日本の土着の信仰に属していた。のち仏教が渡来して、この観念にさまざまな修飾をくわえたが、日本人の祖霊観、霊魂観の本質部分については仏教は神道とたくみに妥協して、結果としては、その本質が長く残った。それゆえに仏教は日本に根づくことができたともいえる。この点では、おくれて伝来したキリスト教は妥協せず、そのイデオロギーの純粋性を守ったが、それを原因のひとつとして日本に根づくことができなかった。このあたりの歴史的経過を柳田国男の「先祖の話」(筑摩書房、一九四六年、全集第10巻所収)でみておくことにする。

先祖には二とおりの意味があるというところから柳田は説きおこしている。すなわち、(1)「家の最初の人」、(2)「祭るべきもの」、「自分たちの家で祭るのでなければ、何処も他では祭る者の無い人の霊」である。日本人で幼いころからこの言葉を聞いて育ち、古い人びとの心持ちを汲みとっている者は、この(2)の意味で先祖を理解していると柳田はいっている。この先祖を祭るやさしい、ねんごろな態度は、人びとが自らが死んだあとも子孫を守護したい、家を永遠に続かせたいと願う気持を自覚し、自分たちの先祖もそうおもっていただろうとかんがえるところに発している。その気持が家督という制度に具現される。家督は農民では土地だが、商人なら暖簾、信用、得意ということになろうか、ほかに口伝、家伝の教育法なども例となるだろう。別のいいかたをすれば、先祖と子孫の間の交感は無形の家督とみることができる[7]。

日本人の先祖祭りのありかたをみれば、かれらが先祖の霊をどのように理解しているかが知られる。柳田はこの作品の導入部の終りのところで、その主題をつぎのように示した。

「私がこの本の中で力を入れて説きたいと思ふ一つの点は、日本人の死後の観念、即ち霊は永久にこの国土のうちに留まつて、さう遠方に行つてしまはないといふ信仰が、恐らくは世の始めから、少なくとも今日まで、可なり根強くまだ持ち続けられて居るといふことである。是が何れの外来宗教の教理とも、明白に喰ひ違つた重要な点であると思ふのだが、どういふ上手な説き方をしたものか、二つを突き合わせてどちらが本当かといふやうな論争は終に起らずに、たゞ何と無くそこを曙染《あけぼのぞめ》のやうにぼかして居た。（中略）先祖がいつ迄もこの国の中に、留まつて去らないものと見るか、又は追々に経や念仏の効果が現はれて、遠く十万億土の彼方へ往つてしまふかによつて、先祖祭の目途と方式とは違はずには居られない。さうして其相違は確かに現はれて居るのだけれども、なほ古くからの習はしが正月にも盆にも、その他幾つと無く無意識に保存せられて居るのである。」[8]

農民たちの生活では、家の成立はかつては土地を唯一の基礎としていた。田畑が家督であり、家の存続の要件であった。家の世代を数えるにしても、土地の開発や相伝から数えはじめ、血筋の源にさかのぼるということはしなかった。先祖が子孫を愛護する念慮は全力をあげて土地に打ちこまれる。くわえて、稲作は人力によっては確保されえない自然的条件、水と日光を必要とする。先祖の霊は、この自然的条件の確保のためにも子孫を支援する。御田の神、農神、作の神と呼ばれる家々の神は、祭る人びとの先祖の霊であるとかんがえられた。先祖の霊は、山を住み家とする山の神であり、春になると里に降って田の神となり子孫の農事を守護し、秋の終りに山に還る。そこで先祖祭りは、最初は苗代の支度のころおこなわれ、のち新年の魂祭りとなり、その後、年の暮れにおこなわれるようになった[9]。日本人の霊魂観の原型を柳田はこのように美しく描いている。

この霊魂観に変容をおこさせたのは、のちに渡来した仏教であった。柳田はその経過をくわしく記述しているが、そのすべてを紹介するゆとりがない。一例のみを引く。新年の魂祭りでは祭りの対象をみたまといい、それは先祖の霊をさすが、盆の祭りの対象は精霊といい、現在はそこに三つの種類がふくまれているとされる。すなわち、(1)先祖のみたま、(2)過去一年にこの世を去った荒忌みのみたま、(3)外精霊、御客仏、無縁様、餓鬼などである。仏教の供養は主として(2)に向けられるものであった。そして、新しい死者の記憶はつよく作用するので、(2)はとくに手厚く祭られるのだが、これが先祖思想に大きい影響をもたらした。たとえば、荒忌みのみたまを祭るのが主であって、先祖のみたまはついでに祭るというような事態がおこった。しかし、それにもかかわらず、日本人の霊魂観の本質は保たれつづけたと柳田はみている[10]。

普通の人の霊魂は死後、とぶらわれて、一定の期間が経過したのち、とぶらいあげがおこなわれて、祖霊に単一化、融合化される。この日本人の古来の風習は、仏壇の遺牌に個人の戒名を記す仏教の慣行と矛盾する。土地によっては、そのため、とぶらいあげのおり、遺牌を川に流すところもある。先祖のみたまは神となるが、その中間に霊神を媒介させることもある。このようにして神になったものが氏神であり、したがって、それは氏の先祖を祭ったものであるということになる。複数の氏が一つの氏神をもつ例は、氏神の祭りをより盛大にしたい、小さい氏神がより大きい氏神にたよって、子孫をよりいっそう効果的に守護したいという動機によると説明される[11]。

日本人の大多数は死後の世界を近く親しく感じ、その世界の消息に通じている気持でいるのだが、その理由を柳田はつぎのように述べている。

「茲に四つほどの特に日本的なもの、少なくとも我々の間に於て、やゝ著しく現はれて居るらしいものを列記すると、第一には死してもこの国の中に、霊は留まつて遠くへは行かぬと思つたこと、第二に顕幽二界の交通が繁く、単に春秋の定期の祭りだけでは無しに、何れか一方のみの心ざしによつて、招き招かるゝことがさまで困難で無いやうに思つて居たこと、第三には生人の今はの時の念願が、死後には必ず達成するものと思つて居たことで、是によつて子孫の為に色々の計画を立てたのみか、更に再び三たび生まれ代つて、同じ事業を続けられるもの丶如く、思つた者の多かつたといふのが第四である。（中略）我々が先祖の加護を信じ、その自発の恩択に身を打任せ、特に救はれんと欲する悩み苦しみを、表白する必要も無いやうに感じて、祭はたゞ謝恩と満悦とが心の奥底から流露するに止まるかの如く見えるのは、其原因は全く歴世の知見、即ち先祖にその志が有り又その力があり、又外部にも之を可能ならしめる条件が具はつて居るといふことを、久しい経験によつていつと無く覚えて居たからであつた。さうしてこの祭の様式は、今は家々の年中行事と別なものと見られて居る村々の氏神の御社にも及んで、著しく我邦の固有信仰を特色づけて居るのである。」[12]

われわれの関心にしたがって、以上の記述から小結を導き出すならば、つぎのとおりである。仏教の渡来以前にさかのぼって、日本の農民がもつ土着の宗教的心情においては、死者とのつながりは、家と子孫を加護する先祖の霊魂とのつながりであった。先祖は死んだのち、その霊魂が田の神、氏神となって、子孫であるかれらの農事を助け、守る。そのように理解される死者とのつながりは、当然、かれらに先祖への感謝の気持ちと農事にいそしむ気持ちをもたらすことになろう。ここに死者とのつながりが activist の動機をうみだす過程の原日本的形態があるとおもわれる。また、仏教の霊魂観が渡来したままのものであれば、死者とのつながりが apathy を生じさせる危険があったことも示唆されている。

4　怨霊と御霊

日本人の民族的特性のひとつとしての死者とのつながりを、まず農民の家や家督、氏族との関連で祖霊とのつながりとしてみた。それは日本人が稲作に特徴づけられる農耕民族であったことから必然的になったものである。ついで、この民族が歴史的経過のなかで階級分化して、支配―被支配の社会構造が形成され、それとの関連でかれらの霊魂観がどのように展開したかを追わなければならない。古代に天皇制が成立し、天皇と貴族たちによる宮廷政治がおこなわれるようになり、政争は呪詛をともなって、呪い殺された者の怨霊が生じる。のち武士階級が登場して、中世のあいつぐ戦乱のなかで戦死者たちが怨霊となり、その亡魂を弔らうのは政治の重要な課題となった。民衆はこの怨霊を自らを守護する御霊に変身させるのだが、そこには日本文化における政治と宗教のダイナミズムの一端がみてとれる。そのあたりに焦点をあわせ、桜井徳太郎の二篇の論文「のろい人形――古代人の霊魂信仰」と「怨霊から御霊へ――中世的死霊観の展開」(いずれも、桜井『霊魂観の系譜』講談社学術文庫、一九七七年所収)を検討してみよう。

古代人の霊魂信仰をかんがえるさい、桜井は、平城京などの遺跡から発見された木製の人形を手がかりにした。かれは、この人形や「古事記」、「日本書紀」などの六国史の文献資料から、古代の王朝では他人を中傷し呪詛する風習がさかんであり、しかもそれが有効であると信じられていたと判断している。大化の改新によって律令政治がはじまり、儒教にもとづく合理主義と官僚制が導入された訳だが、それらは伝統的な諸慣行と調和するのに時間を要し、大小の権力者たちは不安定な日日を送らねばならず、その不安から逃れる手段のひとつが呪詛であった。政治家たちは、自分の失政の責任をライバルに転嫁し、相手を政界から葬り去り、自己の正当性を主張して権力を維持するために、呪詛をつかった[13]。この呪詛が成功して相手が狂い死にをすると、その死者はもののけとなって、今度は呪詛した者に復讐するのだが、これが怨霊の原型である。

桜井は、古代の民衆においては他人を呪うという慣行があったという証拠はないといっている。異形の土偶のなかには目を欠き、手足をもぎとられたものがあるが、それは健康人の目や手足をそこねる呪詛のためやったのではなく、患部の目や手足を除いて健康を保つためにやったのではないか[14]。かれは、古代の権力者たちは呪詛を多用したが、民衆がそれを使用したと断定しえないといいたいらしいが、いまはそこには深入りしない。

ついで武士階級が登場する。かれらによって、中世は三つの大きい動乱を経験した。第一は、古代末期の混乱を収拾して中世的秩序を形成した源氏と平氏の戦乱であり、第二は南朝と北朝の対立をきっかけにする内乱であり、第三は室町幕府の弱点によって生じた応仁・文明の大乱と戦国時代であった。全国規模での戦争がくり返しおこなわれ、多くの武士たちが戦死し、また多くの民衆が殺害された。この戦死者たちの死霊が、この時代の怨霊の代表例となる。桜井は、古代の怨霊と中世の怨霊を比較して、つぎのような描写をおこなっている。

「怨霊の系譜をたどれば、呪詛の横行した古代にまでさかのぼることができる。のろわれて狂い死にしたものが、もののけとなって対手《あいて》を苦しめ悩ませる光景は、王朝文学のひとつのジャンルを形づくるくらい多くの作品で描写されている。（中略）古代では、多くその題材が、堂上貴族の政権争奪の犠牲を対象にとられているせいか、妙に陰惨でしめっぽい。人間性の醜悪な面のみがいたずらに露呈しているように思われてならない。

それに比べると中世の怨霊は戦争の犠牲者である。合戦は初めから勝つか負けるかいずれかの結着を予想している。だから負けて首をはねられる結果となってもじめじめしたところは少ない。（中略）悲劇ではあってもしめっぽさはない。しかも中世の怨霊は、古代のようにあまり怨念を露骨に示さないので救われる。（中略）中世における戦死者の死霊は、死後、人びとに供養されることによって逆にプラスの機能を現わすという側面がある。ここに古代と中世のちがいがあるように思われてならない。」[15]

南朝対北朝の戦いで勝利をおさめ、政権を獲得した足利尊氏が最初におこなったのが、安国寺利生塔の建立であった。安国寺は全国六十余州に各州一寺ずつ建てられ、利生塔はその寺に附設された舎利塔婆であった。それらの建立の理由は、つぎのとおりである。（1）味方と敵方の亡霊を供養回向すること、（2）足利勢力の範囲を拡大しようとしたこと、（3）領内の人心の鎮撫をねらったこと、（4）軍隊の駐屯所として軍略的効果をねらったこと。桜井は、仏教史学者・辻善之助が足利尊氏の仏教信仰を分析して（2）、（3）、（4）をあげたのにたいして、（1）

をつけくわえ、そこに当時民衆に根づいていた御霊信仰の影響があったとみている[16]。

桜井は、怨霊がその霊力によって民衆に禍厄災害をもたらす原因のすべてを祓除することができるようになったとき、それは御霊に転身したとみる。これがさきにいったプラスの機能の発現である。したがって、怨霊の怨念が強ければ強いほど人びとは困らされるが、御霊信仰においては、怨霊の怨威が強ければ強いほど人びとの信仰は厚くなる。この御霊信仰は足利時代以後も戦国時代から徳川時代にかけてつねに民衆のあいだに広く見出された。桜井があげた例のうち、とくに示唆的な二例を紹介する。

第一。四国の山間、海浜、離島には、戦国大名の長曾我部氏や蜂須賀氏の侵入によって討伐された在地の土豪の悲話が残っており、戦死した武者たちの墳墓といわれる五輪塔が各地に残っている。これらは御霊様と呼ばれ、地域社会の住民たちの信仰の対象となっているのだが、その多くは霊威によって農作物をそこなう病虫害を駆除するとかんがえられていた。また、日照りのときの雨乞い祈願の対象として崇敬されているものもあった。いずれも、非業の死をとげた武者たちの怨霊が回向によって御霊に転身したものである[17]。

第二。やはり四国の山地が多いところでは生産力が低く、民衆の生活条件は苛酷であった。藩制時代、領主がきびしく税を取り立てたので、農民たちは税の減免を求めて百姓一揆をおこし、かれらの先頭に立った多くの義民たちが処刑された。この義民たちの怨霊はたたっては怪異を示し、それによって農民たちは藩主へのうらみを忘れない。そこで藩当局は義民の碑をたてて祭り、そのうらみを消そうとした。しかし、民衆は、怨霊のたたりはかれらを圧迫する権力に向っているのだから、ほかにかれらを苦しめる病虫害、風水害なども除去してくれるようにと、義民の碑に祈願するようになって、怨霊が御霊に転身することになった[18]。

このような御霊信仰は死者とのつながりの伝統的形態のひとつである。そのさい、御霊は農民たちの農事の重大な障害を除去してくれるのだから、死者とのつながりは、かれらの勤労意欲の維持、高揚に役立つとみることができ、それは activist の動機づけと抽象化することができる。

そのうえで、階級概念をつかって、私なりの整理をこころみれば、最初の例では、御霊に転身する以前の怨霊は、戦争で敗北した旧支配階級の霊魂である。支配される農民たちは、支配階級のなかでの闘争がうみだした敗者の霊魂を御霊に転身させて、かれらを加護させている訳である。また、第二の例では、御霊に転身する以前の怨霊は、一揆で敗北した被支配階級のリーダーの霊魂である。ここでは、支配される農民たちは、支配階級との階級闘争において挫折した仲間の霊魂を御霊に転身させて、かれらを加護させている訳である。いずれのばあいでも、御霊信仰は、怨霊観念を前提としつつ、武士階級と農民階級の階級関係のなかで、支配される農民たちが闘争の敗者の霊を自らを加護するものとして信仰していると約言することができよう。ただし、これが御霊信仰についてつねにいえる一般的命題であると主張する準備は私にはない。

5 殉死

武士階級は鎌倉時代以降、徳川期の終りまで一貫して日本社会の支配階級であり、その倫理規範は支配階級のイデオロギーとして日本民族の全体の倫理規範につよい影響をあたえてきた。明治維新以降は、その倫理規範が武士階級出身の国家官僚たちによって天皇制を支える倫理規範として再編成された。これらの経過については『日本文化試論』においてくわしく述べたので、これ以上はふれない[19]。ここでは、武士たちの倫理規範が、一方で忠・孝、義理などの価値の集合であり、とくに主君への忠が重んじられたが、他方では独特の行動と死の哲学をもっていたというところからはじめる。その哲学が形成されたさいの有力な文化的要因のひとつは禅であった。鈴木大拙はその歴史的いきさつをつぎのように要約している。

「日本においては、禅は当初から武士の生活と密接な関係があつた。尤もそれは決して彼等の血なまぐさい職業を実行するやうに示唆したのではない。武士が何かの理由で一たび禅に入つた時は、禅は受動的に彼等を支持したのであつた。禅は道徳的及び哲学的の二つの方面から彼等を支援した。道徳的といふのは、禅は、一たびその進路を決定した以上は、振返らぬことを教へる宗教だからで、哲学的といふのは生と死とを無差別的に取扱ふからである。」[20]

この引用文につづく鈴木自身の文章から、コメントとして役立ちそうなものを拾っておこう。第一に、この振り返らないということについては、元来禅は意志の宗教であり、武士精神に哲学的というより道徳的に訴える。認識論の見地では、禅は知性主義ではなく直覚を重んじ、直覚によって真理に直接的に到達しようとする。これらは武人の根本的資質に似合っており、だからかれらは禅に魅力を感じるのであろう。つぎに、禅の修業は単純、直截、自恃、克己的であり、これらの戒律的傾向が戦闘精神とよく一致している。[21] 第二に、生と死を無差別的にとりあつかうことについてだが、禅はひとを生死のきづなから解こうとする宗教である。禅はそれを固有の直覚と意力にもとづく理解方法ではたす。仏光は北条時宗との対話のなかで、臆病をさけるにはそれがよって来る時宗の自己を投げ棄てねばならず、そのためには汝の妄念思慮を断ち切らねばならないが、それは坐禅によって可能になると教えた。このようにして、武士の威厳の護持は、一種の鍛練主義と常住死を覚悟することを必要とする[22]。

武士道において固有の主君への忠と死の哲学が結びつくとき、殉死という行為形態が成立する。古代末期から戦国時代まであいつぐ戦乱のなかでは、武士たちは主君への忠と死の哲学によって勇敢な戦闘者として生きてきた。主君のために死を恐れずに戦うことがかれらの本分であった。しかし、幕藩体制が成立し平和な時代になると、そのような戦いの機会は失われた。多くの武士たちは行政官になっていったが、戦士の気質をもちつづけた者は、主君のために命を惜しまない行為形態をほかに求めて、それを殉死、諫言などにみいだしたのであった。江戸時代に入って成立した武士道思想の代表的文献のひとつは『葉隠』だが、その第一主題は殉死である。

殉死とは、主君が死亡したさい、その死後の旅の供をするために武士が切腹・自殺する行為をいう。これは、主君であった死者とのつながりによって、自らの生命を自らの意志によって断つという、activist の行為を選択するものである。『葉隠』では殉死という言葉をつかわず、もっぱら追い腹がつかわれている。なお、殉死のヴァリアントとしては、主君の病状が悪化したさい、その延命を願って命代りに家臣がさきに自殺するという例もあった[23]。

殉死を歴史社会学的に考察した最近の出色の文献としては、山本博文の『殉死の構造』(弘文堂、一九九四年)がある。同書によれば、殉死は一七世紀前半、わが国の武士階級でおおいに流行した。その最初の例は、一六〇七年、徳川家康の四男、尾張清洲城主・松平忠吉が病死したさい、近臣三人がおこなった殉死であるとされている。この忠吉と三人の家臣たちのうち二人は男色関係(衆道の関係)にあった[24]。その後続出する殉死のケースにも、このような性関係があった近臣たちの殉死が多くみられる。一般的にいって、武士道の思想においては、主君と家臣の関係のありかたを性的結合と似通うところがあるとみる見方があった。『葉隠』が恋の至極は忍恋であるといい、つまり最高の恋愛は打ちあけない恋愛であるといい、それは男女の仲でも主従の仲でも同じことであると述べたのはその一例である[25]。

ただし、殉死者のなかには、主君と男色関係になかった者も多くふくまれる。山本は事例を精査したうえで、主要な動機類型として、生前の主君から破格の地位をあたえられていた、罪を許された、好意をうけた、側近に侍していた、親密な結びつきをもっていたなどをあげている。殉死の近代主義的解釈にみかけられる心理的強制によるもの、利害の打算にもとづくものはまったくなかったと山本はいう[26]。ただし、山本が殉死者のなかには、大身あるいは高位の武士が少なく、小姓や小身の武士が多いと述べているところは[27]、藩士のなかでの二とおりの武士の母集団の大きさを勘案したうえでの判断ではないのではないかという疑問がのこる。

また、殉死という行為を理解するにあたって、山本が、かぶき者や奴の心理がはたらいていたと指摘しているのには注目を要する。奴のばあいでいえば、下々の奴は奉公をよく務め、仕事が辛いなどと弱音を吐かず、寒中でも袷わせひとつで寒いとはいわず、一日食事をしなくてもだるそうな素振りをせず、空威張りでも命は惜しくないという男たちである。また、歴々の奴は「侍道」の勇気を重んじ、徳を重んじ、性根がすわっており、親方や老人を敬まい、人に頼られ、人のためには命を惜しまず、武芸に精を出し、敵対した者は許さない男たちである[28]。

一言でいえば合戦が仕事であった職業戦士には、男伊達、秩序否定、無頼、生命軽視などをつうじての自己顕示を好む性格特性があった。殉死はかれらの自己主張であり、さらには自己陶酔という一面がある。それは平和な日日に閉じこめられた戦士たちのエネルギーの噴出であり、体制化しつつあった制度や秩序を打ち破る危険性をもっていた。だからこそ、一七世紀後半に入って幕府は殉死をきびしく禁じるようになったのだろう[29]。

一六六八年、宇都宮藩主、奥平忠昌が病没したさい、家臣、杉浦某は幕閣の禁令にそむいて殉死した。幕府はこれをきびしく咎めて、領主の領地二万石を削減し、杉浦の幼い子どもを斬罪に処した。これによって殉死の流行は終った[30]。

けれども、殉死を憧憬する武士たちの心情はその後ものこった。忠臣蔵としてドラマ化されて有名になる赤穂事件は一七〇二年におこるが、この事件の第一次資料による卓抜なドキュメント、野口武彦の『忠臣蔵――赤穂事件・史実の肉声』(筑摩書房、一九九四年)によると、事件の経過のなかで大量殉死が実際に検討されている[31]。また、四十七士の討ち入り成功から切腹までを広義の殉死とみることも可能であろう。殉死賛美の書『葉隠』は一七一〇年から一六年にかけて成立した聞き書きを中核としている。

6　靖国神社

明治維新以降、新しい支配階級となった国家官僚たちは近代国家を形成する訳だが、その政治機構の基軸部分は中央政府、天皇制度、軍隊制度などであった。この軍隊はすべての将兵が勇敢で命を惜しまず戦うことを必要とした。また、日清、日露の両戦役とそれにつづく侵略戦争はつねに日本軍に莫大な数の戦死者を生じさせたが、かれらの遺家族がその死についてもつ悲しみをなるべく和らげ、不満をできるだけ小さくし、それを名誉の死であると感じさせる必要があった。これらの必要をみたすために、政府は、死者とのつながりがactivistの動機づけをうみだす日本人の特性を利用して、靖国神社という宗教施設と国家神道という宗教システムをつくった。これらの施設とシステムによって、さきの日本人の特性は新しい形態をもつようになり、一面で強化された。この間の事情については膨大な資料、文献が存在しているが、ここでは二、三の基礎的事実をあきらかにするにとどめる。

村上重良氏が靖国神社の歴史をまとめた論文を書いており、私はそれから多くのことを学んだが、これによると、同神社の思想的源流は幕末維新の動乱期におこなわれた公私の招魂祭と長州藩における招魂場の建設に求められる。その動乱期、尊王派は佐幕派と政治的にはげしく抗争し、尊王派にたいする幕府の弾圧とこれに報復するテロリズムがつづいたが、一八六〇年、桜田門外の変ののち、尊王派は公武合体の前進を背景に自派の犠牲者の名誉回復をはかりはじめる。六二年、孝明天皇は長州藩の内請で幕府に勅文を下し、攘夷の実行を促すとともに、尊王派の犠牲者たちを「国事に死に候輩」と呼んで「霊魂招集し、礼を以て収葬し、子孫をして祭祀せしめ候様」と命じた。これによって同年末、京都で最初の全国的な「報国忠士」の招魂祭がおこなわれた。その後、尊王派の各藩や志士たちにより、各地でさかんに招魂祭がおこなわれることになった。また、明治維新を主導した長州藩は、幕末四年間、禁門の変、外国海軍との下関戦争、幕府の長州征伐への応戦、戊辰戦争と戦いつづけ、多くの戦没者を出した。この事情により、同藩は将兵の忠誠心をたかめるために、「戦争、国事等に死するもの」を埋葬し、祭るために招魂場を一六カ所に設けた。これらのひとつ、桜山招魂場は、のちに建設される東京招魂場のモデルになる[32]。

招魂の思想について村上はつぎのように説明している。

「それは、倒幕前夜の一八六〇年代に入って整えられ、急速に全国各地に広がった新しい思想である。招魂の思想は、流血の政治抗争と内戦の所産であり、それだけに、政治的軍事的性格が強烈な宗教的観念であった。／招魂とは、もともと道教のことばで、死者の霊、時には遊離した生者の霊を招き寄せることをいい、定まった方式がある。中国から日本に伝えられた招魂の術は、『たまよばい』とよばれ、もっぱら陰陽道で行われてきた。古代以来、神道には鎮魂(みたまふり、みたましずめ)があり、仏教には精霊、祖霊を迎える盂蘭盆等の行事があるが、ほんらい招魂とはべつの観念、儀礼である。」[33]

招魂の思想の最大の特徴は、自派、自軍の死者にかぎっての慰霊、顕賞というところにあると、村上はいう。こういう発想は日本人の伝統的な死者鎮送の考えかたにたいして異質のものである。それは苛烈な政治抗争や戦争のなかで「果てしなく敵を憎悪し犠牲者の霊に報復を誓う思想であり、味方の士気を鼓舞し、死地に赴かせるために、きわめて効果的な『信仰』であった。のち、一八七五年に東京招魂社が創建され、大政官はそこに各地の招魂社に祭られている国事殉難者を合祀した。この国事殉難者とは五三年以来の尊王派の犠牲者のみをさし、幕府側の死者はのぞかれている。招魂の思想は、天皇への忠義という判断基準によって、日本人を味方と敵の二種類に峻別する思想であった。[34]

一八七九年、東京招魂社は社号を靖国神社とあらため、別格官幣社に列格した。ここに祀られる戦没者は神社の祭神であり、それが増加するにつれて個性が薄れ、抽象化されて「護国の英霊」と呼ばれるようになった。村上は、その背景となる国家神道の創出過程をもくわしく述べているが、その紹介は省略する。靖国神社は、日清戦争、日露戦争を機に大きく発展し、戦没者の慰霊顕彰と天皇制の国民教化施設として、国家経営上最重要の役割をはたすことになった。その管轄にあたったのは、改称以後は内務、陸軍、海軍の三省であり、八七年以後は陸軍、海軍両省であった。その思想について、もう一度、村上の文章を引用する。

「天皇・軍・神社を一体化した靖国神社が拠って立つ思想は、戦没者を回路とする近代天皇制国家の理念そのものであった。靖国の思想の本質は、天皇のために一命をささげた戦没者を神として祀り、現人神天皇の参拝という無上の栄誉でたたえ、全国民に、戦没者のあとに続いて、すすんで死地に赴くことをうながすことにあったといえよう。」[35]

敗戦後、占領軍GHQは、覚書「国家神道、神社神道ニ対スル政府ノ保証、支援、保全、監督並ニ弘布ノ廃止ニ関スル件」を発した。これは神道指令と略称されるものであったが、宗教を国家より分離すること、あらゆる宗教、信仰、信条を同一の法的根拠のうえに置くことを要求していた。その結果、靖国神社は国家との結びつきを完全に断ち切られ、個人の信仰の対象としてのみ存続することになった。占領が終了したのち、靖国神社のかつて国家によってあたえられた特権を回復しようとする動きが、戦没者の遺族たちの全国組織、神社本庁、靖国神社の連携によっておこる。その連携は、遺族たちの組織の集票能力によって自由民主党と結びつき、これに野党が対抗し、神道以外の諸宗教の団体・組織も靖国神社の国家との結びつきに反対して、靖国問題は政治問題化した。この過程についても多くの文献があるが、齋藤憲治、渡辺治などの業績によって、ここでは問題の発端とみなせる遺族たちの死者とのつながりにかんする主張の基本的特性を整理するにとどめる。

（1）それは靖国神社の国家による護持を主張して、日本国憲法第二十条の信教の自由および政教分離の原則を否定する。その否定は、憲法改正をめざすものであり、靖国神社は宗教施設でないと強弁して、さきの原則を形骸化させるものでありでさまざまであった。（2）それは日本がおこなってきた対外戦争を自衛、自存のための戦争であったと述べ、アジアの諸国への侵略を認めない。戦没者は祖国の存立のために献身し犠牲となったとだけいわれて、かれらの戦争責任は問われない。(3)靖国神社の国家護持を放棄したという理由から、戦後民主主義は否認され、民族の魂をよみがえらせるべきだといわれる。天皇制の強化とナショナリズムの復活が組み合わされ、その推進がはかられている[36]。

7　死者とのつながりの四類型

古代から現代まで駈け足で、日本文化において死者とのつながりがどのような形態をとったかを素描してきた。その基本類型を死者の霊魂のありかたによって区分すると、祖霊とのつながり、怨霊、御霊とのつながり、主君の霊とのつながり、英霊とのつながりの四つがある。それぞれにおいて、死者とつながりをもつ生者はだれか、また両者のつながりを相互作用とみたてると、死者の行為および生者の行為はなにかに注目して、これまでの記述をまとめて図1をつくってみた。この図を利用して、八点をいうことにする。

第一。この四類型は、次項以下で述べるようにたがいとの関係で相対的独自性がかなり高く、そのかぎりで四つの基本類型といってよいだろう。ただし、これらは私のかぎられた読書体験から抽出されたものでしかないから、これらによって、伝統的日本文化における死者とのつながりの基本類型のすべてがあげられているかどうかの判断は控えたい。

第二。四類型の出現の時間的順序は、それらが記述された順序のとおりであろう。ただし、祖霊とのつながりと怨霊とのつながりとのばあいは、荒忌みのみたまがやがて先祖のみたまになってゆくという発想によれば、同

死　　者	死者とのつながり		生　　者
	死者の行為	生者の行為	
祖　　霊	加　　護	魂祭り	子孫、家
怨　　霊 御　　霊	災　　厄 加　　護	回　　向 信　　仰	個人、住民 住　　民
主君の霊	―― (生前の性関係 あるいは贈与)	**殉死** **(返礼と自己主張)**	家臣個人
英　　霊	護　　国	慰霊、顕彰	天皇、臣民、国民

図1　日本文化における死者とのつながりの基本類型

時に出現したとかんがえられる。私は、古代宮廷の政争の敗者の霊や中世の戦乱の戦死者の霊をつよく意識して、さきのようにいった。

第三。四類型は時間的に順序づけられて出現したが、あらためていうまでもなく、新しいものが古いものを駆逐する、あるいは交替するというようなことがおこった訳ではない。日本文化全体のなかでは、この四類型は重層して並存する関係にあった。ただし、特定の個人や集団のなかで、この四類型のいずれを採用するかが争われた事例は多い。

第四。祖霊とのつながり、怨霊・御霊とのつながりから主君の霊とのつながりまで三類型の出現の順序には集団主義原理から個人主義原理への移行をみることができる。死者でいえば、祖霊は歴代の祖先の霊が単一化、融合化した集合的存在であるが、怨霊、御霊、主君の霊は個人の霊である。生者でいえば、祖霊とつながりをもつ子孫、家は集合的存在だが、主君の霊とつながりをもつ殉死者は個人である。怨霊とつながりをもつ者には個人もあり、集合的存在もある。

第五。祖霊とのつながりや怨霊、御霊とのつながりは生者の側からみると、加護をうけたい、災厄をまぬかれたいという動機をもっており、そのかぎりで目的合理的行為であり、現世利益の信仰として一括されよう。これにたいして、主君の霊とのつながりでは殉死する家臣は死者からなにかをあたえられる訳ではない。死者は死んでいるだけである。殉死者を殉死に動機づけるのは死者への返礼と自己主張である。したがって、殉死において、死者とのつながりは価値合理的行為として純粋化される。

第六。このようにみてくると、英霊とのつながりがもつ性格の特異性がおのずからあきらかになる。それは近代国家が創り出した前近代的な死者とのつながりの観念である。多数の戦没者の霊魂が個性を薄れさせ、英霊と抽象化されるところは、祖霊の単一化をおもわせられる。その死者の働きが護国であるとされているところは、御霊信仰に近い。生者も国民として集合的存在に還った。この英霊とのつながりは、天皇制国家、戦争国家にふさわしい人工宗教の死者とのつながりの観念であった。それは天皇への忠義と戦死を恐れぬ将兵の勇猛さをつくり出したのである。死者とのつながりがactivistの動機を生じさせる過程の軍国主義的形態である。戦後半世紀たってもこれが社会の一定の範囲に生き残っているということは、この観念がかなり巧みにつくられているせいであろうか、われわれの社会、文化がこの観念をつよく必要としているせいであろうか。

第七。もう一度図1をみていただきたいのだが、この図は、死者とのつながりに焦点をあわせて、日本文化の底を流れる民族の土着信仰とその発展形態を示している。おそらくはその伝統的形態は祖霊、怨霊、御霊などへの信仰や儀式であり、近世以降、それが武士階級によって殉死の思想に進み、国家官僚によって招魂＝靖国の思想がそこから形成された。靖国の思想が道教の霊魂思想の助力を借りたことはさきにみたとおりであるが、それとて伝統的な民族の土着信仰があってこそ可能であったというべきであろう。総じて、この図が示すものは、日本文化の地下水脈というべきもので、私は、さしあたってそれに命名するとすれば、神道的なものとでもいうほかない。

第八。日本文化において、なぜ死者とのつながりが生者をactivistにするのだろうか。暫定的な結論をいえば、それは、この文化が原初的には死者の霊魂が生者とまぢかなところで暮しているという発想をもつところに根本原因がある。生者は、ときには死者の霊魂によって加護され、ときには死者の霊魂を愛して、activistとして生きてゆく。別のいいかたをすれば、日本文化は原初的には死者を審いたり許したりする絶対者としての神や仏をもたなかった。そこでの神は、祖霊が変化した氏神程度のものである。したがって死者の霊魂が遠くの天国や極楽、地獄にいってしまうことはなく、生者がそれらの遠くの場所とそこでの死者たちに想いをはせて現世での apathy に落ちこむこともなかった。さきにみたように、これは柳田が祖霊についてすでに的確に指摘したところである。私は、それをほかの三類型でも確認しただけである。私は、日本文化論における柳田の存在の巨大さをあらためて感じている。

8　昭和文学（1）

私自身の少年期、青年期における精神形成の過程をふりかえってみると、その主要な栄養素のひとつは昭和文学であった。私が死者とのつながりという主題についてもつ感性や発想などは、内省してみると、大きい部分を昭和文学の諸作品からえている。この作田氏へのリプライを自分で満足するまで書きこもうとすれば、その不可欠の長大な章として、死者とのつながりを記述の焦点とした昭和文学史をかかなければならないと覚ったので、私は本稿を第二次ラフ・スケッチとするほかないとかんがえたのであった。昭和の最初の二〇年間は、結核と戦争によって多くの人びとが死んでいった時代であり、その時代の文学は、否応なく死者とのつながりを主要な課題のひとつとしなければならなかったのである。

この主題をとりあげる文学作品の多くは、つぎのような構造をもっている。第一に、主人公とかれが愛する、あるいは親密な関係にある人物の双方、あるいは一方に死が近づいており、その死の接近がかれらの生にパセティックな高揚した印象をあたえている。そこで生は美しく、生のなかに愛があればその愛も美しい。第二に、主人公が愛した、あるいは親密な関係にあった人物が死に、それによって主人公は自らも死をねがうか、象徴的な死を経験するが、その死の希求や経験をつうじて再生する。つまり、死者とのつながりによって、生き残った者は生きつづけようとする。私はこれを、前項までの記述にヒントをえて、象徴的殉死と再生とまとめてみたい。四人の作家の場合を例示する。

堀辰雄「風立ちぬ」

堀は一九〇四年に生まれ、五三年に死去した。かれは二〇年代半ばから詩、小説、エッセイをかきはじめ、早熟の文学的才能を示した。代表作として、「聖家族」(一九三〇年/昭和五年)、「風立ちぬ」(一九三六―三八年/昭和一一―一三年)、「菜穂子」(一九四一年/昭和一六年)などがある。それらの作品は、いずれも、制作の動機づけのひとつに堀の生涯における重要な他者たち(significant others)のひとりの死があり、その人物をモデルにした死者あるいは死にゆくひとを描いている。

芥川龍之介は、室生犀星と並んで、堀の文学上の師であったが、一九二七年に自死して、堀に大きいショックをあたえた。「聖家族」では、芥川は九鬼という死亡した作家として描かれ、かれの葬儀から物語がはじまる。矢野綾子は堀の恋びとで婚約者であったが、一九三五年、結核を発病し、堀につきそわれてサナトリウムに入り、約半年の療養ののち死去した。「風立ちぬ」は、その二人の体験を小説にしたもので、女主人公、節子のモデルは綾子である。立原道造は堀の愛弟子たちのひとりで、建築家で詩人であったが、一九三九年、二六歳で夭折した。「菜穂子」の主人公はタイトル・ロールの女主人公と彼女の幼友だちの都築明であるが、明のモデルは立原である[37]。死者とのつながりは、堀にとって、かれの人生の本質であり、かれの文学における最重要の主題であった。なかでも「風立ちぬ」は象徴的殉死と再生という主題を最後にとりあげて終っている。ここでは「聖家族」をわずかに論じて、「風立ちぬ」をややくわしく論じてみる。

「死があたかも一つの季節を開いたかのやうだつた。」[38]

「聖家族」のこの書き出しの文章は、この作品の発表当初から読書人の人口に膾炙したものであるが、いまとなっては、当時の作家も読者も完全には意識しなかった時間の本質を射抜いていたようにおもわれる。この「季節」には少くとも三つの意味の層があるだろう。そのひとつは、「聖家族」という作品の物語の経過である。九鬼の「不自然な死」のあと、その死の影響のもとに、かれの恋びとであった細木夫人、その娘の絹子、九鬼の弟子であった河野扁理がどう生きてゆくか。二つ目は、堀の文学的生涯の経過である。芥川の自死のショックを文学的に昇華して、「聖家族」をかき、かれはかれの文学的閲歴を本格的にはじめたのであった。三つ目は、昭和期の最初の二〇年という歴史的時間の経過である。芥川の自死は、大正デモクラシーと軍縮を特性のうちにもつ大正文化の終焉を象徴し、ファシズムと軍国主義のおぞましい昭和期がはじまる。

さしあたっては、「聖家族」の物語をてみじかに紹介したいのだが、これが難しい。三人の主要登場人物の心理の推移を精緻に分析したこの作品は、要約のしようがない。止むをえず筋立ての結末部分のみにふれる。扁理と絹子は愛しあうのだが、かれは乱雑な生活のなかでその愛情を見失っており、彼女は硬い心でその愛情を認めようとしない。扁理は彼女から逃れるように旅に出て、海辺の町で正確な自己認識にたどりついた。

「さうして扁理はやうやく理解し出した、死んだ九鬼が自分の裏側にたえず生きてゐて、いまだに自分を力強く支配してゐることを、そしてそれに気づかなかつたことが自分の生の乱雑さの原因であつたことを。／さうしてこんな風に、すべてのものから遠ざかりながら、そしてただ一つの死を自分の生の裏側にいきいきと、非常に近くしかも非常に遠く感じながら、この見知らない町の中を何の目的もなしに歩いてゐることが、扁理にはいつか何とも言へず快い休息のやうに思はれ出した。」[39]

死者とのつながりは死者の支配であった。その死を「非常に近くしかも非常に遠く」感じるというさいの、近さは死者への愛情を、遠さは死者からの独立を意味する。扁理は九鬼と自分との精神的同質性、心の傷つきやすさをよく理解している。九鬼は、その心を世間にかくして、独特の皮肉な言動をつうじてしか、それを表現しなかった。扁理は、逆にその傷つきやすい心を表面に押し出して生きてゆこうと決めている。海辺の町から出した扁理の葉書をみて、絹子は細木夫人に、かれは死ぬんじゃなくって？　と口走る。母親の答えとその心理描写は、扁理の自己認識にかさなる。

「『そんなことはないことよ。……それはあの方には九鬼さんが憑《つ》いてゐなさるかも知れないわ。けれども、そのために反つてあの方は救はれるのぢやなくつて？』／河野扁理にはじめて会つた時から、夫人に、彼の生のなかには九鬼の死が緯《よこいと》のやうに織りまざつてゐることを、そしてそれが彼をして死に見入ることによつて生がやうやく分るやうな不幸な青年にさせてゐることを見抜かせたところの、一種の鋭い直覚が、いま再び彼女のなかに蘇つて来ながら、さういふ扁理の不幸を絹子に理解させるためには、いま言つたやうな簡単な逆説《パラドックス》だけで充分であることを彼女に知らせたのだ」[40]

「風立ちぬ」も要約・紹介することが、「聖家族」のばあいとは別の意味で、とても困難な作品である。その筋立てはむしろ単純なのだが、それを追うのみでは、作品の美質の大部分をとり逃すことになる。それを承知で、作品末尾の死者とのつながり、象徴的殉死と再生に焦点をあわせて、乱暴な要約・紹介をあえてしてみる。

若い作家とおぼしき主人公は、高原の避暑地で節子という娘に出会い、恋仲になる。かれらが婚約したのち、彼女は結核に感染していることがわかり、しかもかなり重症で高原のサナトリウムに入って治療をうけるのだが、かれは付き添い役として彼女に同行する。彼女は入院以来、安静を命じられて、ずっと寝ついたきりであるが、かれはこまやかな心遣りで彼女の看病につとめながら、二人の生活をかれらの愛を深める機会ととらえている。この作品は発表された当時から、結核小説、純愛小説としていわば新星菫派の典型例のようにあつかわれてきたが、かならずしもそのような評価がふさわしいとはおもえない。私は今度再読してみて、なによりも主人公のエゴイズムの強烈さをつよく印象づけられた。たとえば、女主人公の安静中の状態について、つぎのような描写がある。

「それらの日日に於ける唯一の出来事と云へば、彼女がときをり熱を出すこと位だつた。それは彼女の体をじりじり衰へさせて行くものにちがひなかつた。が、私達はさういふ日は、いつもと少しも変らない日課の魅力を、もつと細心に、もつと緩漫に、あたかも禁断の果実の味をこつそり偷みでもするやうに味はうと試みたので、私達のいくぶん死の味のする生の幸福はそのときは一そう完全に保たれた程だつた。」41

「私達のいくぶん死の味のする生の幸福」――このフレーズには残酷な美しさがある。その死は予想される恋びとの死であり、その生の幸福は主人公が恋びとといっしょにつかのまに経験しているものである。かれの自我は、愛する者の死の接近によって、生の高揚を楽しんでいるのである。

サナトリウムがある高原の風景は美しい。堀の自然描写の美しさには定評があったが、かれはその才能をこの作品で最大限に発揮した。一例を引いてみる。

「そんな或る夕暮、私はバルコンから、そして節子はベッドの上から、同じやうに、向ふの山の背に入つて間もない夕日を受けて、そのあたりの山だの丘だの松林だの山畑だのが、半ば鮮かな茜《あかね》色を帯びながら、半ばまだ不確かなやうな鼠色に徐々に侵され出してゐるのを、うつとりとして眺めてゐた。ときどき思ひ出したやうにその森の上へ小鳥たちが抛物線を描いて飛び上つた。――私は、このやうな初夏の夕暮がほんの一瞬時生じさせてゐる一帯の景色は、すべてはいつも見馴れた道具立てながら、恐らく今を措いてはこれほどの溢れるやうな幸福の感じをもつて私達自身にすら眺め得られないだらうことを考へてゐた。」42

その描写のあと、節子が主人公になにをかんがえているのかと問い、かれは、ずっと後になっていつかこの美しい夕暮がかれの心によみがえってくることがあったら、それはどんなに美しいだろうかと答える。それにつづいて、主人公は風景に見入っているのが自分であって自分でないような気分に襲われる。彼女はかれになにかをいいかけてから、それを止めて、「そんなにいつまでも生きて居られたらいいわね」と、投げやりな口調でいった。「又、そんなことを!」しばらくしてから、彼女はかれに詫びて、さっきは本当は別のことがいいたかったのだと打ち明ける。「……あなたはいつか自然なんぞが本当に美しいと思へるのは死んで行かうとする者の眼にだけだと仰しやつたことがあるでせう。……私、あのときね、それを思ひ出したの。何んだかあのときの美しさがそんな風に思はれて」。自然の美しさを享受するのも、自らの死を予想する恋びとの目によってであった。主人公は、さきほどの自然が美しかったのは、「節子の魂がおれの目を通して、そしてただおれの流儀で」眺めていたからだと気づいた。節子は自分の死をおもいうかべていた。それなのに、主人公は二人が長生きした時のことを夢みていた。かれはその落差をまざまざと感じる。「私は心から羞かしかつた。」43

この作品の主題は、主人公が描こうとする小説の荒筋として、つぎのようにまとめられている。

「男は自分達の愛を一層純粋なものにしようと試みて、病身の娘を誘ふやうにして、山のサナトリウムにはひつて行くが、死が彼等を脅かすやうになると、男はかうして彼等が得ようとしてゐる幸福は、果してそれが完全に得られたにしても彼等自身を満足させ得るものかどうかを、次第に疑ふやうになる。――が、娘はその死苦のうちに最後まで自分を誠実に介抱して呉れたことを男に感謝しながら、さも満足さうに死んで行く。そして男はさういふ気高い死者に助けられながら、やつと自分達のささやかな幸福を信ずることが出来るやうになる……」44

「風立ちぬ」の連作の最後の一篇は「死のかげの谷」と題されている。節子が死んで二年たったころ、主人公は、彼女と出会った高原の村で冬を過している。かれはかれが住む小屋がある谷を死のかげの谷と呼び、日常のなかで死んだ節子の存在をまざまざと感じるあたり、かれが心理的には死の世界でくらしていることが示される。これをさきに象徴的殉死と呼んだ。そのなかで、かれは死者をたえず求める自分の女々しさを次第に克服して、死者を死なせておきながら、孤独のなかで生きて、仕事をすることができるようになってゆく。かれは、自らがその生きかたができるようになったのは、節子の愛情を信じられたからで、「本当にみんなお前のお蔭だ」と彼女に語りかける[45]。すなわち、死者とのつながりによる再生である。

9　昭和文学（2）

伊藤整「石狩」

昭和文学における死者とのつながりという主題の表現の代表例として、伊藤整の初期の二つの短篇小説、「生物祭」（一九三二年／昭和七年）と「石狩」（初出年不詳）はかならずとりあげられるべき作品であると私はおもっている。伊藤は、堀のようにその主題を作家的閲歴のなかでくり返しとりあげるということはしなかったけれど、その作家としての出発にあたって、きわめて明晰な表現で、青年にとっての父親の死と、その死者とのつながりにおける青年の精神的再生を描いた。また、のちになって、日本の近代文学の作品を素材にして近代日本人の発想の諸形式を分析したさいに、その諸形式のひとつとして、ひとが自己や近しい存在の死を意識したとき、肯定的な生命感や自然や人間の美をもっともつよく感じることになるという指摘をした。

「生物祭」は、東京で学生生活を送っている青年の主人公・私が、父の病状が進み、死が迫ったという報せをうけて、北海道の実家に呼び返されたところからはじまる。父親は衰弱がはなはだしく、水がなにより旨いといってときどき水を求めるほか、ほとんど何も食おうとしない。かれの手足には浮腫が出てきており、それを理由に、母親はもう何日ももたないだろうと私にいう。父親の病名は記されていないが、激しく咳きこむ発作とそれを止めるためのモルヒネの入っているらしい黒い水薬が描写されている。医師も、薬をもらいに病院を訪れた私に、今日の医学では父親の病いの根本的な療法はないこと、あと一週間くらいでなにか変化があればそれ以上の延命は困難であることなどを告げる。そして季節は春、その自然の生命の氾濫を、父親の衰弱や近づく死と対照させて、伊藤は濃密に描きだしている。

「私はどこかに閑古鳥の鳴声を聞いたように思つた。落葉松の新らしい芽の吹いた林の方で鳴いているらしかつた。それは北国の春であつた。父の病気をとり巻いて私を育てた北国の自然は春の真盛りなのだ。空気は緩くよどんで、黒い掘返された畑の間の林檎の花や牛や馬や鶏などを暖めていた。それは頭痛持ちの母を悩ます季節であり、私と弟が霞網を持つて渡り鳥を捕えるために、夕暮れの岡で時間を忘れた季節であつた。(中略)私を呼びもどしたのは父の病気であつた。それなのに、私が這入つて来たところは、人を狂気にするような春の生物等の華麗な混乱であつた。」[46]

「生物祭」というタイトルの意味はあきらかである。ここでも、死の接近と対照される生の高揚がみいだされる。この状況におかれて、主人公の心理は二つの主要な相を示す。ひとつは女性の躯への関心である。かれは、病院にゆけば、看護婦たちを「看護服の中に棲息している女性」であると意識する。彼女たちは処女であり、処女でない。

つまり、性体験がない女と、その体験がある女である。いずれにせよ、彼女たちの肉体は、唇や腰部から粘液を分泌する。青年の性的妄想はとめどなくひろがってゆく。あるいは、夜の散歩に出ると、李の花の匂いが、子ども時代のかれを抱きすくめた女教師の腕、髪、腹などの感触を連想させる。いまひとつは死んでゆく父親への想いである。かれは、父の死には心を動かしておらず、死をまえにして父がなにを思っているのかがもっぱら気になっている。自分は父に暖い心で接したことがなかった。自分は父を愛したという記憶をもっていない。それは、かれが「肉身のすべての非力な敗北感」と「精神の見るに耐えない卑屈さ」で、父親とかれ自身が同一の属性をもっているとみているからである。青年の自己嫌悪は、父親への拒否、かれの死への無感動になっているようであった。「生物祭」は、主人公が姉に「チチキトク」の電報を打つところで終る。「石狩」はその父親の死後、夏から秋にかけて故郷にとどまっている主人公の日常を描いている。かれは父の死に衝撃をうけたという。「生物祭」のなかで、父の死に心が動かないなどといっていたのは、青年の偽悪的なポーズでしかなかった。生前の父親は自己主張をしないたよりなげな存在と感じられたのだが、死んだのちにはかえって家や庭のなかに存在感を増している。

「家のそばまで来ると、さつきは風もなかつたのに、夕なぎの時刻がすぎたせいか、庭の木々の梢がゆさゆさと揺れていた。その木の配置、水松の苗木の繁みのあたりに、父の気配がはつきりと感じられた。父の亡い後も、この庭と家の様子、軒や壁の凹凸のあたり、庭石の配りかたに、父の性格が死面のようにじつとついていた。人の気のつかない隅々に父の息吹きがかかつていて、暗がりでそれらのものはじつと待つていた。死んだ人間が庭下駄を穿き、鋏を手にして来るようだつた。」47

主人公は、夜、この家を出て旅にむかう。母や弟妹はすでに明かりを消して眠っている。かれは、かれらの「生存の頼りなさ」が家のまわりに漂っているのを感じた。さきの引用文にある死者の存在感は、それと対照的に確かである。これは、主人公の意識が、生の世界より死の世界に多く属しているということにほかならない。これは象徴的殉死のひとつのありかたであろう。

主人公は終列車に乗った。かれがすわった座席でとなりあった蒼白い男が、向いあった農夫らしい男に信心の話をしていた。喋っている男は新興宗教の布教師らしい。亡くなった母親があるひとの夢に三夜つづいてあらわれて、家屋の東方にある埋められてしまった井戸を祭ってほしいと頼んだ。それをしなければ、家族のもめごとも病気も終らない。そのひとは布教師のところに相談にきた。夢のお告げにしたがって、井戸を祭るのは迷信にしたがうようで、いやだ。布教師はかれの答えをくり返す。あなたは自分の意地を捨てなさい。心を空にしなさい。迷信でもかまわないじゃないか。それは子として義務だ。最後の孝行だとおもって……。布教師は厚かましい調子で、押しつけるように喋りつづけた。主人公は急にひどい不安に襲われた。

「私は泣きたいように胸が一杯になつてきた。その顔つきと話しかたの愚劣な執拗さが厭らしくてたまらないに拘らず、義務とか、死人とか、家族とか、母とかいう、その男の口にした話は、私の中に溢れそうになつている気持を掻き乱すのであつた。その話のなかにある死人と残つている家族との眼に見えぬはげしい繋りは、彼の話しかたと無関係に、私に突然自分のこととしてはつきりと解つて来た。すると、先刻庭の樹のざわめきのなかで感じた父の記憶が水を浴びたように新鮮なものになり、『僕ですよ、僕だけがあの庭のことを解るのです』という父に向つての叫びが、口もとまでこみあげて来るのだつた。父の病気、死、葬式と続いた慌しさの中で、一度もはつきりと摑めなかつた父と自分との繋りが、まざまざ蘇つて来た。」[48]

主人公の感情は鋭くとがってゆく。顔が歪み、涙があふれてくる。生あたたかく、塩からい涙。「自分の泣けたのが珍しかつた。新しく自分が生れかわつて来たような気持である」——これは死者とのつながりによる精神的再生の率直な告白である。小説の筋立ては、このあと、青年が布教師に「莫迦野郎!」と怒鳴りつけ、「俺のことは君の説教に関係がないんだ」と喚き、布教師は「私はちつともあんたのことなどに口を出した覚えはありませんがな」と応じるという具合に展開するが、それをさらに追う必要はないだろう。われわれは、死者とのつながりによる象徴的殉死と再生の文学的表現における典型例のひとつをみて、満足しておくことにする。

なお、伊藤はかれが仕事をした時代においてもっとも生産性が高かった文学評論家、文学理論家たちのひとりでもあった。そのかれが好んでとりあげた話題のひとつに、日本文学における死の意識を対置することによる生命の姿の発見という方法がある。この方法は日本文学の伝統に属するものである、近代の日本文学においてもこれをつかって多くの名作が描かれた[49]。伊藤はその例として、志賀直哉「城の崎にて」、堀辰雄「風立ちぬ」、尾崎一雄「虫のいろいろ」、島木健作「赤蛙」、梶井基次郎「ある崖上の感情」などをあげている[50]。また、かれは、「無や死の上に立つ生命の認識は、本人が死を意識した時にのみ現われるのではない。本人の肉親、近親、愛人の死によって、自分の生きる意味を根本から考え直すような時にも、それが起る」[51]という。引用文の後段は、われわれがいう死者とのつながりによる再生そのものである。

伊藤は堀辰雄を論じた小論文のなかで、さきの話題をとりあげて昭和の最初の二〇年間の本質をあざやかに取り出したことがある。「病室の中で足音を忍ぶように保たれる生も戦場で砲弾の中に曝される生も、若し人がその存在の危さ、残忍さに気がつけば、それ等は質的に同じことである」[52]。病死にかんする意識を対置しても、戦死にかんする意識を対置しても、とらえられる生の本質は同一であるというのである。戦時下において堀の「静かな雰囲気の作品」は多くの読者をえた。かれらは「時代の騒音からの逃避」をおこなったのだと一般にかんがえられていた。しかし、伊藤は、戦時下の生活者は、戦争が大量死の季節であるがゆえに、「死の認識、または死の近くからの生の認識」において、堀の作品に惹かれたのだという。このようにして、堀は時代の本質を表現する作家となったのであった[53]。

10　昭和文学（3）

大岡昇平「捉まるまで」

大岡昇平は「俘虜記」と題する中篇小説を一九四八年に発表して、高い評価をえた。これはフィリッピンのミンドロ島における戦場体験を小説にしたもので、かれ自身が、アメリカ軍の進攻によって敗走する日本軍のなかにいて、マラリアを病んで脱落し、渇きに苦しみつつ山野を彷徨し、意識を失って倒れているところを俘虜になったいきさつを描いている。そののち大岡は、その体験をはさんだ前後の諸体験を素材にした一連の小説を発表していった。それらのうち、「俘虜記」にはじまる俘虜収容所の体験記は全体として一二篇の連作小説となり、「俘虜記」というタイトルのもとにまとめられ、個別の中篇小説「俘虜記」は「捉まるまで」と改題された[54]。

山本健吉は、さきの一連の小説のうち連作「俘虜記」をのぞいた残りの部分を、「俘虜記」のまえに接する「戦場記」と「俘虜記」のあとにつづく「復員記」とに二分して、その一連の小説を三部作としてみることを提案したことがある[55]。それによると、「戦場記」には、「出征」、「海上にて」にはじまる一二篇が入ることになる。「出征」、「海上にて」は、主人公が戦争末期、東京の兵営から輸送船でフィリッピンの前線に送られる経過を描くが、すでにそこから主人公の死の予感は濃厚に存在している。かれは東京をはなれるまえ、関西から見送りにきた妻子と出会うが、長旅に疲れた彼女をみたとき、かれが死んだあとの彼女をみたようにおもった[56]。輸送船に乗りこんでからは、アメリカ軍の潜水艦の脅威があり、主人公は自らがマニラに無事つくであろうとはかんがえられない。そのおりの死の予感を、大岡は「内臓を抜かれたような、一種の虚脱した圧迫感」[57]だといっている。

フィリッピンに着き、前線に出て、戦闘に参加したのちは、主人公は多くの将兵の死を目撃することになる。マラリアが流行して病死する兵士が続出したし、アメリカ軍の襲撃にあって戦死する者もいた。それらはいつ主人公自身の運命になるかもしれない。この状況のなかで、かれは、つぎのように記した。

「死の観念はしかし快い観念である。比島の原色の朝焼夕焼、椰子と火焔樹は私を狂喜させた。到る処死の影を見ながら、私はこの植物が動物を圧倒している熱帯の風物を眼で貪った。私は死の前にこうした生の氾濫を見せてくれた運命に感謝した。山に入ってからの自然には椰子はなく、低地の繁茂に高原性な秩序が取って替ったが、それも私にはますます美しく思われた。こうして自然の懐で絶えず増大してゆく快感は、私の最後の時が近づいた確実なしるしであると思われた。」[58]

ここにも死をまぢかにした生の高揚があり、死にゆく者の目に映じる自然の美しさがある。この趣向にかんするかぎり、「俘虜記」の美学は、「風立ちぬ」や「生物祭」のそれと同質である。違いは「俘虜記」で接近する死は主人公自身の死であるのにたいして、「風立ちぬ」や「生物祭」では、それが主人公が愛する他者の死であるというところだけである。

この違いは、主人公に、周囲の僚友たちがつぎつぎに死んでゆくのを見るうちに、突然、自らの生還を信じはじめるという変化をひきおこした。これは周囲に濃くなってきた死の影にたいする、かれの肉体の反作用であった。しかし、敗軍のなかで、かれはマラリアにかかってしまい、衰弱が進んだ。そんな主人公を、Kという兵士が看護してくれた。このKはのち戦死する。主人公はその事実を知ったさい、いきなり自分も死にたいという願望に駆りたてられるのだが、主人公とKの人間関係には、わずかだが同性愛的な雰囲気が感じられる。たとえば、つぎのような描写がある。

「一人はKという有名な大正の講壇批評家の息子の会社員であった。彼は常々命令された最小限度を行うという頗る消極的な勤務振りを示し、上官の受けはよくなかった。Kというのは珍らしい姓であったから、私は或る時彼に『君はK先生の親類かい』ときいたが、彼は『親類じゃねえ』と噛んで吐き出すようにいった。それは『親類じゃねえ、赤の他人だ』とは受け取れない妙な返事だった。（中略）しかしサンホセに米軍が上陸する直前私が最初の発熱をした時、彼も足を傷めて班内にいたが、飯盒《はんごう》に水を汲んで来て丁寧に私の頭を冷やしてくれた。その看護には女のような奇妙な優しさがあり、彼の不断の人に馴れないエゴイスティックな態度とは似合わなかった。私が前の質問を繰り返すと彼は素直に次男だといい、問わず語りに彼の父が震災で不慮の死を遂げてから後の一家の歴史を細々と語った。以来我々は友人となった。」[59]

のち、主人公はKともはぐれ、さきに述べたように彷徨中にアメリカ軍の俘虜となった。かれは連行されて、日本兵が多く戦死したらしい場所を通りぬけ、アメリカ軍将校の訊問をうけた。その訊問の一部でかれは日本軍の書類について説明させられた。かれは自分が殺されるとおもっていたのだが、訊問のあと、将校は「お前はいつか国に帰れるだろう」という。かれは茫然としていた。

「他の一人が書類を友軍の雑嚢にしまった。その覆いに縫取りした持主の名前が私の眼を射た。／それは私と共に最後まで分隊に残り、私が出発する時、『一緒に行かないのか』と不服そうにいった、あの大正の批評家の息子の名前であった。衝撃は大きかった。私は顔を反けて叫んだ。／『殺せ、すぐ射ってくれ、僚友がみんな死んだのに私一人生きているわけに行かない』／『そいつは俺が引受けた』という声がした。振り向くと一人の兵士が機銃で私を覗《ねら》っていた。私は「どうぞ」といって胸をあけたが、その兵士のいたずらそうな顔を見て私の顔は歪んだ。」60

このとき、主人公を襲った衝動は、やはり殉死の衝動というべきであろう。興味深いのは、大岡が、この「俘虜記」連作のなかで、主人公の行動や心理の変化の一々について、スタンダリアンらしく仔細な注釈をつけているのだが、この日本的な衝動についていては、それが生じたという事実のみをつたえて、いっさいの注釈を控えていることである。戦場体験をとりあげたもうひとつのかれの作品「野火」をみてもそうなのだが、それらを執筆していたころの大岡は、主人公の内面を西欧文化、とくにフランス文学の人間理解の論理によって解釈することができると信じていたようにみえる。そこで、かれは、その論理では説明することができない状態に落ちこむ危険性を避けるために、殉死の希求という特殊日本的な心情について、なかば意識せずにコメントを避けたのではないだろうか。

主人公の殉死の希求は相手にされず、かれの叫びは象徴的殉死であるにとどまる。そのあと、かれは二人のアメリカ兵に両脇を支えられて山を下り、フィリッピン人たちが担ぐ担架で町に運ばれてゆく。眩しい空と樹々の梢が後方に流れてゆくのを眺めながら、主人公ははじめて「助かった」とおもい、命が不定の未来まで延ばされたと感じる。すなわち、再生の自覚である。

11　昭和文学（4）

原民喜「夏の花」

死者とのつながりにおいて生きるという命題は、原の生涯と文学の説明原理としてまことに適切であるとおもわれる。この命題は、かれにおいて二重の構造において表現されている。すなわち、第一には基調低音として、かれに先立って死んだ妻の貞恵との関係がある。かれは死去した妻とのつながりによって生きつづけ、彼女の思い出を一連の作品群に書きつづった。第二には主旋律として、広島市において原子爆弾投下によって生じた大量の死者たちとの関係がある。かれも被爆したのだが辛うじて生きのび、それらの死者たちとのつながりにおいて、核兵器による大量殺戮の新地獄を「夏の花」（一九四七年、昭和二二年）などに描いた。

原が妻との関係を描いた作品群は、一般的ないいかたをすれば、私小説というべきかとおもわれる。かれは、実生活者としては極度に無能で、経済力は皆無といってよく、日常生活の諸活動も無器用で下手、自分の感情のコントロールもうまくできず、文学の夢にとりつかれたマイナー・ポエットであった。青年時代、遊女を身請けして同棲するが、すぐ裏切られるという経験をしたあと、かれは貞恵と結婚する。彼女は批評家・佐々木基一の姉であった。貞恵は、原を実生活でも精神面でも保護して、妻でありつつ、母のような存在であった。彼女はかれの乱れがちな神経を穏やかに揺り鎮め、内攻する心理を解きほぐしてくれた。「それで、彼は母親にあやされる、あの子供の気持になってゐることがよくある」と原自身がかいている[61]。しかも、彼女はかれの才能がすぐれた文学作品をうむことを固く信じていた。かれは、彼女の夢の素直さに驚き、その親切に甘えて暮していた。

原夫妻が結婚したのが一九三三年、貞恵は三九年に発病し、四四年に死去している。貧しいが、つつましく、幸福であった結婚生活は一〇年あまりで終った。妻の死に原はひどい心理的打撃をうける。彼女が死去した直後、かれは、自分がこの世に置き去りにされたと感じた。「彼にとって一つの生涯は既に終ったといってよかった。妻の臨終を見た彼には自分の臨終も同時に見とどけたやうなものだった。」[62]。これは象徴的殉死の心理以外のなにものでもない。そのような心理状態にあって生きつづけるための決意は早くから、原の内部に準備されていた。「もし妻と死別れたら、一年間だけ生き残らう、悲しい美しい一冊の詩集を書き残すために……」[63]。これは、妻の死後、彼女とのつながりによって一年間生きてみようという決意の表明ともみえ、一年後の殉死の願望の表明ともみえる。

しかし、その一年がたたぬうちに、一九四五年八月六日、原は、広島市で被爆したのであった。被爆直後、破壊された家屋から抜け出し、焔が吹きまくる街並みを逃れて、川岸まで来たとき、原は、かれが生きながらえたことを顧りみて、生きている意味を、この経験を書き残すことに求めるべきだとかんがえる。その志は、「夏の花」、「壊滅の序曲」(一九五一年/昭和二六年)、「廃墟から」(一九四七年/昭和二二年)の三部作や「鎮魂歌」(一九四九年/昭和二四年)、「火の子供」(一九五〇年/昭和二五年)、「永遠のみどり」(一九五一年/昭和二六年)などの連作に結晶した。

作品群の一端を示す。

「壊滅の序曲」は、原子爆弾投下直前の広島市における主人公とその周辺の市民生活を、トリビアリズムにちかいリアリズムで描き、最後につぎの文章を置いている。

「暫くすると、土蔵脇の鶏小屋で、二羽の雛がてんでに時を告げだした。その調子はまだ整ってゐないので、時に順一たちを興がらせるのであったが、今は誰も鶏の啼声に耳を傾けてゐるものもなかった。暑い陽光《ひざし》が、百日紅の上の、静かな空に漲ってゐた。……原子爆弾がこの街を訪れるまでには、まだ四十時間あまりあった。」64

最後のセンテンスを読んだとき、私は背筋に戦慄が走った。それは大量死の到来の予告である。その死苦の接近を知って、それまでに描かれた市民生活と自然を振り返れば、ありふれた生であっても生は無条件の価値だとおもえる。こうして、原も、まぢかな死が生の意味を強調するという美学を示した。

そして「夏の花」とそれにつづく作品群。そこで大量の死者と死んでゆく人びとが描かれる。「夏の花」と「永遠のみどり」から各一例を引く。

「馬車はそれから国泰寺の方へ出、住吉橋を越して己斐の方へ出たので、私は殆ど目抜の焼跡を一覧することが出来た。ギラギラと炎天の下に横はってゐる銀色の虚無のひろがりの中に、路があり、川があり、橋があった。そして、赤むけの膨れ上った屍体がところどころに配置されてゐた。これは精密巧緻な方法で実現された新地獄に違ひなく、ここではすべて人間的なものは抹殺され、たとへば屍体の表情にしたところで、何か模型的な機械的なものに置換へられてゐるのであった。苦悶の一瞬足掻いて硬直したらしい肢体は一種の妖しいリズムを含んでゐる。電線の乱れ落ちた線や、おびただしい破片で、虚無の中に痙攣的の図案が感じられる。だが、さっと転覆してしまったらしい電車や、巨大な胴を投出して転倒してゐる馬を見ると、どうも超現実派の昼の世界ではないかと思へるのである。」[65]

「水ヲ下サイ
アア　水ヲ下サイ
ノマシテ下サイ
死ンダハウガ　マシデ
死ンダハウガ
アア
タスケテ　タスケテ
水ヲ
水ヲ
ドウカ
ドナタカ
　オーオーオーオー

オーオーオーオー
天ガ裂ケ
街ガナクナリ
川ガ
ナガレテヰル
オーオーオーオー
オーオーオーオー
夜ガクル
夜ガクル
ヒカラビタ眼ニ
タダレタ唇ニ
ヒリヒリ灼ケテ
フラフラノ
コノ　メチャクチャノ
顔ノ
ニンゲンノウメキ
ニンゲンノ」[66]

これらの作品群を書きつぐ日日、実生活ではなはだしい無能力者であったかれは、住む場所がなく、友人の家や甥の室を転々とし、食べるものにこと欠き、たえず飢餓感に苦しめられ、いろいろ書きたい意欲があるのに、体力が低下して執筆がさまたげられることもある有様であった。そのような状況のなかで、かれの制作活動を支えたのは冒頭にいったとおり死者とのつながりであったが、その二重構造のうち、かれにとって本源的であったのは、妻との愛の記憶であった。

一九五一年三月一三日、原は、東京で国電吉祥寺駅と西荻窪駅のあいだで鉄道自殺をとげた。義弟、佐々木にあてた遺書で、かれは、「妻と別れてから後の僕の作品は、その殆どすべてが、それぞれ遺書だったやうな気がします」[67]と記している。このかぎりでは、原は妻に殉死したというべきであろう。その殉死の機会をまっているあいだに、かれは広島で被爆し、妻への愛と大量の被爆者たちとの連帯を二重にかさねることになった。原はその事情を自覚しており、「鎮魂歌」のなかでつぎのように書いた。

「お前の死は僕を震駭させた。病苦はあのとき家の棟をゆすぶった。お前の堪へてゐたものの巨きさが僕の胸を押潰した。／おんみたちの死は僕を戦慄させた。死狂ふ声と声とはふるさとの夜の河原に木霊しあった。」[68]

妻・貞恵を失ってから六年あまり、敗戦から五年あまりを生きて、原は自ら死を選びとった。象徴的殉死を何度かくりかえしつつ生きて、最後に現実の殉死にたどりついたのである。その間にかれが書き残した「夏の花」をはじめとする諸作品を読み、かれの伝記的事実を研究してみれば、かれは最後には死を選んだものの、それまでは死者とのつながりにおいてよく生きた、生きがたいところをまことによく生きたと感じさせられる。広島市に原の詩碑があり、かれの「碑銘」という作品が刻まれている。

「遠き日の石に刻み
　砂に影おち
崩れ墜つ　天地のまなか
一輪の花の幻」[69]

この花の幻は貞恵の象徴であろう。原子爆弾によって天地が崩壊したかとおもえる状況のなかでも、原は、愛した女の記憶を確かなものと感じていた。そのような死者とのつながりによって、かれは敗戦後の混乱期、貧窮と困苦のなかを生きぬいて、昭和文学の記念碑的作品群をわれわれに残したのであった。

12　おわりに

近世以降の日本文化にあらわれた死者とのつながりの代表的形態は、殉死と靖国神社に求められた。前者は、戦争不在の幕藩体制のなか武士階級が武士道思想の本質を維持しようとしてゆきついた極北的表現であり、後者は、侵略戦争をつづけてきた軍国時代に国家官僚たちが天皇制のための軍隊を維持するべくつくりあげた人工宗教であった。私は、殉死研究から示唆されて象徴的殉死という概念をつくり、その死はひとを再生させ、よりよく生きさせることに通じるとみて、昭和文学の四人の作家たちの仕事でその例証を示した。これによれば、昭和期の日本文化において死者とのつながりという主題は、権力エリートたちが推進した靖国の思想と文学者たちがそれぞれに保持した象徴的殉死の思想とが対抗する場とみえる。

感想と問題などを四つ記しておくことにする。

第一。この仕事の後半で私がとりあげた四人の作家たちは、いずれも外国文学にかんする教養を充分にもちあわせた知識人たちであった。堀は、東京帝国大学では国文学を専攻したがフランス語に堪能で、フランス文学によく通じており、R・ラディゲやF・モーリヤックの作品を創作活動の活力源としていた。伊藤は、小樽高商、東京商大(中退)で経済学を学んだが、イギリス文学の新思潮の早くからの紹介者であり、J・ジョイス、D・H・ローレンスの作品の訳者としても識られている。大岡は、京都帝大でフランス文学を専攻し、本文中でもいったようにスタンダリアンとして高名で、スタンダールの作品の訳書もある。原は、慶應義塾大学英文科の出身で、四人のなかでは外国文学臭がもっとも薄いひとであるが、それでも、妻の死の年に出会ったR・M・リルケの『マルテの手記』を、それ以後、流転の生活のなかで枕頭の書としていた[70]。このような作家たちが、死者とのつながりを主題にするとき、程度の違いこそあれ、すべて象徴的殉死の発想をみせる。そこに私は、殉死の思想が日本文化に深く根ざしていること、ひいては長期にわたってこの国の支配階級でありつづけてきた武士階級の文化が日本文化に深く影響していることを、おもわずにはいられない。

第二。これは充分に考えぬいておらず、問題の覚え書きというほどのつもりでかいておくのだが、死者とのつながりにおける生者の死にかたをかんがえると、日本文化では武士文化の殉死に町人文化の心中を対置することができる。殉死は主君が死亡したのち家臣があとを追って自殺するものだが、心中は愛人同士あるいは親子などが同時に自殺するものであるとみれば、両者を同一平面に置くのは困難である。しかし、殉死には主君の命代りにさきに家臣が自殺する例外があり、心中では後追い心中の例が広く知られているから、死の時間的前後関係は決定的な意味をもつとはおもえない。殉死は主従のタテの関係で生じ、心中は愛人同士のヨコの関係で生じると割り切ろうとしても、前者にも男色の性関係がしばしばみられたこと、後者でも親子心中はタテの関係での行為であるとみられることをかんがえると、そう簡単にさきの割り切りができるとはおもえない。死にゆく者たちの合意の有無によっては、殉死の多くは生前の主君の了解をえたうえでおこなわれ、心中の多くも両者の合意があっておこなわれた訳だから、殉死と心中の完全な区分はむずかしい。それらの両者の区別については、私は、さらにかんがえてみる必要がある。

第三。これまでのところ、象徴的殉死の主題をもっぱら昭和文学のものとして語ってきた。しかし、生者がかつて親密な交渉をもったことがある死者から援助をうけてよりよく生きるという発想は、ヨーロッパ文学のなかでもそれほど珍らしくない。リルケは、「レクイエム」の最後でつぎのようにうたっている。

「もう帰って来てはいけない。もしもそれに耐えられるなら／死者たちのもとで死んでいるがいい。死者たちはいそがしい。／けれども、あなたの気を散らさない程度に、ぼくを助けてほしい、／最も遥かなものが時おりぼくを助けてくれるように……ぼくの内部で。」[71]

堀はこれを「死のかげの谷」でかれ自身の訳で引用している。このリルケの主題とわれわれがいう象徴的殉死と再生は、どこが共通しており、どこが相違するのか、それを確かめる必要がある。

第四。作田氏の論文「死との和解」にもどり、とむらい死にあらわれた死者との連帯にかんする論議を、われわれがこれまでに手に入れてきた知識とつきあわせて検討してみる。作田氏は、日本文化における死者との連帯の遠い源泉を祖先崇拝の家族宗教にもとめているが、これは、われわれが日本人の死者とのつながりの原型を祖霊の魂祭りにみいだすところと符合する。また、とむらい死という概念は、殉死という概念とかなり親近性があるようにおもわれる。殉死は本来は愛情と感謝をよせていた主君が死んだときにおこなうとむらい死であるとみれば、殉死はとむらい死一般のなかの特定の一形態であるとみることができるだろう。そのさい、死者が主君であるという限定をはずして、愛情と感謝の対象であったという限定のみを残して、私は、さきに象徴的殉死の概念をつくった。その対象となる死者は、堀では恋びと、伊藤では父親、大岡では友人、原では妻であった。このようにして殉死概念のヴァリアントをつくるならば、作田氏がいうとむらい死の事例(3)と(4)は、殉死概念による死の受容とみることもできよう。

さて、作田氏は、とむらい死の事例(1)(2)は敵軍の死者との連帯を拠り所にし、(3)(4)は自軍の死者との連帯を拠り所にするといっているが、とむらい死がこの二つのタイプをふくむところは、日本人の戦死者の鎮魂の伝統的形態が敵味方双方の戦死者を対象とするところと一致する。このかぎりで、(1)、(2)は、敵味方を峻別する靖国の思想と対立する。また、(3)、(4)が、南国の地に眠る、南海の土になるなどというあたりも、靖国の招魂の思想を拒否している。なお、柳田は日本人の霊魂観の第一の特性は霊魂がこの国土に永久にとどまるとみることだといったが、それは、ひとがこの国土で、あるいはもっと限定的にいえば生まれ育ち暮らした土地で死ぬということを条件としているのではないだろうか。(3)、(4)の言明によれば、霊魂はひとが死んだ場所にとどまりつづけるという考えかたがうかがわれる。これについてはさらに研究してみたいとおもう。

注

1　このセッションの評者は橋爪大三郎、井上忠司、浜口恵俊、田中義久の四氏。各氏の私の著作にたいする批評と、それぞれへの私の応答は、つぎの編著にまとめられている。副田編「日本人の自己認識をめざして」、「日本人の自己認識をめざして(二)」筑波大学社会学研究室『社会学ジャーナル』第21号、第22号所収。なお、本稿の原型は、「日本人の自己認識をめざして(二)」に初出している。

2　作田啓一『恥の文化再考』筑摩書房、一九六七年。

3　作田「死との和解――戦犯刑没者の遺文に現われた日本人の責任の論理」『恥の文化再考』一六〇―一六一ページ。

4　同右、一六一―一七二ページ。

5　R・J・リフトン、渡辺牧・水野節夫訳『現代《いま》、死にふれて生きる――精神分析から自己形成パラダイムへ』有信堂高文社、一九八九年、二五―二九、一六二―一六九ページ。

6　R・ベネディクト、長谷川松治訳『菊と刀――日本文化の型』社会思想社、一九七七年、二八八ページ。

7　柳田國男「先祖の話」『定本柳田國男集』第十巻、筑摩書房、一九六二年、七―八、二一―二三ページ。

8　同右、四二―四三ページ。

9　同右、五四―五六ページ。

10　同右、六三―七二ページ。

11　同右、九四―九五、一〇二―一〇三ページ。

12　同右、一二〇―一二一ページ。

13　桜井徳太郎「のろい人形――古代人の霊魂信仰」『霊魂観の系譜――歴史民俗学の視点』講談社学術文庫、一九七七年、五六―五八ページ。

14 同右、五八―六〇ページ。
15 桜井「怨霊から御霊へ――中世的死霊観の展開」同右、七四―七五ページ。
16 同右、七六ページ。
17 同右、七八―七九ページ。
18 桜井「怨霊観と二つの型」同右、九一ページ。
19 副田義也『日本文化試論――ベネディクト「菊と刀」を読む』新曜社、一九九三年、とくに第Ⅴ・Ⅵ・Ⅶ・Ⅷ・Ⅸ章。
20 鈴木大拙、北川桃雄・工藤澄子訳「禅と日本文化」『鈴木大拙全集』第一一巻、岩波書店、一九七〇年、三四ページ。
21 同右、三四―三五ページ。
22 同右、三六、三八、四二ページ。
23 古川哲史『葉隠の世界』思文閣出版、一九九三年、四―五ページ。
24 山本博文『殉死の構造』弘文堂、一九九四年、三九―四〇ページ。
25 山本常朝、和辻哲郎・古川哲史校訂『葉隠』（上）岩波文庫、一九九四年、九一、一〇二―一〇三、一一三ページ。
26 『殉死の構造』前出、八二―八三ページ。
27 同右、一三七、一八〇ページ。
28 同右、一四八ページ。
29 同右、一四五、一五九ページ。
30 同右、一六二―一六三ページ。
31 野口武彦『忠臣蔵――赤穂事件・史実の肉声』筑摩書房、一九九四年、八七―八九ページ。
32 村上重良「靖国神社の歴史的役割と公式参拝の問題点」『ジュリスト』八四八号、有斐閣、一九八五年、六〇―六一ページ。
33 同右、六一―六二ページ。

34 同右、六二ページ。
35 同右、六五ページ。
36 齋藤憲司「戦後の靖国神社問題の推移」同右、八三—九〇ページ、渡辺治『戦後政治史の中の天皇制』青木書店、一九九二年、二七六・三〇四、三五〇・三五八ページ。
37 谷田昌平「堀辰雄」佐々木基一、谷田『堀辰雄——その生涯と文学』青木書店、一九五五年、四三—四四ページ。
38 堀辰雄「聖家族」『堀辰雄作品集第一、聖家族』角川書店、一九五四年、一二三ページ。
39 同右、一五六—一五七ページ。
40 同右、一六一—一六二ページ。
41 堀「風立ちぬ」、『堀辰雄作品集第三、風立ちぬ』角川書店、一九五四年、六七ページ。
42 同右、六七—六八ページ。
43 同右、六九—七一ページ。
44 同右、九七ページ。
45 同右、二九七、二九八、三〇八、三一〇、三一四ページ。堀「あとがき」同右、三三一ページ。
46 伊藤整「生物祭」『馬喰の果て』新潮文庫、一九五四年、一〇—一一ページ。
47 伊藤「石狩」同右、六〇—六一ページ。
48 同右、六五ページ。
49 伊藤「近代日本人の発想の諸形式」同題、岩波文庫、一九九八年、四二—四三ページ。
50 伊藤『文学入門』光文社、一九五四年、一九〇ページ。
51 「近代日本人の発想の諸形式」前出、四四ページ。
52 伊藤「堀辰雄」『作家論Ⅱ』角川文庫、一九六四年、一六〇ページ。

53 同右、一六二―一六三ページ。
54 大岡昇平『俘虜記』新潮文庫、一九九六年。
55 山本健吉「解説」大岡『サンホセの聖母』角川文庫、一九五九年、二〇一ページ。
56 大岡「出征」『俘虜紀』前出、二〇ページ。
57 同右、二九ページ。
58 大岡「捉まるまで」同右、一三ページ。
59 同右、九ページ。
60 同右、五四―五五ページ。
61 原民喜「苦しく美しき夏」『原民喜全集』第二巻、芳賀書店、一九六五年、二五五、二五七ページ。
62 原「死の中の風景」同右、三〇八ページ。
63 原「遥かな旅」同右、三九四ページ。
64 原「壊滅の序曲」同右、四九ページ。
65 原「夏の花」同右、六三ページ。
66 原「永遠のみどり」同右、二四六―二四八ページ。
67 原「遺書」佐々木基一氏宛　同右、五九八ページ。
68 原「鎮魂歌」同右、二〇五ページ。
69 原「碑銘」同右、六〇〇ページ。
70 いいだ・もも「解説」同右、六〇三、六〇五ページ。
71 R・M・リルケ、吉村博次訳「鎮魂歌」『リルケ全集1・詩集I』彌生書房、一九七三年、五二九ページ。

2

死者に語る——弔辞の社会学

（二〇〇三年一二月　ちくま新書）

はじめに——意図と方法

本書は弔辞の社会学的考察を意図している。私が知るかぎり、これは、日本の社会学においては最初の試みである。私は、この仕事を二つの方法ではたしたい。

第一。弔辞は、あらためていうまでもないが、日本文化において死者をとむらう葬儀の一環である。ところでのちにしだいにあきらかにするが、諸文化のなかには弔辞の慣習をもつものもあり、もたぬものもある。後者のなかには支配的な宗教の教義が弔辞を禁じているばあいがふくまれる。そこで私は、日本文化における弔辞の一般的性格を規定したうえで、他文化における弔辞の有無やその性格との比較・検討をつうじて、日本人の死と死者、葬儀、宗教などにかんするものの感じかた、考えかたの相対的独自性をあきらかにしてみたい。ただし、大急ぎでことわっておきたいのだが、私の主要な目的は、日本人と死と死者などにかんする価値意識の相対的独自性をあきらかにするほうにあり、世界の各地域、各宗教の葬儀や弔辞にかんする仔細な検討は、私の能力をはるかに越えた仕事である。後者については、私は、平均的な社会学研究者の関連する読書体験を披露するにとどまるほかはない。

第二。すでに述べたところを弔辞の一般的性格の研究であるとすると、つぎに、個別の弔辞の研究がかんがえられる。そのとき弔辞は一個の文章作品であり、文学作品である。それらの個別の弔辞の内容分析とその知識社会学的研究は、特定の死者のために特定の生者がささげる弔辞の成立、機能、妥当性などが、どのような日本の社会、歴史、文化の諸条件と関連しているかを、あきらかにする。この個別の弔辞の研究が複数篇、集合するときの効果までをみきわめたい。

さて、個別の弔辞の事例の選択についてであるが、私はひとりの社会学研究者として、現代社会をなるべく全体的に観察したいという基本的志向をもっている。この志向によって、ここ半世紀ほどの日本社会の四つの領域、すなわち、政治、経済、宗教と教育、文学の各領域から、研究対象とする弔辞の事例をもとめたい。

政治の領域では、一九七八年、岸信介の内閣・自由民主党葬における中曽根康弘の弔辞と、六〇年、浅沼稲次郎の社会党葬における江田三郎の弔辞をとりあげる。岸と浅沼は、いわゆる六〇年安保闘争において激突した与野党のそれぞれの首領であった。この選択は、日本の戦後政治の二大テーマは、内の五五年体制、外の日米安保体制であったという私の判断と深くかかわる。

経済の領域では、八九年、松下幸之助の松下電器社葬における谷井昭雄の弔辞をとりあげる。松下は日本経済の高度成長を象徴する経営者たちのひとりである。われわれの豊かな社会の繁栄と苦難のすべては高度成長からはじまった。

宗教と教育の領域では、南原繁の弔辞、とくに六一年の矢内原忠雄の葬儀における弔辞と、七四年の田中耕太郎の葬儀における弔辞をとりあげる。南原と矢内原は無教会主義キリスト教の代表的信徒であり、あいついで東京大学総長をつとめた。田中は無教会主義キリスト教からカトリックに転じ、文部大臣時代に教育基本法の制定を主導した。この選択には、私が宗教のうちでは無教会主義キリスト教にもっとも親近感をもっていること、近年の主要研究課題のひとつが教育基本法の社会史であることが深くかかわる。

文学の領域では、五一年、敗戦後六年目に自死した原民喜の葬儀における近代文学同人による弔辞をとりあげる。原は広島市における原子爆弾の被爆体験を描いた名作「夏の花」の作家である。私は敗戦の年の初秋、広島市を通過した。市街地は地平線まで褐色の無機質のひろがりであった。それが私の戦後史の原風景である。

なお、最後に個別の弔辞にかんする四つの研究から導かれる結論として、弔辞は歴史における死者と生者との対話であるという認識を示す。あわせて、本論はエリートによる弔辞のみをとりあげたので、それとは区別される一般の市民たち、庶民たちの弔辞にわずかにふれる。また、私がこの書物をかくことを動機づけられた弔辞体験をてみじかに述べさせてもらうことにする。

第一章　弔辞とはなにか

死者に語る言葉

弔辞とはなにか。

日本人の一般的水準の教養の範囲で理解される弔辞は、その本質の最小限をつぎのように定義される。弔辞は、ある死者の葬儀において、参列者のひとりが、その死者に呼びかけ、語りかける言葉である。参列者は生きているひとであるから、そこに着眼すれば、弔辞は、生者が死者に呼びかけ、語りかける言葉である。その言葉の内容は、死者の生涯と人柄の叙述、その功績の紹介と賞賛、生前の死者と生者たちの交際やかれらがともに生きた時代の回顧、死者にたいする生者たちの感謝、そうして、死者にたいする別離の挨拶などである。弔辞の内容についてのこれらのリストは、けして完全なものではないが、いまは仮説的に以上のようにいうにとどめたい。このリストをよりゆきとどいたものにするのは、のちに予定されている議論の課題のひとつである。

ここでは、弔辞が、生者が死者に呼びかけ、語りかける言葉であるという規定について少々かんがえておきたい。

この死者はもっとも一般的にはかれの霊あるいは霊魂であるとかんがえられている。弔辞でよくみかける語りだしのひとつは「謹んで……氏（先生、会長、etc.）の御霊前に申し上げます」である。これはその弔辞を死者の霊あるいは霊魂にささげるという語り手の意志を示している。その意志の成立する前提条件として、一定の人間観、霊魂観、死者観などがあるとかんがえられる。それはなるべく平易に表現すればつぎのようになろうか。生きている人間は肉体と霊魂からなる二元的存在である。（厳密にいえば、肉体と霊魂以外に第三番目以下の構成要素を想定する人間観もあるのだが、ここではそれは措くことにする。）人間が死ぬということは、その肉体が死ぬということであり、かれの霊魂は肉体をぬけだして、存在しつづけている。この霊魂の存在する期間については一定の限度があるという考えかたと、永遠であるという考えかたがあるが、いずれにせよ、弔辞が読まれる時点では、霊魂は存在しているとかんがえられている。

さらにできるだけ論理的にかんがえてみれば、弔辞を読むという社会的行為は、死者や霊魂について、それらがつぎに述べるような属性をもつという想定を条件としている。（以下、死者と霊魂の双方の意味をこめて死者ということにする。）死者はその弔辞を聞くことができ、理解することができる。それを聞くことができるためには、死者は、弔辞を読む声がとどくところに、おそらくはその読み手の身近にいるはずである。死者がどこにいるかということは、諸文化のそれぞれがもつ死者観の基本的特性のひとつであり、この点で日本文化の死者観は相対的にかなり独自的である。また、それを理解することができるためには、死者は、生前の日々にひきつづき、弔辞がそれによって語られる母国語を理解することができ、かれ個人としての自意識をもちつづけており、弔辞で語られるかれにかんする出来事についての記憶をもちあわせているはずである。これは、死者が死んでいるという事実をのぞけば、生前のかれと心理的、能力的にほとんど同一の存在であるといっているのにひとしい。死者がこのような存在でないとすると、弔辞を読んだり、述べたりする社会的行為は無意味になる。弔辞は、死者が心理と能力において生者とほとんどかわらないという、これまた相対的にかなり独自の死者観があってはじめて成立するのである。

こういった理詰めの考えかたにたいして、つぎのような反論が予想されることができる。弔辞を述べるひとは、その呼びかけ、語りかける相手として、死者の霊魂が実在しているとかならずしも実感しているわけではない。「御霊前に申し上げます」というフレーズは、弔辞の約束事、慣用句以上のものではない。その読み手は、それが死者に聞こえているだろうとか、理解されているだろうとか、真剣に明瞭に意識しているわけではない。さりとて、また、それが死者に聞こえないだろうとか、理解されていないだろうとか、おもっているわけでもない。かれは、死者をとむらう言葉を、弔辞という慣習的表現にしたがって語っているだけである。

この反論にたいして、つぎのような再反論をかんがえることができよう。たしかに、弔辞を述べるひとがつねに一定の死者観を意識しているとはいえない。しかし、弔辞という慣習が成立したさいには、さきに述べたような死者観があったはずである。また、その慣習がいまにつづいて途絶えないのは、人びとがその死者観を意識しないままに受容しているからではないか。これらの推定を検討するためには、つぎの事実を認識、検討することが役立つであろう。現代の日本社会において、これまでにみてきたようなありかたの弔辞がおこなわれることに、信仰上の理由から反対している少数の人びとがおり、かれらはその反対を貫徹するために、おおいに苦労をしているという事実がある。それは弔辞の検討からひきだされた前述の死者観が日本人の広い範囲に根強く存在していることを示唆する。

許されない弔辞

現在の日本社会において、プロテスタントのキリスト教徒が所属する代表的組織のひとつは日本基督教団である。その教団の信仰職制委員会が編者となった「死と葬儀」（日本基督教団出版局、一九九六年）という書物がある。同書の「まえがき」によると、その書物の内容は同教団の公式的統一見解にまではいたっていないようであるが、「この書物が日本の諸教会の実際の場で有効にもちいられ、福音宣教の一助となることを念願する」といわれているので、公式的統一見解に準じるものとみてもさしつかえないようである。

同書の第六章「今日の日本における葬儀の諸問題」は、同教団仙台広瀬河畔教会牧師の山本尚忠が執筆している。山本は、その第三節「葬儀における諸問題」の冒頭で「教会における葬儀と、日本の伝統的な異教の葬儀との様式の相違が、明確に理解されていないところから、多くの問題が生じてくる」とかきだし、最初に弔辞をあげている。やや長くなるが引用する。

「まず弔辞という言葉が問題になる。教会の葬儀に、遺族への励ましと慰めのことばが、会葬者によって語られるということがあってもよい。ただそれを弔辞というかどうか。ほんとうは新しい言葉が生まれてくるとよいのだが、ことばをそのままにしておくのなら、弔辞を述べる人々に、あらかじめ十分その意義を徹底しておく必要がある。そうでないと、『何々さん、君は……』というような呼びかけの弔辞を教会員でもしかねない。また、場所も会衆や遺族に対して話をするにふさわしいように用意しておかないと、多くの人々の中には、棺や写真に向かって語りかける者があらわれてくる。（中略）欧米でも場合によっては弔辞に類するものがあるが、その多くは聖句による慰めのことばだと聞いている。これは日本でも十分参考にしてよいことである」[1]

山本の弔辞にかんする主張の要点をつぎの四点に整理してみたい。

(1)まず、弔辞について、教会の葬儀で「あってもよい」といっていることは「なくてもよい」という判断がその裏側にあるということを示唆しており、さらに進んでいえば、「ないのがふつうである」という考えかたにゆきつく。

『死と葬儀』の第七章「葬儀式文に関するひとつの私案」は、日本基督教団鎌倉雪ノ下教会牧師・加藤常昭が執筆している。ここでいう式文とは一般に式次第といわれるものだが、加藤の私案はつぎのとおりである。

「1　奏楽　遺族(近親者のみ)、遺体もしくは遺骨とともに入場、一同起立。
2　聖書　招きのことば
3　讃美歌
4　聖書　説教のテキスト
5　祈祷
6　讃美歌　個人愛唱のものを歌ってもよい。
7　説教
8　祈祷

9　讃美歌
10　祝祷
11　奏楽　遺族、遺体もしくは遺骨とともに退場。一同起立。

右の順序のうち、説教に先立って個人略歴の紹介をすることもできる。また弔辞を必要とする場合には、祝祷ののちか、9の讃美歌のまえにする。弔辞は会衆に向かって述べる」[2]

(2)弔辞には許されない形式と許される形式がある。許されない形式は、個人に呼びかける形式の弔辞である。死者の棺や写真に向かって語りかける弔辞は許されない。また、プロテスタント・キリスト教の教義を厳格に適用すれば、故人の生前の人柄の良さや功績を賞賛することも許されない。つまりは、日本人が一般的に弔辞という言葉によっておもいうかべるありかたの弔辞は、教会の葬儀では許されないことになる。そのような弔辞が許されない直接の理由は偶像礼拝の禁止であろう。キリスト教は一神教であり、礼拝の対象は神・エホバのみであって、それ以外の事物を礼拝するのはきびしく禁じられている。また、神のまえでは人間はみな罪人であって平等であるという人間観、死者観によっても、一般的な弔辞は許されない[3]。

許される弔辞

(3)許される形式の弔辞は、会衆に向かって語る弔辞である。それは、遺骨や故人の棺、写真などを背後において立ち、葬儀の参列者たちに向かって語る。故人の写真は語り手のよこにおかれるばあいもある。また、許される形式の弔辞の内容は、山本によれば「遺族への励ましと慰めのことば」、聖書の言葉である「聖句による慰めのことば」である。加藤は「個人略歴の紹介」までを認めている。いずれにせよ、このような許される形式の弔辞は、日本人がふつうに弔辞とかんがえるものと、大きくかけはなれている。だから、この許される形式の弔辞のためには、弔辞ではない「新しいことば」が生まれてくるとよいのだが、と山本はいうのである。

（4）山本の文章のなかで「教会員」といわれているのは、キリスト教のプロテスタンティズムの信仰をもち、牧師によって洗礼をうけ、プロテスタント教会に所属する人びとである。かれらはキリスト教の教義をひととおりは理解しており、神のみを礼拝するべきこと、偶像崇拝は禁じられていること、神のまえでは人間はすべて罪人であること、などはその教義の基本的部分としてわきまえているはずである。その教会員たちが、教会の葬儀で弔辞を述べることになると、日本人がふつう弔辞とかんがえている弔辞、キリスト教の教義によれば許されない形式の弔辞を、述べがちである。山本のこの判断は、かれの経験に裏付けられたものであろう。これは、キリスト教徒の意識のなかに、そのキリスト教信仰とは異質の死者観、霊魂観が根強く存在しており、親しい者の葬儀という精神的緊張をともなう場面で、それが制止されようなく噴出してくることを示唆している。

さて、ここで、これからの論議のための便宜をはかって、弔辞の二つのタイプのネーミングを工夫しておこう。日本人が弔辞という言葉で一般的におもいうかべるタイプは、対故人型と呼ぶことにする。それは死者、霊魂に呼びかけ、語りかける弔辞である。これにたいして、キリスト教のプロテスタント教会の葬儀で許される形式の弔辞は、対会衆型と呼ぶことにする。それは葬儀への参列者、生者にたいして語る弔辞である。あらためていうまでもないが、この弔辞の二つのタイプのそれぞれの背後には、対照的な葬儀観がある。日本の伝統文化においては、葬儀の本質は死者との別離の儀式である。そこでの弔辞は、死者に呼びかけ、語りかけ、別れを告げる。

これにたいして、キリスト教会においては、葬儀の本質は神の栄光を讃美する儀式である。そこで弔辞は不可欠のものではなく、遺族への慰めや励まし、故人の略歴紹介などにかぎって、あってもさしつかえないとされるのである[4]。

なお、念のためにいうが、現実の日本のプロテスタント教会における弔辞や葬儀は、かならずしも以上に述べたようなものではない。そこでは、対故人型の弔辞がおこなわれるのはめずらしくない。故人の写真への献花などは、プロテスタント・キリスト教の教義によって判断すれば偶像崇拝以外のなにものでもないが、これなど教会の葬儀でむしろ一般的におこなわれている有様である。教会の儀式のなかでも葬儀は、土俗的な、キリスト教の側からいえば異教的な、宗教慣行がまぎれこみやすいものである。このあたりの事情には、のちにまたふれる。

カトリック教会のばあい

現代日本のキリスト教においても、カトリック教会ではさきにみたプロテスタント教会と、葬儀の弔辞の扱いかたがまったくちがうようである。私は、プロテスタント教会の牧師の息子にうまれたという生育歴から、その教会の儀式についてはくわしい知識をもつが、カトリック教会のばあいについては、書きものによる知識しかもちあわせない。それをまず記すことにする。

私の年来の友人たちのひとり、渡辺義愛は、現在上智大学名誉教授で、若いころから真摯なカトリック信者であり、ピエール・アドネス『カトリック神学』(白水社、文庫クセジュ、一九六八年)の訳者でもある。かれに日本のカトリック教会における葬儀のありかたにかんする正統的見解を示す書物はなにだろうかと訊いたところ、日本カトリック典礼委員会編『カトリック儀式書　葬儀』(カトリック中央協議会、一九九三年)が最適であろうと教示してくれた。さっそくそれを通読してみた。

「緒言」の「一、葬儀のキリスト教的意義」は、冒頭で「教会は葬儀において、なによりも復活信仰を表明し、キリストによって死者を神のみ手にゆだねる」[5]という。この葬儀にかんする基本的判断は、私が理解するかぎり、プロテスタント教会のばあいと大差はない。あらためていうまでもないが、復活信仰とは、神の御子、イエス・キリストが人間の罪を償うために十字架にかけられて殺され、死後三日目によみがえり、復活したという教えの信仰である。この救い主、キリストによって、死者はその罪を許され、神の御許、天の国に入ることができる。ただし、「緒言」の後続の部分にはつぎのような文章がみられ、そこにはプロテスタント教会の葬儀にかんするセンスとことなったセンスが感じられる。

「家のしきたり、地方の習慣などについては、よいものはこれを取り入れ、また福音に反すると思われるものはこれを変えて、キリスト信者の葬儀として過越の信仰と、福音の精神を表すものとなるようにしなければならない」[6]。

プロテスタント教会の葬儀にかんする規範が教義の普遍性を絶対視するのにたいして、ここでは「家のしきたり、地方の習慣」なども、教義に反するものでなければ取り入れることができるといっている。過越の信仰とは、くわしい紹介はひかえるが、過越の祭の犠牲となる子羊からの連想で、キリストが人間のために犠牲となったとする信仰をさしていると解される。

臨終から埋葬までの過程は「臨終から仮通夜まで」、「通夜」、「葬儀」、そして「埋葬」の四段階にわけて、説明されている。「葬儀」には「葬儀ミサ」と「ことばの祭儀による葬儀」があり、前者がカトリック教会の信者たちにふさわしい葬儀であり、後者は参列者に信者ではない人びとが多いばあいなどにおこなわれる。「葬儀ミサ」＝「ミサによる葬儀」は、つぎの順序でおこなわれる。

「1　開祭
2　ことばの典礼
3　感謝の典礼
4　告別と葬送」

「開祭」は葬儀ミサの導入部であるが、「遺体への表敬」という項目があり、そのなかに「柩を大きな白布で覆い、遺影を置いてから柩に灌水し、続いて柩と祭壇に献香する」という行為の規定がある。遺体や柩などにたいして、プロテスタント教会のセンスによれば、偶像崇拝的要素が感じられなくもない扱いがおこなわれている。「ことばの典礼」は聖書の朗読と、その朗読された箇所からとりだされたテーマをめぐる短い説教、それにつづく共同の祈りである。「感謝の典礼」は、遺族がパンと葡萄酒を奉納し、のち司祭と信者がそれらを拝領する行為を機軸に、祈り、讃美歌が織りこまれる[7]。

「告別と葬送」は、会衆が故人に別れを告げるとともに、復活の信仰に希望をおき、故人を神にゆだねる式である。司式者は以下のような要素を状況に応じて自由に選択し、順序を変えて、式を構成する。「聖歌、故人の略歴紹介、告別の祈り、あるいは告別の詩歌、オルガン演奏など、弔辞・弔電、献香・焼香あるいは献花、遺族代表のあいさつ」。これらのうち、弔辞、弔電については「通常は参列者の代表が行うが、教会共同体を代表して信徒が行うこともできる」[8]と説明されているのみで、その形式については一切ふれられていない。つまり、プロテスタントのキリスト教のばあいのように、対故人型は禁じられるとか、対会衆型だけが許されるというような言明はない。したがって、日本のカトリック教会の葬儀では、対故人型の伝統的形式の弔辞が認められているのであろう。

泉富士男『カトリック冠婚葬祭』(サンパウロ、一九九九年)ものぞいておこう。これは前者に比較すると小著でいくらかハウ・ツウものの性格が感じられるが、それでも泉は一九六三年に司祭に叙階された人物であり、現在は志村教会の主任司祭、東京教区広報委員をつとめている。同書の「葬儀」の章は、葬儀ミサと告別式の式次第をくわしく解説しているが、そうして告別式のなかに「弔辞、弔電の披露」という項目はあるが、弔辞の形式についての言及はまったくない[9]。ここでも、対故人型の伝統的形式の弔辞が当然視されているとみてよいだろう。プロテスタント教会に比較してカトリック教会の寛容さが感じられる文章をひとつ、泉の著作から引用しておきたい。

葬儀などについて「カトリックのしきたりをあまりにも主張して、家族や周囲の人を困らせることも考えものです。神に信頼してなにが一番大切かをよく考え、妥協することも信者の態度として大切なポイントです。(中略)自分がカトリック信者だからと、家族や他の人の大切にしている宗教やしきたりに、極端に排他的になったり批判的に考えることは、愛に反することだからです」[10]。

キリスト教文化圏にみいだされる弔辞

エドガー・モランは大著『人間と死』の冒頭で、人間は死者を葬る習慣をもつ唯一の動物であるといった[11]。その葬儀の多くは宗教的儀式としていとなまれるが、非宗教的儀式としていとなまれるものもある。世界の各地でおこなわれているまことに多様な葬儀の形態を紹介し、それぞれで弔辞がおこなわれているのか、おこなわれていないのか、また、その弔辞はどのような形式のものかをあきらかにすることは、私の能力をはるかに越える仕事である。私としては、日本の葬儀における弔辞の相対的独自性をあきらかにするために、ひとりの平均的社会学者のかぎられた読書体験の範囲で、代表的宗教のそれぞれによる葬儀と弔辞の有無、ありかたについて、以下、覚え書きをつくっておくのが精一杯のところである。

まず、代表的宗教としてなにをえらぶか。宗教学ではふつう、キリスト教、イスラム、仏教を三大世界宗教とする。世界宗教とはだれにでも開放されていて、世界の各地に広まっている宗教で、普遍的性格をもつために普遍的宗教と呼ばれ、未開宗教や民族宗教と対置される。しかし、世界宗教の範囲は、学者によって一致しない。たとえば、マックス・ウェーバーは、さきの三宗教のほかに、ユダヤ教、ヒンズー教、儒教を加えて、世界宗教を六つとしている[12]。

キリスト教には、主要な類型としてプロテスタント教、カトリック教、ロシア正教などがあるが、ここでは、日本人に馴染みが深い前二者をとりあげる。

まず、プロテスタント教会のばあいはどうか。

前出の『死と葬儀』は第四章「葬儀式文の歴史」のなかで、現代の英語圏とドイツ語圏のキリスト教会の葬儀の式次第が紹介されている。英語圏では、アメリカ合衆国の長老派教会の一九七二年版の葬儀にかんする式順、合同メソジスト教会の一九六四年版の葬儀の式文書、カナダ合同教会の一九五〇年版の合同式文書と南インド教会の一九六二年の合同式文書のそれぞれにおける葬儀のための式順が紹介されているが、そのなかには弔辞はいっさいふくまれない。ドイツ語圏では、ドイツ福音主義のルター派教会、改革派教会、この両者の合同である合同教会のそれぞれの葬儀式文が紹介されているが、そこにも弔辞はいっさいふくまれない[13]。ただし、この式文のみで葬儀の実態をすべて把握するのは困難であること、式文で指示されている以外の行事・慣習が式文に結びつけられていることがあること、弔辞は葬儀がすべて終了したのちおこなわれることがあることなどが付言されている。この弔辞は対会衆型のものであろうと想像されるが、それについての説明はあたえられていない[14]。

つぎにカトリック教会のばあいはどうか。これについては、各国のカトリック教会の葬儀の式次第を入手することができないので、一事例をあげるにとどめる。

竹下節子の『ヨーロッパの死者の書』(ちくま新書、一九九五年)は、その冒頭で、自殺したひとりの娘の追悼ミサにおける弔辞を紹介している。一九九五年初め、フランスのテレビ第一チャンネルの八時のニュースの司会者、人気ジャーナリストのP・P・ダルヴォールの末娘ソレンヌが、パリの地下鉄で飛び込み自殺をした。父親は内輪で埋葬をすませたあと、翌週に彼女のための追悼ミサをおこなってもらった。場所は彼女が最初の聖体拝領をした小さな村の教会であった。無神論者をふくめた多くの文化人がミサに出席した。ミサの途中で、母親、二人の姉、ひとりの兄が、それぞれソレンヌにささげる短い文をよんだ。兄は聖アウグスチヌスのテキストをえらんだ[15]。その冒頭の三行。

「死はとるにたらない、私は別の側に移っただけ。
私は私だし、あなたはあなたのまま。
私たちは、私たちが互いにとってそうだったものであり続けます」[16]。

この文章は死者の言葉であると想定してよまれている。文中の私は死者、あなたは生き残った人びとである。文の大意は、死者が神のなかで永遠の生命をえたことを示している。ミサは「ソレンヌを愛してくださったこと、これからも愛してくださることを感謝します」という神にささげる言葉でしめくくられた、という[17]。ソレンヌの兄がよんだ文章は死者にささげられており、そのかぎりで、対故人型の弔辞である。ただし、内容は、死者が神において永遠の生命をえたこと、死者と生者のあいだには愛しあう関係がつづくことのみを言明しており、日本の葬儀における対故人型の弔辞の定形的内容とはかなりことなっている。

以上から、欧米のキリスト教国において教会の葬儀では、対故人型の弔辞は、プロテスタント教会ではおこなわれないが、カトリック教会ではおこなわれると、いちおうはいえる。しかし、現代の日本のばあいと比較すると、葬儀における弔辞の心理的重要性がかなり軽いのではないか。そう推測する根拠をひとつあげておく。

故人への讃辞

フィリップ・アリエスの大著『死を前にした人間』(みすず書房、一九九七年)は、欧米諸国における死の社会史の記念碑的代表作である。その第五部「倒立した死」は、一九世紀後半から二〇世紀にかけてのロシア、フランス、アメリカ、イギリスなどの死の社会史を描いて、われわれのこれからの作業にもいくつかの興味深い示唆をあたえてくれるが、葬儀における弔辞そのものへの言及はまったくない。それと関連があるとおもわれる事実として、葬儀堂・葬儀場にかんするものがある。一九世紀後半から西欧社会全体で葬儀の商品化が進み、営利企業としての葬儀堂、葬儀場が増加した。「人は死に対して、社会がそれを与えようとせず、また教会もあたえるのをためらっている、敬意をうけつづけられる場を確保した」。葬儀堂の支配人は、来世の死者との交流は交霊術師にまかせ、死者を「生あるかのごとく見せる」演出――そこには遺体の防腐処理から化粧までがふくまれる――によって、弔問客たちに最後の面会をおこなわせている。遺体が正装して葉巻をくわえ、椅子にすわっている姿で安置されている演出例さえあるという[18]。

このような葬儀の状況は多くの批判を呼んでいる。死と苦痛、迷信と虚栄心が商業的に利用されていることが告発されているのである。それにともなって、アメリカの知識人たちは、葬儀の改革、葬儀の簡素化を主張している。その改革＝簡素化の方向は、つぎのようにとりまとめられている。「火葬の慣習を普及させること、社会的な儀式は追悼礼拝式に限定することがそれである。追悼礼拝式では遺体の安置はなく、故人の友人と親戚が集まって、故人への讃辞を述べ、遺族を励まし、何らかの哲学的考察にふけり、場合によっては何らかの祈りをあげる、というのである」[19]この理想の儀式の中心は、あきらかに故人への讃辞と遺族への励ましである。宗教的儀礼である祈りは、あってもなくてもよいという扱いをうけている。つまり、この儀式は宗教的なものであってもよいし、なくてもよいというわけである。

かぎられた読書体験から、今世紀後半のアメリカ合衆国におけるこのような追悼礼拝式の実例をさがすと、リン・ケイン『未亡人』(文藝春秋、一九七六年)のなかでの著者が夫と死別したのちの追悼カクテル・パーティにかんする記述がある。リン・ケインは出版社に勤務する編集者で、彼女の夫、マーチン・ケインは腕利きの弁護士であった。一九七一年五月、マーチンは五〇歳で、癌で死去した。『未亡人』は、かれの闘病期間からその死後の日々のリンの生活史を描いている。それによると、火葬と遺骨の処理のために葬儀屋をつかったという記述はあるが、葬儀はおこなわなかったようで、それにかんする記述はない[20]。

追悼式は、リンが準備して礼拝堂で五〇人ほどの友人たちとその家族が参加しておこなわれた。宗教的儀式は入らなかった。リンは友人のハロルドにまえもって依頼し、その席で弔辞をよんでもらった。それは「弔辞というと重々しすぎるが、要するに、一人の人間が敬愛した友をしのんで短い言葉を簡潔に述べるもの」であった。ハロルドは、会衆に向かって、マーチンの意志の強さ、知性の高さ、正直と勇気を賞賛し、かれがオペラの熱狂的ファン、よい夫、よい父親であったことを語った。「その文章はぶきっちょだったが、真心がこもっていた。とても感動的だったし、大勢の人の心を慰めたと思う」と、リンは述べている[21]。追悼式のあとは、出席者がみな彼女のアパートにやってきて、一大カクテル・パーティになった。

なお、私は、さきに紹介したアリエスの記述のなかの、葬儀堂の支配人は「来世の死者との交流は交霊術師にまかせ」たというところに関心を惹かれる。対故人型の弔辞は死者への呼びかけ、語りかけであり、それを死者とのコミュニケーションとしてとらえなおしてみると、欧米文化における交霊術と共通する一面をもつことに気付かされる。この判断は多くの日本人にひどい違和感を感じさせるだろう。かれらにとって、対故人型の弔辞は自然なものであるが、交霊術師が一定の技術をつかって死者の霊魂を呼びよせ、それとの対話が可能になるという交霊術は、きわめて不自然な、いんちきくさいものでしかない。私としては、この件について交霊術にかんする膨大な文献の検討に入りこむことは避けたい。ただし、フランソワ・グレゴワールが『死後の世界』（白水社、文庫クセジュ、一九九二年）のなかで交霊術について要領のよい解説をしたさいに、交霊術で呼びよせられた死者の霊魂は、「青ざめ、空しく、おどおどし、しっかりしたところがなく、あどけなく、ぼんやりした亡霊」であり、活気がなく、無能、生前の記憶を失いがちであると描写しているのは引用しておく[22]。それとの対照は日本文化における対故人型の弔辞が予定する死者の霊魂、「生前のかれと心理的・能力的にほとんど同一の存在である」と規定される霊魂の力強さ、聡明さを強調する。

ユダヤ教の葬儀

世界宗教のなかで、ユダヤ教、キリスト教、イスラムは兄弟宗教と呼ばれる。それらはいずれも天地を創造した唯一神を信じる一神教であるが、まずユダヤ教があり、そこから一世紀にキリスト教が、七世紀にイスラムが成立した。

そこで、つぎにユダヤ教とイスラムの葬儀についてみよう。

現代のユダヤ教の葬儀にかんする比較的よくまとまった記述の一例は、ニコラス・デ・ラーンジュ『ユダヤ教入門』（柄谷凛訳、岩波書店、二〇〇二年）の「第六章ユダヤ人のコミュニティー」にみいだされる。その概要を紹介する。

ユダヤ人のコミュニティのなかで、ユダヤ人の墓地は中世以来、現在にいたるまで一貫した役割をはたしている。それは、塀や垣根で区別されて、大きな敬意をもってあつかわれている。ユダヤ教の伝統によれば、死者はできるだけ早く埋葬されなければならず、ふつうは二四時間以内に埋葬される[23]。その根拠は、「旧約聖書」の「申命記」の二一章二三節の「必ずその日のうちに埋めねばならない」などがあげられる。

亡骸は、棺におさめられるまえ、清潔にされ、儀礼的に洗われる。その後、多量の水が注がれて「清め」がおこなわれる。それから亡骸は拭われて、タハラヒームと呼ばれる特別の服一式を着せられる。これは白い綿モスリンか綿、麻でつくられており、結び目がない。葬儀はレバヤー＝「随伴」と呼ばれる。亡くなった人につきそうという意味である。葬列は、死者を入れた棺をはこんで、かれの自宅から墓地の礼拝所、そこから墓へと進む。そのさい、自宅でまず祈りが唱えられ、ついで、礼拝所でまた祈りが唱えられる。礼拝所ではほかに、「故人の徳と偉業をたたえる頌徳文」[24]がよみあげられることがある。

この頌徳文は弔辞に類似する性格をもつようだが、前出の文献ではそれ以上の説明があたえられない。私の手許にあるユダヤ教の文献数篇によっても、くわしいことはわからない。たとえば、マルサ・モリスンとスティーブン・ブラウンの『ユダヤ教』によれば、ユダヤ教の葬儀の式次第は「詩篇の朗読、追悼の言葉、追悼の祈り」[25]から成り立つといわれているが、この追悼の言葉とさきの頌徳文とは同一のものではなかろうか。ウェーバーは『古代ユダヤ教I』において、その宗教が死者崇拝を厳禁していたと伝えているが、そのあたりをかんがえあわせると[26]、この頌徳文は、対会衆型の形式をとっているとおもわれる。

葬列は、礼拝所から墓まで途中で三回ないし七回休みながら進む。これは死者との惜別の感情をあらわす行為であるとされる。棺は墓のなかに下され、まず近しい親戚と友人が、ついで残りの参列者がシャベルで土をかけて埋葬をおこなう。埋葬が終わると、出席者たちは「カディッシュ」といわれる祈りを唱える。この祈りは死別や悲哀についての言及をふくまない。これは神を讃美する祈りであり、来たるべき神の地上支配、神の意志への従順を表明する祈りである。それが故人の霊魂のためにもなるとかんがえられている。

イスラム文化圏の葬儀

イスラムのばあいはどうか。

イスラム教徒の葬儀にかんする一例としては、原忠彦の「バングラデシュの老人問題――文化人類学的考察」(副田義也編『日本文化と老年世代』中央法規出版、一九八四年、所収)における報告を紹介する。原は一九六一年から六四年にかけてバングラデシュのイスラム教徒を調査した。かれらは世界のイスラム教徒の八〇%を占めるスンニー派に属していたが、原が調査地域とした村落は一九世紀にベンガルにおこった復古主義的なイスラム宗教運動の洗礼をうけたところであった。それゆえに、村人は宗教的態度としては「どちらかというと保守的な分派に属する人びと」であった[27]。

イスラム教徒の葬儀、墓、死者、霊魂、来世、現世などを理解するためには、その前提として、イスラムの唯一神、アッラーの概念を知らねばならない。原は、アッラーの特性をつぎのように要約する。

1. 神は唯一の存在である。イスラムでは、天使、悪魔、ジンなどをのぞけば、神のみが超自然力をもち、人間の崇拝の対象である。
2. 神のもつ力は絶対的なものであり、質的には他者の力をはるかにしのぐ。神はこの力によって、どのような事象をも出現させることができる。
3. 神はそれ自身の自由意志をもち、きわめて恣意的にあらゆる事象を変更することができる。その変更・変化は、人間の論理の枠を超えたものでありうる。
4. 神は抽象的存在である。

5．神は人間と次元がことなる存在である。人間は、神の姿・形をみることができないだけでなく、その意志を推し量ることも不可能である[28]。

このようなアッラーの存在を前提にして、死者はつぎのようにかんがえられる。超自然力は神が占有しており、死者は超自然力をもっていない。人は死ぬと、最後の審判のときまで、ある種の待合室に霊魂をとどめることになる。かれらが天国にゆくか地獄にゆくかは、その最後の審判で決定される。待合室で未決の状態にいる霊魂は、現世の出来事を見聞するために帰ってくることはあるが、超自然力をもっていないので、自らの意志によって現世の生者の生活に干渉することはできない。日本文化でかんがえられるように、子孫を守護することもできないし、憎い相手にたたることもできない。イスラム教では、個人の人生の一回性は絶対的なものであり、生まれかわりの概念はない。したがって、死者は現世にたいして働きかけの手段をいっさいもちあわさない[29]。

生者も超自然力をもっていない。かれらは五感によって量りうる世界で生活しているだけで、死者の世界に干渉することはできない。死者はたたることができないのだから、魂鎮めの儀礼は必要がない。死者への供養をおこなって、その冥福をはかることもできない。死者が死後の世界で幸福になるか不幸になるかは、アッラーだけが決定することであり、生者はそこへの介入を許されない。したがって、コーランの教えに忠実なイスラム教徒のあいだでは、葬式はきわめて簡単なものであり、年忌もない。その葬式の内容は、死体を洗い、白い布につつんでこしにのせて墓地にはこび、簡単な礼拝のあと、顔をメッカのほうに向けて土葬（伸展葬）するだけである。それは「死者の魂を慰める」とか、「死者に別れを告げる」とかいった意味の儀礼ではなく、「神にひとりの信者の死を報告する」という意味での儀礼である。だから、イスラム教徒は家族の死者の墓に参る習慣がない。時間が経過するにつれて、その土葬の場所もわからなくなってしまうという[30]。

原はこの葬儀における弔辞の有無についてふれていないが、以上の記述から論理的に判断して、イスラムの葬儀では弔辞はないと推量される。なお、大塚和夫ほか編『岩波イスラーム辞典』(岩波書店、二〇〇二年)で「葬儀」の項目をみると、原の説明と大筋で一致するがより簡略化された説明がみられるが、そこでも弔辞への言及はない。[31]また、松濤弘道『世界の葬式』(新潮社、一九九一年)は、イスラム文化圏の葬送慣習を概説したうえで、同文化圏に属するパキスタン・イスラム共和国など二九カ国の葬儀を紹介しているが、そこでも弔辞への言及はない。ただし、概説のなかで、埋葬のとき、遺体処理人が故人に向かって、「あなたの宗教はなにか」、「予言者はだれか」、「聖典はなにか」、「神はだれか」などと語りかけ、故人にかわってほかの遺体処理人が答えるという慣習が報告されており、われわれの関心を惹く。[32]

仏教文化圏の葬儀

仏教文化圏の葬送儀礼にかんするモノグラフの一例としては、蟹沢慶子「現代シンハラ人仏教徒の葬送儀礼」(『アジア遊学』No.38、勉誠出版、二〇〇二年、所収)をあげる。ここでいうシンハラ人は、スリランカにおける仏教徒の主要部分である。シンハラ人はインドからもっとも早く伝えられた仏教を受容し、その伝統を保ちつづけており、その葬送儀礼には数千年まえの仏典にみられる慣行がみいだされるという。[33]蟹沢は、死者が出たあとの葬儀の準備と実施、それにつづく法事の経過をくわしく追っているが、そのなかに弔辞、あるいはそれに類似する慣行にかんする言及はいっさいない。

かいつまんで紹介する。死者が出ると、その家族・親族は、僧侶を呼んで葬儀について相談し、葬儀屋にも連絡して遺体の腐敗を防ぐためのエンバーミングをしてもらう、葬法は一般的には土葬であるが、少数の富裕階級は火葬をつかう。エンバーミングを施されたのち、遺体は新しい礼服を着せられ、観音開きのふたをあけた棺のなかに、両手をくんで安置される。そのまま、遺体は三日ほど屋内におかれ、親族、知人がつぎつぎと訪れ、別れを惜しむ。葬儀は主に午後おこなわれる。参列者は白い衣裳を着用している。棺がとじられ、そのうえに白い布がかけられる。葬儀が開始される時刻になると、僧侶がやってきて、死者のために経を唱え、法話をおこなう。さいごに、瓶に入った水をグラスに移しながら、偈を唱える。この行為は、死者がその肉体からほかの生へと移動することを意味する。水がグラスからあふれるまで注ぐと、葬儀は終わりである。そのあと、棺は、霊柩車によって、墓地へはこばれ土葬されるか、火葬場にはこばれ火葬される。なお、人間は、死後一週間で新しい生に生まれ変わると信じられており、それはほとんど人間として生まれ変わることだと理解されている[34]。

三枝充悳『仏教入門』(岩波新書、一九九〇年)にしばらく拠ってみよう。この現代スリランカの仏教徒がもつ死生観の原型は、紀元前四世紀頃から一三世紀初頭までつづいたインド仏教の思想、とくに業思想と輪廻転生思想のなかにある。ただし、これらの思想は、仏教登場以前のインドの古ウパニシャッド哲学において芽生えており、それから仏教思想に継承されたのである。インドではおこない・行為をカルマ(カルマン)といい、これが業《ごう》と漢訳されている。業思想では善い行為は善い結果を、悪い行為は悪い結果をみちびくとされるが、行為の善悪の判定は、その結果でなく、その動機によっておこなわれる。

そうして、業は輪廻と結合している。現世の行為が死後に再生する世界を決定するのである。輪廻説に拠れば、人間をふくむ生命をもつものは衆生《しゅじょう》であり、死後にかならず生まれ変わり、その再生する世界は、天、人、畜生、餓鬼、地獄の五つとされたが、のちに人と畜生のあいだに阿修羅をいれて六つとされた。これらを五道あるいは六道という。死者は、天の世界には神として、人の世界には人間として、阿修羅の世界には悪神として、畜生の世界には動物として、鬼の世界には餓鬼として、地獄の世界には亡者として、生まれ変わる。このうち、畜生、鬼、地獄は三悪道と呼ばれる。死者は、死後、四九日たつと、六道のどこかに転生する。もう一度、人間に生まれ変われたとしても、また、死んで、また、生まれかわる。この輪廻転生の苦しみから解き放たれるには、悟りをえて仏とならねばならない。仏のいる世界は極楽浄土である[35]。この死生観によれば、死者の魂はつぎの身体に転生するのであるから、原理的には遺体の葬儀やそれを葬るための墓は不要ということになる。

前出の松濤の著作は、仏教文化圏とヒンズー教文化圏をあわせて、ヒンズー教・仏教文化圏としている。ヒンズー教文化圏はインドやネパールが代表し、南方仏教文化圏にはスリランカ、ミャンマー、インドシナ半島諸国がふくまれる。それらの国々の葬送儀礼はたがいにかなり異質の要素をふくむが、「故人の霊に線香や供物をささげ、合掌礼拝するといった共通の習慣」がみられるので、一括したといわれている。この文化では一一カ国の葬送儀礼が紹介されているが、やはり弔辞についての言及はまったくない[36]。

儒教文化圏にみいだされる弔辞

儒教文化圏のばあい、比較的くわしい情報が手に入る韓国社会の葬儀における対故人型の弔辞を代表例としよう。若松實の『韓国の冠婚葬祭』（高麗書林、一九八二年）の「Ⅲ葬礼」は、タイトルにかんするくわしい経過の記述である。これによると、韓国において古い時代の葬儀は儒教の影響をつよくうけていたが、煩雑な形式、莫大な経費などの弊害が大きかった。韓国政府は生活改善、虚礼廃止のために「家庭儀礼準則」という法律を制定して、旧習の変革をはかり一定の成果をあげている。若松は、古礼にもとづく在来式葬礼と現行の現代式葬礼のそれぞれの経過を述べているが、地方の農村にゆけば両者の混合例や在来式のものもまだらみられるらしい。ここでは現代式葬礼のばあいを略述する。

若松は、家族による臨終の迎えかた、遺体の取扱いかたから、死亡通知の出しかた、入棺の作法、喪服の様式、弔問の挨拶、通夜のしかたなどについて、くわしく記述しているが、それらの紹介は省略する。ただし、われわれの関心から、「輓章」といわれる慣行の存在には注目しておきたい。それは「死者を哀悼する意で作った弔文や弔詩で、絹布や紙に書いてのぼりとして柩輿の前に立てて葬列に加わる」と説明されている。若松があげている弔詩の実例をみると、それは対故人型の弔辞のミニチュア版のようによめる。ただし、前出の「家庭儀礼準則」によって、現在は、こののぼりの使用は禁止されているという[37]。

葬礼の儀式は「葬礼式」と「永訣式」にわかれる。葬礼の形式は土葬がもっとも多いが、都市部では火葬の例が次第に増加してきている。葬礼式は葬送行にさきだって喪主と近親者たちのみでおこなう儀式である。これは永訣式とことなって、一般会葬者は参列しない。ただし、キリスト教の葬礼では葬礼式と永訣式とを区別せず、いっしょにおこない、最初から一般会葬者も参列する。葬礼式の手順は、(1)遷柩＝葬送をおこなう一日まえの朝、棺のまえの祭祀で霊柩を移すことを告げ、喪主と親族が哭し、祝官が棺を外に移すことを告げる。(2)祖奠＝その日の日が暮れてから、霊前に食事をささげたあと、あるいはそれといっしょにこの祭式で永訣を告げる[38]。

永訣式は、喪家の門前でおこなうのがふつうであるが、社会的地位が高かった死者のばあいは、多数の会葬者を収容することができる会場をつかうことがある。永訣は文字通り最後の別れである。霊柩を霊柩車あるいは柩輿に載せて、祭床にお供えをならべて香を焚き、酒を一杯だけさしあげて、喪主が祭祀をおこない、親戚、一般弔客が香を焚いて再拝して、喪主に挨拶する。永訣式はふつう司会者がおり、つぎの順序で進行する。(1)開式辞、(2)故人略歴報告、(3)弔詞、(4)弔歌、(5)焼香(喪主、遺家族、弔客)、(6)閉式辞、(7)発靷(柩が家を出ること)。ここでいう弔詞の実例を二つ若松はあげており、そのひとつは故人となった親友にたいするもの、いまひとつは故人となった恩師にたいするものであるが、その内容は、日本人が対故人型の弔辞として理解するもののそれとまったく同一である[39]。

なお、葬式にさいして棺が家を出るさいに、その直前に「発靷祭」がおこなわれる。永訣式をやらずに、この発靷祭をその代用とすることもあるらしいが、くわしいことはわからない。

また、若松は、韓国におけるキリスト教式祭礼、仏教式祭礼にもひととおりふれているが、前者のプロテスタントの葬儀の式次第には弔辞朗読が入っている。これは、儒教にもとづく葬儀の弔辞の慣行が混入した結果とかんがえる。一般に韓国のプロテスタント・キリスト教は、日本のそれと比較して、土俗的信仰の要素の混入が多い。仏教式葬礼の式次第には追悼辞があるが、これについても同様の推測が可能であるが、いずれも実例をみていないので、最終的判断はひかえたい[40]。

前出の松濤の『世界の葬式』は、儒教文化圏の葬儀として、中華人民共和国、台湾、大韓民国、朝鮮民主主義人民共和国、モンゴル人民共和国の五カ国のばあいを紹介している。このうち、葬儀における弔辞の存在が報告されているのは、中国と韓国の二カ国のばあいである。中国にかんしては、国土が広大で慣習に地域差があるので一般論とすることは困難であるとことわったうえで、一般庶民の葬儀は「哀楽、三礼、告別の辞」の順で終るという、いたって簡単なものであるが、国家や社会に貢献した指導者が死亡したばあいには、盛大な追悼会がおこなわれるという。「大きな集会場を会場にして、安置した遺体とともに遺影を飾り、供花も行う。中国独特の葬送曲が流れる中を、葬儀委員長が当人の経歴や功労を紹介し、弔辞も読まれる」。松濤は、これにつづいて、元首相・周恩来の告別式やそれに先立つ別れの儀式の内容を実例として紹介している[41]。

儒教の死生観、霊魂観

儒教文化圏に属する日本、韓国、中国の葬儀において、対故人型の弔辞がひろくみられるということは、儒教の死生観、霊魂観が対故人型の弔辞の成立条件のひとつであることをつよく示唆する。以下、加地伸行の名著『沈黙の宗教――儒教』に多くを学んで、述べる。いくらか歴史的にみれば、儒教が成立する以前、東北アジアの中国大陸、朝鮮半島、日本列島には、ひろくシャマニズムがおこなわれていた。それは、地域によるさまざまな差異をもっていたが、その共通部分は、死者の霊魂を呼び招き、再生させることにあった。中国では春秋時代、紀元前六世紀、宗教的天才である孔子が出現して、そのシャマニズムを素材として儒教という宗教体系と道徳体系をつくった。宗教としての儒教は、「死と死後にかんする説明」[42]のひとつであり、死後の再生を保証して五感の喜びを優先させる中国人たちを安心させるものであった。道徳としての儒教はまず家族道徳であり、のち政治理論をも形成した。儒教において、宗教性はその基底にあり、道徳性はその表面にあるが両者は密接に関連している。

儒教の死生観をいくらかくわしくみておこう。人間は精神と肉体から成り立つ二元的存在である。その精神を主催するものは魂であり、その肉体を支配するものは魄《はく》である。人間が生きているとき、魂と魄はその内部に共在している。かれが死ぬと、両者は分裂する。あるいは、それらの分裂が死ぬということである。分裂後、魂は天上に浮遊し、魄は地中に固定される。それらの状態を魂気、形魄という。具体的なイメージでいうと、魂は空にただよう雲であり、魄は遺体が腐ったあとに残された白骨である。これらの分離した魂と魄をもう一度結びつけてやれば、死者は再生することができる。その結びつけを招魂復魄という。その方法は、尸《し》＝かたしろに、呼び出した魂と魄を依りつかせるというものである。儒教の葬儀における弔辞は、この呼び招かれた魂へ語りかける言葉、あるいは魂魄の再結合により再生した死者に語りかける言葉であろう[43]。

尸の成立過程はつぎのとおりである。古代中国においては、死者が死んでから葬式をおこなうまでに三カ月から七カ月の間隔があった。そのあいだに、遺体は腐敗して崩れ流れ、骨骼が残る。その骨骼から頭蓋骨のみを残して、ほかは地中に埋めた。頭蓋骨は心が宿る場所であるから、廟に祭った。死者の霊魂を呼びよせる儀式のおりには、人間がこの頭蓋骨をかぶって狂乱状態に入る。のちに、この頭蓋骨のかわりに、生前の死者の頭部に似たものをつくった。これが魌頭《きとう》である。さらにそれに手足をつけて、神の座におくこともした。それが尸《し》＝かたしろのはじまりである。さらにのちには、尸を、死者の孫に代えた。祖父が孫に生まれかわるとかんがえたのである。最終的には、これは木製の神主と呼ばれるものになった[44]。

このような死生観によれば、葬儀と墓は招魂復魄のために重要である。葬儀は招魂の大事な機会のひとつである。墓は地上で形魄を保全・管理するための必要な施設である。一世紀ごろ、インドの仏教が中国に入ってきて、儒教と死生観をめぐってはげしいイデオロギー闘争をすることになった。さきにみた輪廻転生思想によれば、シャマニズムの招魂はありえず、葬儀も墓も不要なのである。しかし、のちに仏教は儒教と妥協して、中国社会に定着することをめざすことになった。すなわち、仏教はシャマニズムの招魂を認め、儒教の神主は仏教の位牌となった。また、葬儀をおこなう習俗、墓をつくる習俗をもとりこんでいった。

日本人の霊魂観

しかし、現代の日本社会の葬儀における対故人型の弔辞の由来を、日本が儒教文化圏に属するからと説明するだけで充分だろうか。私はそうはおもわない。日本人の霊魂観は、儒教以外のほかの世界宗教のそれぞれの霊魂観に比較すれば、儒教の霊魂観にたいして親和的であるが、しかし、それとは大きく異なる独自性をもっているのも確かである。柳田国男の「先祖の話」に拠ってみよう。橋川文三は、『柳田国男——その人間と思想』(講談社学術文庫、一九九二年)のなかで「柳田の固有信仰研究からうける印象」を、「それがたしかに日本人の霊魂観の未曾有に鮮やかな探求であるという驚異の念と、反面には、それが未だ確証されず、恐らく将来もまた確証されえないものではないかという感慨とである」[45]という。つまりは、日本民族の生と死の観念の科学的タームによる記述が、人類史、宗教史の諸段階において有意義であるが、未来の無限の時間に投げかけられた壮大な仮説であるということだろう。

柳田によれば、日本人の霊魂観の原型は、儒教や仏教が渡来する以前の、古代の日本列島における祖霊概念にある。それは、アジア大陸から波及してきた儒教、仏教の霊魂観の影響をもちろんうけたけれども、その独自性を保ちつづけて現代にいたっている。日本人の大多数は死後の世界をちかく、親しく、なにかその消息に通じているようにおもってきたが、その理由のうちとくに日本的なものが四つあると柳田はいう。その説明は、そのまま日本人の霊魂観の四つの特性の記述となっている。すなわち、

(1)ひとが死んで、その霊魂が肉体から離脱しても、その霊魂はこの国のなかにとどまり、遠くへはゆかない。

(2)顕幽二界=生者の世界と死者の世界のあいだで交通が頻繁におこなわれており、春秋の定期の祭りのみで

なく、おたがいがその気持になれば、招き招かれることがそれほど困難とは感じられない。

(3)生者の死のまぎわの念願は死後にかならず達成されるとおもっていた。

(4)前項によって、多くの人びとは自らの死後の子孫のためにいろいろ計画をたて、さらには二度三度と生まれかわって、同じ事業をつづけることができるとかんがえていた[46]。

これらの信条はいずれも重大な意味をもっていたが、集団宗教の教義ではないので文章化されず、そのために時代の推移によってわずかずつでも変化が生じがちであり、また、これらを口にして批判をうけるのを憚る気持もあり、強制力をともなうわけでもないので、力が弱くなってきていた。しかし、現在でも、多くの人びとが心のなかでおもっていることを総合してみると、これらは、一時、一部の人びとの空想ではないことがわかる。

四つの信条のなかでも、柳田がとくに重視したのは(1)であった。仏教では十万億土という。これは、娑婆世界＝この世と極楽浄土のあいだにある仏土＝仏が住む国、仏が教化する国の数で、この世からほとんど無限の遠くに極楽があるといっている。死者の霊魂は、経や念仏の効果によって、その遠くの極楽にいってしまう。これにたいして、日本人の霊魂観の原型では、農民たちの死んだ父祖の霊魂は、秋の終りに山に還って山の神となり、春になると田に下りてきて田の神となり、農事を守護し、援助してくれる。祖霊が草葉のかげから子孫を見守ってくれるという感覚は、日本人に馴染み深いものである。この仏教の霊魂観と日本人の霊魂観は、明白にちがっているのだが、かれらはどちらがほんとうかというような論争を起こさなかった。そのような論争を起こせば、教義を整備した仏教に、日本人の常識は押しまくられるに決まっている。だから、どちらも本当だと、二色のぼかし染めのような説明がおこなわれてきた[47]。

ただし、さきの四つの信条が論理的に完全に一貫しているわけではない。(1)は、死者の霊魂がこの国土にとどまり、山の神、田の神となり、墓を居場所にするという。これらの規定も厳密に一致するわけではないが、生者のちかくにいるとくくってみれば、それらの差異は、それらの同一性を認定するさいの許容範囲のうちにおさまる。しかし、(2)で幽界＝死者の世界といい、その伝統的観念として「あの世」というと、「この世」にたいして、あの世は遠くにある。死者があの世に旅立ってゆくというイメージも、日本人に馴染み深いものである。(1)でいう死者は生者のちかくにいるという判断と、(2)でいう死者は遠くのあの世に旅立ってゆくという判断はあきらかに矛盾する。しかし、この二つの判断は、現代の日本人のあいだでともにみいだされる。われわれは、病気遺児家庭や災害遺児家庭の調査において、墓にいる死んだ父親に家族の近況報告をしにゆく母子に会い、ともに災害死した父子のことを父親がさびしいので息子をつれてあの世に旅立っていったのだという母親に会った。[48]それどころか、同一人物が、同一の死者が墓にいるし、あの世にいるというばあいがあるのである。

柳田自身は、この件にかんしてどのような感性をもっていたか。佐古純一郎は『定本柳田国男集』の「月報10」のなかで、つぎのような回想を残している。敗戦後、佐古は編集者として柳田の許に出入りするようになり、学ぶことが多く、評論家として自立してからもそれがつづいた。とくに宗教生活について教えをうけるのが楽しみであったが、そのなかでえた感想として、「柳田先生ほど、しんけんに、霊魂のゆくえについてお考えになっている方を、わたくしは存じませんでした」と佐古はいっている。佐古がキリスト教の洗礼をうけたあと、柳田からそれを批判されるのではないかと案じながら、その事実を告げると、柳田は「それはよかったね」と応じてくれて、その後はキリスト教の教義やイエスの復活について、いろいろと佐古に質問をするのであった。そのような柳田の言動に、佐古は「ご自分の霊魂のゆくえを思案していらっしゃる先生のしんしなお心」を感じとっていた。あるとき、柳田は佐古に死後の霊魂のゆくえについて、こういったという。「四十日くらいまではどの辺にいるかわかっているのだが、それ以後はわからないのだよ」[49]

「先祖の話」からよみとられるかぎりで、この作品を執筆した当時、柳田は、死者の霊魂の実在を信じていた[50]。日本人の伝統的な霊魂観と近代科学を学んだ柳田の霊魂観は論理的には区別される。初期の柳田は、「幽霊思想の変遷」などにみられるように、その区別を明示しつつ、日本人の伝統的な霊魂観を調査・研究するのだという姿勢を堅持していた[51]。しかし、晩年の柳田ではその区別は曖昧になってきている印象がある。ここから判断すれば、さきの柳田の言葉の「四十日くらいまではどの辺にいるか」は、死霊が忌み明けの四九日忌がすむまでは喪家の屋根棟にとどまるという俗信から大きくはなれるものではあるまい。また、「それ以後のことはわからない」というが、さきに紹介したように、「先祖の話」では祖霊は山に登って山の神となり子孫を守護するという記述があるのだが、桜井徳太郎が『霊魂観の系譜――歴史民俗学の視点』（筑摩書房、一九七七年）であきらかにしているように、柳田が自らの墓地としてえらんだ川崎市郊外の春秋園は多摩川にちかい丘陵上にあり、その記述の条件をみたすものであった[52]。

現代の日本社会の葬儀において対故人型の弔辞が述べられるさい、その語りかけの対象となる死者の霊魂のイメージは、以上の記述からほぼあきらかであろう。それは、生者たちのそばにおり、かれらを援助、守護しようとしている。これを儒教の葬儀における霊魂観と比較するとどこがちがうか。儒教は魂と魄を精神の主宰者と肉体の支配者として区別し、魂は天上にうかび、魄は地上にとどまるとした。また、魂と魄は尸をよりしろとして再結合し、死者が再生をはたすとした。日本人の伝統的霊魂観では、葬儀のさいの死者は再生を希求していない。それどころか、柳田が「葬制の沿革について」のなかであきらかにした複墓制では、第一の墓地で霊魂は遺体から解放されて自由となり、第二の墓地では霊魂のみがまつられることになるのである[53]。また、天上にただよう魂のイメージは、日本人にはない。葬儀のさいに生者たちの身近にいた死者の霊魂は、やがて山に登るか、墓のなかにいることになる。なお、日本文化にも魂と魄の区別はあったが、柳田はそれを霊複体観の一例であり、中国文化からの輸入思想であって、日本文化に充分に定着したとはみていない。そこでは、魂も魄もたましいであり、魂は上位のたましい、魄は下位のたましいとみたてられた[54]。

小結と補足

現代の日本社会では、葬儀において対故人型の弔辞がひろくおこなわれている。それは生者による死者あるいはその霊魂への語りかけである。死者はその弔辞がきくことができ、理解することができるとかんがえられている。死者は、弔辞をよむ声がとどくところに、その読み手の身近にいるはずである。また、それを理解することができるためには、死者は弔辞がそれによって語られる母国語を理解することができ、かれ個人としての自意識をもちつづけており、弔辞で語られるかれにかんする出来事についての記憶をもちあわせているはずである。以上のようにまとめられる死者のイメージは、死んでいるという事実をのぞけば、生前のかれと心理的・能力的にほとんど同一の存在である。死者がこのような存在でなければ、弔辞をよんだり、述べたりする社会的行為は無意味である。

われわれは、小論の冒頭でこのような判断を論理的にみちびきだした。そのうえで、世界宗教のそれぞれにおける葬儀のありかた、そこでの弔辞の有無や性格を検討してみた。ただし、諸外国の葬儀における弔辞については、充分な情報がえられないことが多く、推測をまじえて語らざるをえなかった。これは、葬儀にかんする文献の筆者たちが弔辞の有無や型にかならずしもつよい関心をよせていないことに一因がある。

それでもいちおうの結論としていえば、日本でおこなわれる対故人型の弔辞は儒教文化圏のみにみいだされる。ただし日本の対故人型の弔辞から抽出される死者観、霊魂観は、儒教文化圏のほかの国々のそれと比較しても大きく異なる独自性をもっており、それは原型である古代の日本列島における祖霊概念に由来する。儒教以外の世界宗教では、キリスト教のカトリック教会の葬儀で対故人型の弔辞がみられるが、その内容は日本の対故人型の弔辞のそれと大きくことなる。両者の決定的相違点は、日本の弔辞が語りかける霊魂はそれ自身のみで存在するのにたいして、カトリックの弔辞が語りかける霊魂は神との関係において存在していることであろう。プロテスタント・キリスト教、ユダヤ教、イスラム、仏教、ヒンズー教では、教義上、対故人型の弔辞はありえない。ただし、収集した資料によれば、対故人型の弔辞が禁じられている文化圏においても、弔辞で死者に語りかけた例が、まれではあるが報告されている。これについてはさらに検討が必要であろう。

注

1　山本尚忠「今日の日本における葬儀の諸問題」日本基督教団信仰職制委員会編『死と葬儀』同教団出版局、一九九六年、二五八―二五九ページ。
2　加藤常昭「葬儀式文に関するひとつの私案」同右、二七六―二七七ページ。
3　大宮溥「教理史における死と葬儀」同右、一一七ページ。「今日の日本における葬儀の諸問題」前出、二六四ページ、など。
4　「今日の日本における葬儀の諸問題」前出、二五五ページ、など。
5　日本カトリック典礼委員会編『カトリック儀式書　葬儀』カトリック中央協議会、一九九三年、九ページ。
6　同右、一〇ページ。

7　同右、一三七―一三八、一四二、一五九、一六六、一八八―一九〇ページ。
8　同右、一九三―一九四、二一〇ページ。
9　泉富士男『カトリック冠婚葬祭』サンパウロ、一九九九年、八六ページ。
10　同右、一〇〇―一〇一ページ。
11　エドガール・モラン、古田幸男訳『人間と死』法政大学出版局、一九八三年、一ページ。
12　マックス・ウェーバー、木全徳雄訳「世界宗教の経済倫理――比較宗教社会学的試論」ウェーバー、木全訳『儒教と道教』創文社、一九七五年、四一七ページ。
13　北村宗次「キリスト教葬儀の伝統と英語圏における葬儀」前掲『死と葬儀』一六二―一七〇ページ。
14　加藤常昭「ドイツ福音主義教会における葬儀」同右、一八九―二〇〇ページ。
15　竹下節子『ヨーロッパの死者の書』ちくま新書、一九九五年、八―一二ページ。
16　同右、一二ページ。
17　同右、一三ページ。
18　フィリップ・アリエス、成瀬駒男訳『死を前にした人間』みすず書房、一九九七年、五三九ページ。
19　同右、五四〇ページ。
20　リン・ケイン、曽野綾子ほか訳『未亡人』文藝春秋、一九七六年、七六―七七ページ。
21　同右、七九―八一ページ。
22　フランソワ・グレゴワール、渡辺照宏訳『死後の世界』白水社、文庫クセジュ、一九九二年、一〇七―一〇八ページ。
23　ニコラス・デ・ラーンジュ、柄谷凜訳『ユダヤ教入門』岩波書店、二〇〇二年、二一五―二一六ページ。
24　同右、二一七ページ。
25　マルサ・モリスン、スティーヴン・F・ブラウン、秦剛平訳『ユダヤ教』青土社、一九九四年、一六六ページ。

26　マックス・ウェーバー、内田芳明訳『古代ユダヤ教Ⅰ』みすず書房、一九六二年、二二九―二三二ページ。
27　原忠彦「バングラデシュの老人問題――文化人類学的考察」副田義也編『日本文化と老年世代』中央法規出版、一九八四年、一九五―一九六ページ。
28　同右、一九七―一九八ページ。
29　同右、二〇五―二〇六ページ。
30　同右、二〇六ページ。
31　大塚和夫ほか編『岩波イスラーム辞典』岩波書店、二〇〇二年、五八一ページ。
32　松濤弘道『世界の葬式』新潮社、一九九一年、一八一―二二〇、三二一ページ。
33　蟹沢慶子「現代シンハラ人仏教徒の葬送儀礼」『アジア遊学』№38、勉誠出版、二〇〇二年、五一ページ。
34　同右、五一―五四、五六ページ。
35　三枝充悳『仏教入門』岩波新書、二〇〇一年、四二、一二〇―一二三ページ。
36　松濤、前掲書、三三―三六、二二一―二四二ページ。
37　若松実『韓国の冠婚葬祭』高麗書林、一九八二年、一四九―一五〇ページ。
38　同右、一五二―一五四ページ。
39　同右、一五四―一五八ページ。
40　同右、一七五―一八三ページ。
41　松濤、前掲書、二四五―二四六ページ。
42　加地伸行『沈黙の宗教――儒教』筑摩書房、一九九五年、二九ページ。
43　同右、三〇―三三ページ。
44　同右、三四―三七ページ。

45 橋川文三『柳田国男――その人間と思想』講談社学術文庫、一九九二年、一一一―一一二ページ。
46 柳田国男「先祖の話」『定本柳田国男集第十巻』筑摩書房、一九六二年、一二〇ページ。
47 同右、四二―四三、五四―五六ページ。
48 副田義也「T．I．さん(千葉県)」あしなが育英会『ガンによる家族喪失体験と心のいやし――平成九年度調査結果報告』同会、一九九八年、九八ページ。副田義也ほか「死別体験の博物誌――一九九五年一月一七日・神戸」副田編『死の社会学』岩波書店、二〇〇一年、一六〇―一六一ページ。
49 佐古純一郎「大いなる遺産」『定本柳田国男集・月報10』筑摩書房、一九六二年、七七―八〇ページ。
50 「先祖の話」前出、たとえば、一五〇―一五一ページ。
51 たとえば、柳田国男「幽霊思想の変遷」『定本柳田国男集第十五巻』筑摩書房、一九六三年、五六二―五六八ページ。
52 桜井徳太郎『霊魂観の系譜――歴史民俗学の視点』講談社学術文庫、一九九四年、一六五ページ。
53 柳田国男「葬制の沿革について」『定本柳田国男集第十五巻』前出、五一九ページ。
54 「先祖の話」前出、一一七―一一八ページ。

第二章　政治家の弔辞

中曽根康弘から故岸信介へ／江田三郎から故浅沼稲次郎へ

歴史に残る作品

岸信介は一九八四年八月七日、九〇歳で死去した。かれは、五七年二月から六〇年七月まで三年四カ月余、内閣総理大臣の座にあった。政府と自由民主党は、死去した岸にたいして、八七年九月一七日、内閣・自由民主党合同葬をおこない、ときの総理大臣・中曽根康弘が弔辞をよんだ。自由民主党編纂『自由民主党史・資料編』によれば、敗戦後の日本において、このときまでに、元総理大臣の葬儀において現職の総理大臣が弔辞をよんだ例は、国葬、国民葬、および内閣・自由民主党合同葬にかぎってみれば四つあるが[1]、政治的言説として歴史に残る作品は、吉田茂にたいする佐藤栄作の弔辞と、この岸にたいする中曽根の弔辞であろう。後者の全文を紹介して、多少の考察をくわえたい。

弔辞

本日ここに、正二位大勲位、元内閣総理大臣、自由民主党最高顧問、故岸信介先生の内閣・自由民主党による合同葬儀が執り行われるに当たり、謹んで御霊前に追悼の辞を捧げます。

岸先生。まことに長い間、日本のため、世界のためにお尽くしいただき御苦労様でございました。ここに、ありしながらの温容を仰ぎ見つつ、内閣総理大臣、自由民主党総裁として心からお礼を申し上げ、お名残り尽きぬお別れを申し上げます。

先生は山口県に御出生になり、幼少のころより俊秀の誉れ高く、長じて農商務省、商工省に勤務されるや夙《つと》に頭角を現わされ、将来国家をになう人材として嘱望されました。しかし、昭和十六年、東條内閣の商工大臣に就任せられて以来、戦争の前途を憂慮され、国を愛し平和を求める至情を貫こうと苦悩の時代を送られました。その後、先生は、決然として東條内閣を打倒し、終戦を促進されました。敗戦、被占領の時にあっては、A級戦犯容疑で巣鴨刑務所に拘置され、明日の命も保証されない運命の日々を送られました。起訴を免がれ、やがて、公職追放解除になるや、市井の一国民として日本再建の回天の事業を志され、後に政治活動に身命を賭されるに至ったのであります。当時は、太平洋戦争での敗戦、占領軍の進駐という厳しい現実の流れの中で国民の多くが誇りと自信を失わんとしていた時期であり、先生の大目標は、自主憲法を制定し、日本国民が独立国民としての矜持を堂々と持ち、正しい民主主義と民族主義の下に、日本復興の歯車を回し始めさせることにありました。

この大目的のため手掛けられたのは、まさに保守合同の実現でありました。この偉業の達成によって、保守の岩盤は一体的に強固になり、政局は諸外国に比べて安定し、今日の日本の平和と経済発展の基礎が築かれたのであります。

ついで先生は、鳩山内閣を助けて、日ソの和平と正常化の交渉を成功させ、シベリア等に抑留されていた同胞の帰還と日本の国連加盟を実現し、日本が今日の国際的地位を獲得する端緒を開かれました。

その後昭和三十二年二月から三年五か月にわたり、先生は内閣総理大臣の重責を担われ、現職総理大臣として初めて東南アジア諸国を歴訪し、賠償問題の処理を手掛け、アジアに生き、アジア諸国と共生し協力しあう今日の日本の礎石を据えられました。当時私は、この東南アジア諸国歴訪に随行し、ネール首相を始めアジアの指導者との感激的対面の場を目のあたりに見たのであります。

また先生は、内政にあっては、岸政治のバックボーンをなした憲法問題の解決に取り組まれ、内閣の諮問機関としての憲法調査会を設立し、国の基本に関する国民的検討と合意の形成の途を開かれました。さらに、国民皆保険皆年金を実現し、最低賃金制度を確立するなど、民生の充実向上に力を注がれました。

しかし、何と言っても、先生の偉業の中の最たるものは、日米安全保障条約の改正を敢然として手掛けられ、筆舌に尽くせない艱難辛苦を突破され、政権の運命をかけてこれを達成されたことであります。このことによって、日米両国の関係は対等を回復し、平和と自由と民主主義に立脚する両国の友好と協力の関係は、子々孫々にわたって強固に構築され、世界政治における日本の路線は確立されました。そのことはまさしく今日の日本を形成する基礎となったのであります。この御功績は、戦後の日本歴史の上に不滅のものとして伝えられるところであります。

由来、大きな志を遂げんとする政治家には、毀誉褒貶はつきものであります。また、真の政治家は、その時代時代の宿命を背負って行動し、時流におもねず、国家百年の大計を自己一身の犠牲において敢行し、その評価を後世の史家に託して消え去って行くものであります。思うに、岸先生ほど、時代の浪に洗われつつも、その局面局面において自己の信念に忠実であり、自己の信念を全うせんとした政治家は近来少ないと言えましょう。政治家が、自己の所信に忠実に生きようとすればするほど毀誉褒貶はますます多く、かつ、大きくなるのは当然であります。しかし、さらに時代が経過すれば、それはかえってその政治家のスケールの大きさ、底力の強さを示すものとなるのであります。先生との永訣のときに当たり、先生の人生に思いを致し、このような政治家としての大きさと信念の強さをしみじみ感ずるものであります。その中心を貫くものは、先生の強烈な人類愛と愛国心であったと確信いたします。

岸先生。戦後政治のあの困難の時期に、先生が国の将来を見通し、不屈の信念をもって推進された幾多の政策は、三十年の歳月を経て、平和国家日本、経済大国日本の基盤として大きく結実いたしました。先生は、政治家として自らが心血を注いだ政策の大きな成果を目のあたりにされたのであります。このことを思うとき、先生をお送りする私どもの大きな悲しみも、いささか慰められるのを覚える次第であります。

先生は、総理を辞められた後も、時流に超然として、かつ、大局的な立場に立たれて、我が国の政治の在り方について御所見を示されるなど、国政の指導者として日常を過ごしておられました。

平常、先生は、少壮のころ「カミソリ岸」と言われたその鋭鋒を包み蔵して、万人と別け隔てなくおつきあいになり、自己を隠さず、言うべきことは妥協せず、しかも他人の言葉には注意深く耳を傾けられ、淡々として酒脱、しかも人情に厚く、人間愛に溢れる方でありました。

私は、長年にわたり、偉大なる政治家、尊敬すべき先達としての先生の謦咳に接しえたことの幸せを今改めて噛みしめ、先生の御恩情に対し、心から感謝申し上げる次第であります。

現代日本にあって、先生の御逝去は、まさに言葉通り「巨星墜つ」との感を皆ひとしく分かち合うことと思います。しかしながら、先生の政治に対する御尽瘁と、国家、人類に対する奉仕の理念は、長き将来にわたって脈々として実現されて行くものと確信いたします。

ここに先生とお別れするに当たり、その御功績を鑽仰し、心から御冥福をお祈り申し上げて、弔辞といたします。

昭和六二年九月一七日
「故岸信介」内閣・自由民主党合同葬儀委員長
内閣総理大臣　中曽根康弘[2]

永訣という言葉

この弔辞はだれがかいたのだろうか。それはわからない。これをよんだのは中曽根であり、だから私はこれを中曽根による岸への弔辞というが、この文章の実際の執筆者については少なくとも三通りの想定がありうる。すなわち、中曽根がひとりでかいたか、中曽根がかいたものに文筆に心得がある側近あるいは文人のだれかが手を入れたか、あるいは、そのようなだれかがかいた文案に中曽根が手を入れたか。中曽根は内閣総理大臣、自由民主党総裁としてこの弔辞をよんでいるのであるから、この文章はそれらの組織が作成したとみることができ、さきの三通りの後二者のケイス、中曽根をふくむ複数の執筆者がいても自然なことであろう。いずれにせよ、私は、この弔辞はなかなかの出来栄えであると感心している。

五点でコメントをつけたい。

第一、死者観について。

この弔辞は、冒頭のパラグラフに明示されているように、岸の霊前にささげられた典型的な対故人型の弔辞である。そのタイプの弔辞にふつうみられるように、死者の霊魂は語りかけられる言葉を理解すると想定されているが、くわえて、この葬儀のあと、生者たちとわかれてゆく存在であるとみられている。この別離のイメージにかかわる言葉として、第二パラグラフに「お別れ」があり、これは別離の挨拶の意味である。第一〇パラグラフには「お送りする」、最終パラグラフには「お別れする」がある。また、第八パラグラフに「永訣」という硬質の印象の美しい日本語があり、これは、辞書風のいいかえを求めるならば、『広辞苑』では、「ながの別れ、永別、死に別れ」とある。永訣、永別の「永」は永久を意味し、したがって、それらの言葉は死別よりも、二度と会うことがないという意味を強調されている。さらに永訣の「訣」はいとまごいをして別れることであり、つよい意志にもとづく別離をおもわせる。これにたいして、永別、死別は、死にともなう別離として悲哀感をともなうが、意志の働きまでは感じさせない。

辞書風のいいかえを超えて、いま少し議論をしてみたい。永訣はかならずしも日常的につかわれる言葉ではない。管見のかぎりで日本文学における用例をあげると、戦前には宮沢賢治『春と修羅』に「無声慟哭」の一篇「永訣の朝」があり、戦後には大岡信『永訣かくのごとくに候』がある。「永訣の朝」は、「けふのうちに／とほくへいつてしまふわたくしのいもうとよ」と歌い出して、妹のとし子が死ぬ日、兄の賢治に示した心遣いを描く。そこでは永訣は、とし子のけなげな死にかたである。(Ora Orade Shitori egumo)。ついで賢治の死んでゆく妹への心をこめた見送りかたである[3]。『永訣かくのごとくに候』は、近世・近代の日本の文人・芸術家の辞世や遺書を素材に死を考察する連作であるが、その一篇は渡辺崋山の自刃の前夜にしたためた遺書群を論じている。崋山は、かれの不始末のせいで藩主が幕府から問責されるというデマを藩首脳によって流され、藩主に責任がおよぶことをおそれて自刃した。かれは門弟のひとりにあてた遺書のなかで、自らの無実を知りつつ、主君への忠のために自死をえらぶいきさつを語って、「永訣かくのごとくに候」と結んでいる[4]。

たまたま戦前と戦後のそれぞれの代表的詩人の作品から永訣の用例をあげることになったが、それらは、死にゆくものがつよい意志で自らの死をひきうける行為と、生き残る者が死にゆく者をつよい意志に支えられて見送る行為とをさしている。これは、さきの辞書風のいいかえの不充分さをあきらかにすることになる。永別、死別は、どちらかといえば、生き残る者の側からの死者との別離を意味している。これにたいして、永訣は、生き残る者の側からの死者との別離のみならず、死にゆく者の側からの生者との別離までをふくんでいる。宮沢作品はこの双方向性を明示しており、大岡作品はむしろ死にゆく者の視点を強調している。永訣という言葉の効果にはのちにまたふれる。

弔辞は短い伝記である

第二、伝記的要素について。

弔辞は一般に死者の伝記的要素をふくんでいる。弔辞は短い伝記であり、伝記はながい弔辞である。この弔辞も、岸の生活史のたくみな要約とその主要な政治的業績のリストをふくんでいる。生活史としては、戦前期の秀才であった少・青年時代、農商務省などの国家官僚歴、大臣歴などがあり、戦後期にはA級戦争犯罪の容疑をかけられたころから、その後の政治家歴、総理大臣時代、ややながい晩年までが描かれている。また、政治的業績としては、戦前期では東條内閣の打倒、戦後期では保守合同、日ソの国交回復、東南アジア諸国との賠償問題の処理、憲法調査会の設立、国民皆保険皆年金体制の実現、最低賃金制度の確立、日米安全保障条約の改正などがあげられている。これらの業績のなかでも、中曽根がもっとも高く評価しているのは、最後の日米安全保障条約の改正、その結果としての日米の対等化である。

この伝記的記述に苦心の跡がみいだされるのは、やはり戦前期の部分である。田尻育三や岩川隆の手による岸の伝記本に依拠していえば、この弔辞では、さきにあげられた事実とならぶ重要さをもつ二つの伝記的事実がまったくなかったことにされている。そのひとつは、一九三六年から約四年間、岸が満州国政府の最高首脳のひとりとして、その国家経営に参画したという事実である。その期間にかれは政治家として大きく成長したのであった。[5]いまひとつは、岸が一九三九年、阿部内閣の商工省次官、ひきつづき第二次近衛内閣の商工省次官、四一年から東條内閣の商工大臣、四三年から同内閣の軍需省次官などとして、総力戦のための産業政策を指導したという事実である。その過程で岸は東條英機と緊密に連携し、四四年半ばになってはじめて対立・倒閣にうごいたのであった。[6]第一の事実の無視は、現職の総理大臣が侵略戦争の産物としての植民地支配に肯定的に言及するわけにゆかないと判断したからか、また、第二の事実の無視は、岸の戦争責任をあきらかにすることを嫌ったためであろうか。

弔辞は死者への賞賛、感謝の言葉をつらねるという約束があるのだから、その葬儀の時点で支配的な価値意識によって、賞賛・感謝の否定につうじる事実をとりあげないことは、とくに非難されるべきであるとはかんがえない。中曽根がこの弔辞のなかでさきの二つの事実をかくしたのがけしからんというのは野暮なことである。しかし、私は、この弔辞の筆者たちに、その二つの事実が、いまとなっては死者の名誉とはなりがたいという判断がはたらいているというところに関心を惹かれる。あるいは、もう一歩踏みこんでいえば、弔辞においてそれらの事実をとりあげないということが、そのような形式のおける、それらの事実への批判ではないか。われわれは弔辞の伝記的記述を分析するさいに、なにがとりあげられているかにあわせて、なにがとりあげられていないかにも注意をはらわなければならない。

第三、人物描写、性格描写について。

これは伝記的要素の一部とみなすこともできるが、弔辞は死者の人物描写、性格描写をふくむのがふつうである。この弔辞でも第三パラグラフの終りで岸の大目標にふれて、自主憲法の制定、日本国民に独立国民としての矜恃をもたせること、民主主義と民族主義のもとでの日本復興などといい、要するに岸は愛国者、ナショナリストであったといっている。その基礎のうえに日本とアジア諸国との共生や日本とアメリカ合衆国との対等化の志向が成立していた。さらにスケールの大きい政治家、信念のつよさ、強烈な人類愛と愛国心などともいっているが、いずれも中曽根の立場からの評価であるとして了解するが、それでも、人類愛だけはあまりに過剰なリップ・サーヴィスであろう。このウルトラ・ナショナリストにどのような意味においても人類愛があったとはおもえない。総理大臣を辞めたあとの好々爺ぶりの描写はたくみである。

これらの人物描写、性格描写は、岸の全人格の上澄み部分の表現である。原彬久の『岸信介――権勢の政治家』によれば、かれはたしかに愛国者として日本とアジアの共生、日米の対等化をめざしたが、その本質は日本を盟主とする戦前の大アジア主義、大東亜共栄圏思想にもとづく世界戦略であった。後年のインタヴューで、かれは、自身における「戦前」と「戦後」には断絶はない、一貫していると断言している[7]。また、かれの政治家としてのスケールの大きさはだれでも否定することができない事実であるが、その内実は、満州国経営の実力者、戦時体制における商工大臣、戦後は首相にまでいたる過程をつうじて形成された巨大な人脈であり、それが構造化された、かれ自身がいう「濾過装置」をくぐって、かれのもとにとどく巨額の政治資金である[8]。さらにかれは、実弟佐藤栄作の佐藤政権のあと、もう一度、政権に復帰して、憲法改正を手がけようと画策したことを自ら語っている[9]。とても好々爺だけであったはずはない。これらに一貫するのは強烈な権力意志である。中曽根が描写した上澄み部分の底には、「妖怪」、「巨魁」と呼ばれることもあった大政治家の権力と権力意志がひそんでいる。

弔辞は短い現代史である

第四、現代史的要素について。

弔辞は死者の短い伝記であるが、その歴史的背景が述べられることによって、同時に短い現代史となる。それは、弔辞をささげられる死者と、その読み手の生者がともに生きた同時代史である。この傾向は政治家への政治家による弔辞においてとくにいちじるしい。岸への中曽根による弔辞においても、中曽根が日本の現代史、いっそう具体的には昭和時代の歴史をどうみているかが示されている。戦前期から太平洋戦争、敗戦、占領期までは弔辞の第三パラグラフに集約されており、東條内閣が代表する軍閥支配は、岸が東條内閣を打倒したことを賞揚するという方法で、否定されている。この点では、「大東亜共栄圏」思想のどこが悪いといってはばからなかった岸と、中曽根とでは歴史認識がいくらかちがうようにみえる。ただし敗戦後、日本国民は自信と誇りを喪失した、日本国憲法は占領軍によって押しつけられたものであった、だから自主憲法を制定しなければならない、という歴史認識では、かれらは完全に一致していた。

さきに述べたように、中曽根は、岸の政治的業績のなかで日米安全保障条約の改正をもっとも高く評価する。この改正をめぐっては、それを強行することをめざした岸内閣、自由民主党と、それに反対する社会党、共産党と総評、全学連など大衆運動組織が議会の内外で激しく争った。この争いは、反対勢力の側からは六〇年安保闘争と呼ばれ、その反対の正当性を主張する言説が当時もその後も多く産出された。当然のことながら、それらの言説のなかでは、岸や中曽根がかんがえる改正の必然性や正当性はありのままにはつたえられてこなかった。それらをなるべく公平に紹介しながら、それを手がかりに中曽根による日本の戦後史の理解を素描してみることにする。

太平洋戦争が終ったあと、世界政治の基本的枠組は米ソ冷戦体制であり、資本主義体制と社会主義体制の対立・相克であった。それは政治領域では民主主義政治と全体主義政治、経済領域では自由主義経済と国家計画経済の対抗であった。吉田茂が代表する日本の保守勢力は、日本が資本主義体制に属すること、しかし日本国憲法によって軍備を放棄しているので、社会主義国による侵略の脅威から米国の武力によって守護されることを希望した。以下、「日本国との平和条約」「バンデンバーグ決議」「旧日米安保条約」「日米安保条約」などを仔細に検討していうのであるが、一九五一年九月八日、サンフランシスコで講和条約(対日平和条約)と日米安全保障条約が調印された。前者は、日本の独立を認めたが、その第五条(C)で、「日本国が主権国として国際連合憲章第五一条に掲げる個別的又は集団的自衛の固有の権利を有すること及び日本国が集団的安全保障取極を自発的に締結することができることを承認する」[10]と規定していた。この取決めの一例として、相互防衛条約がかんがえられた。

国連憲章第五一条が講和条約第五条（C）を基礎づけ、その第五条（C）が日米相互防衛条約を基礎付けるという法規範の構造は、日本の保守勢力が望むものであった。その相互防衛条約においては日米は「対等の協力者」である。しかし米国はこれを拒否した。一九四八年六月、アメリカ上院で採択されたバンデンバーグ決議が「自助及び相互援助」の力をもたない国とは集団的取り決めをしてはならないと命じていたからである[11]。軍備を放棄している日本は「自助及び相互援助の力」を有していないと米国は主張した[12]。一九五一年の日米安全保障条約は、日米がおたがいに他を防衛する義務をもつ双務条約ではなく、米軍が日本に駐留するという単なる駐軍協定となった。そこには、米軍が日本を防衛する義務をもつという規定は入っていなかった[13]。

岸は、このような日米安全保障条約によって、日本が独立後も占領期にひきつづき米軍の駐留を許しているかぎり、その独立は不完全なものであるとかんがえた。日米が「対等の協力者」となり、相互防衛の義務が規定されてこそ、日本の独立は完成する。岸による安全保障条約の改訂の基本的なねらいはそこにあった。ただし、それは、日本国憲法による軍備の放棄と海外派兵の禁止という条件のもとでおこなわれねばならない。一九六〇年の日米安保条約の第五条と第六条は、それをつぎのようにして可能にした。

「第五条［共同防衛］各締約国は、日本国の施政の下にある領域における、いずれか一方に対する武力攻撃が、自国の平和及び安全を危うくするものであることを認め、自国の憲法上の規定及び手続に従って共通の危険に対処するように行動することを宣言する。（後略）

第六条［基地許与］日本国の安全に寄与し、並びに極東における国際の平和及び安全の維持に寄与するため、アメリカ合衆国は、その陸軍、空軍及び海軍が日本国において施設及び区域を使用することを許される。（後略）」[14]

わかりやすくいえば、第五条は、日本は日本の施政下にある米軍基地を自衛隊によって防衛し、米軍は日本の領土を防衛し、だから両国は相互防衛をするわけであるといっている。遠慮なくいえば言葉の遊戯というか、ものはいいようだという印象がつよい。どうかんがえても、日本が有利なというか、甘やかされている規定である。これにたいして、第六条は、米国が［極東の安全と平和］のためと判断すれば、その世界戦略のために日本の基地を利用することができるといっている。こちらは、米国に有利なというか、わがままがきく規定である。（ただし、米国の基地使用に一定の制約を課す事前協議制は導入されている。）二つの規定をあわせると、日米はほぼ対等の協力者になっているといえよう。これが、弔辞のなかで中曽根が「日米両国の関係は対等を回復し」といったものの内実である。率直な感想をいえば、この程度の改正でなぜあのような大騒ぎをしたのだろうか。それはさきで、またかんがえたい。

岸自身は、日本が自主憲法を制定して再軍備をし、米国の領土が攻撃されれば日本軍が出兵してその防衛を分担し、日本の領土が攻撃されれば米国軍が出兵してその防衛を分担するという、文字通り対等の相互防衛条約の締結を理想とかんがえていた。したがって、一九六〇年の日米安全保障条約も、かれにとっては不本意・不充分なものであった[15]。そこでかれは再軍備のための改憲への道筋を準備しようとしてはたさなかった。その不完全燃焼感が政権にもう一度つこうとする画策になった事情はさきにふれたとおりである。

自己表現としての弔辞

第五、政治家論について。

この弔辞は独自の政治家論をふくんでいる。第八パラグラフは、大きい志を遂げようとする政治家には毀誉褒貶がつきものであるといい、真の政治家は時代の宿命を背負って行動し、時流におもねらないという。かれは国家百年の大計を自己一身の犠牲において実行し、評価は後世の史家に託して去ってゆく。中曽根は、岸がそのような大志をおこなおうとした政治家、真の政治家であったという。こういいながら、中曽根は、かれ自身の姿をその岸の姿にオヴァラップさせていたにちがいない。中曽根は、一九八二年一一月に総理大臣に就任し、八七年一一月までその座にあった。その政権は戦後第三番目の長期政権であった。中曽根がこの弔辞をよんでいるのは八七年九月であり、あと二カ月でかれの自民党総裁としての任期が終了し、かれが政権を手放すことは確定していた。中曽根のその五年間の主要な仕事は、八六年の衆参ダブル選挙での自民党圧勝、八七年の国鉄分割民営化、それに防衛費のＧＮＰの一％枠突破などであろうか。大志を遂げようとした政治家に毀誉褒貶はつきもの、後世史家の評価にまかせようとは、中曽根が自身にいいきかせる言葉でもあったはずである。こうして、弔辞はそれをよむ人間の自己表現になる。

この政治家論のなかで、さきにわれわれが語意を詮索した永訣という言葉がつかわれている。「先生との永訣のときに当り」と中曽根はいっている。現実の岸の死がどうであったかは知らない。目下のところ、もっとも信用することができる岸の伝記は、原彬久の著書であるが、その末尾には「九一歳の誕生日を三カ月後に控えた、昭和六二年（一九八七年）の夏の日の昼下り、岸は静かに息を引きとった」とある[16]。そこに永訣という言葉をあてる。死にゆく者はつよい意志で自らの死を受容した。生き残る者はやはりつよい意志でその死にゆく者を見送ったというのである。その双方からの死別の演出が、大志、信念をもつ政治家像にふさわしく、この弔辞の表現あるいは作品としての完成度を高めている。

暗殺された政治家への弔辞

浅沼稲次郎は、一九六〇年一〇月一二日、東京の日比谷公会堂において演説中に、右翼の少年テロリスト・山口二矢によって暗殺された。かれは、当時、日本社会党の委員長であった。それにさきだって、前節までに述べたように、日米新安全保障条約が六月に成立しているが、それは、岸内閣と自由民主党が、社会党、民主社会党、共産党などの野党と労働運動、学生運動が動員した大衆組織と激しく争ったうえでのことであった。その抗争の余波のなかで浅沼は凶刃に倒れたのである。社会党は一〇月二〇日、同公会堂において、死去した浅沼にたいして党葬をおこない、書記長の江田三郎が弔辞をよんだ。以下、その全文を紹介して多少の考察をくわえ、その二七年後の岸にたいする中曽根の弔辞との対照をもこころみたい。

弔辞

十月十二日午後三時五分、浅沼委員長はこの場所での三党首演説会において右翼テロの凶刃にたおれ、社会主義者としての偉大な生涯を終りました。この不幸な報道がラジオやテレビで全国に伝わったとき、すべての人は仕事の手をやめ、なんどか自分の耳を疑い目を疑いました。しかしそれがほんとうだと知ったとき、大きな衝撃と深い悲しみと激しい憤りに胸をかきむしられました。誰もが自分のもっとも愛し、もっとも親しんだわが父、わが指導者、わが友の死として心の中にかき抱きました。

池田内閣の低姿勢といわれるこのごろ、まさかこのようなことがおきようとは夢にも思わず、大事な委員長に十分な警備をつけなかったわたしたちの判断の甘さを浅沼委員長を愛されたすべての人びとにお詫びしなければなりません。

わずか三時間後に日比谷に集まった大衆は数万に及び、「浅沼をかえせ、池田内閣は退陣しろ」と叫びつづけました。

それから今日まで、自宅や社会党本部につくられた祭壇の前は何十万という名もない人々、普だん着のままの家族づれの人たち、わざわざ農村からでてきた人たちの別れを惜しむ姿があとをたちませんでした。日本のいかなる政治家の死もこれほど多くの人に傷心の涙を流させた人はいなかったと思います。

浅沼委員長の六十一年にわたる全生涯は勤労大衆の解放のために捧げられました。あるいは「人間機関車」と愛称され、凶刃に倒れた最後のその日まで一日も休むことはありませんでした。また浅沼委員長は社会党の分裂と統一のながい歴史の中で、一貫して党の団結と強化のためにつくされました。その功績は今日みられるようなわが党のかたい団結と統一の姿となって残っております。

日本の社会主義運動の歴史のなかで、大衆の人、行動の人、結合の人として浅沼委員長ほどの巨人は前にも後にも生れないのではないかと思います。それだけにこの巨人の死によって、社会党の中には大きな空胴(ママ)がポカンとあけられたような感じが致してなりません。

われわれ社会主義者は二重の意味でテロ暴力を限りなく憎みます。第一に社会主義運動はもっとも人間を尊重する運動であり、浅沼委員長はそのもっとも人間的な事業を遂行した人でありました。この人間の尊厳にもっともそむくのがテロ殺人行為であります。生れてきた人間の生命を中断する権利は何人にもありません。これは何も政治家だけの問題ではありません。

第二に、社会主義運動は大衆を信頼し、大衆の大きな力によって達成されます。個人的テロは大衆の支持を得られない者のみが取る卑劣な手段であり、政治的陰謀であります。

こんどのテロ行為はけっして偶発事件ではありません。真の下手人は誰でしょうか。これによって利益を得ている者は誰でしょうか。日ごろ右翼暴力団に資金をあたえて飼育してきたのは誰でしょうか。浅沼委員長を殺した刃は全勤労者に向けられた刃であります。わたしたちはその背後の権力と政治の仕組みに怒りの眼をむけなければなりません。この右翼暴力団は安保反対の大闘争のなかで急げきに頭をもたげ、その活動は政府と警察によって野放しにされ、あるいは半ば公然と動員されました。そして安保破棄をたたかっている全民主勢力に挑戦して、日米軍事同盟体制を強化し、ファッショ化の道につき進もうとする現在の政治情勢がその背景となっております。まさに安保の遺産でありますし、継続であります。

わたしたち日本国民は過去において一度誤りを犯しています。その経験ずみの道を再び歩んではなりません。その時も無頼の徒が「愛国者」の名をかたって横行していました。満州事件から太平洋戦争へと突き進んだ道はまずこの愛国者どもの暴力とテロによって切り開かれ、国民がこれを見過ごしたために取り返しのつかないことになってしまいました。そして何百万人の尊い血の犠牲のうえに、日本国憲法ははじめて平和主義、民主主義、中立主義をかかげ、われわれ国民にこの国に生きるよろこびを与えてくれました。戦後十五年にわたる国民の苦難にみちたたたかいもひっきょう、この憲法をまもり、その基盤である民主主義を町にも国会にも築きあげるためのものに外なりません。わたしたちはせっかく、たたかい取った民主主義や憲法を破滅に導く火種は少しでもこれを消し止める努力をしなければなりません。

わたくしたちは浅沼委員長の霊に報いるために、右翼暴力団を絶滅し、その政治的責任者である池田内閣の退陣を要求するとともに憲法の完全実施のためにたたかうことをかたく誓います。しかもこのたたかいは三十年まえとは時代が違って、国民が腕を組んでたたかえばかならず達成できる道であり、平和な豊かな新しい世の中をわたしたち自身の手によってつくることができるのであります。

浅沼委員長―もう最後のお別れを述べるときがきました。

あなたの生涯は終りましたが、あなたの魂は私たちの胸の中に生き続けています。あなたの生涯は短かったが、その栄光は不滅であります。浅沼委員長の死に抗議するデモ隊の中にも、「浅沼死すとも大衆は死せず」というプラカードがありました。資本主義の矛盾が続くかぎり、あなたの後から後から社会主義者はつづきます。内外の約一世紀にわたる社会主義運動の歴史には多くの先達、殉教者の血や涙、悲しみ、苦しみが秘められています。しかし一人の殉教者の墓ができるたびに味方の大衆はますます増え、その実が結ばれなかったことはありませんでした。

浅沼委員長―わたしどもはあなたのしかばねをこえて進みます。

あとに残ったわたしたちの使命は国民諸階層をますます党のまわりに結集して、浅沼委員長のいちばん好きだった「人間解放」の日に一日も早く近づくことだと思います。これが永遠に生きる浅沼委員長に対する社会党の誓いであります。

わたしたちはその出発に当って浅沼委員長の尊い血で塗られた総選挙を勝ち抜き、誰が真の愛国者であるかを世界に示したいと思います。
浅沼委員長、さようなら。
一九六〇年一〇月二〇日
葬儀委員長　江田三郎（日本社会党「社会新報」一九六〇年一〇月三〇日）17

語られすぎたテロル

岸への中曽根による弔辞の分析例にならって、この浅沼への江田による弔辞にたいしても五点でコメントをつける。

第一、死者観について。

この弔辞の形式は、まえの三分の二ほどが対会衆型の弔辞であり、「浅沼委員長―もう最後のお別れを述べるときがきました」と呼びかけるところからのあとの三分の一ほどが対故人型の弔辞となっている。弔辞の型の二分法によれば、これまでには確認されなかった対会衆型と対故人型の折衷型の弔辞である。対会衆型の部分の終り近くに「浅沼委員長の霊に報いるために」というフレーズがあり、江田が、人間は霊魂と肉体の二元的存在であり、死は肉体の死であって霊魂はその死後も存在しつづけるとかんがえていると判断することができる。一般に正統派の社会主義者は唯物論哲学を奉じており、霊魂と肉体の二元論を採らず、肉体と意識は一元的存在であって、肉体が死ねば意識も消滅するとかんがえるはずである。かれにとっては、死後の霊魂の存在は唯心論的あるいは観念論的誤謬にすぎない。江田は自己を社会主義者と規定しているが、少なくとも死者観では正統派の社会主義者とはいいがたい。

対故人型の弔辞の最初には「あなたの魂は私たちの胸の中に生き続けています」というセンテンスがある。この魂は、浅沼の政治的意志、政治的願望などの意味であろうとおもわれるが、そうであるなら、さきのセンテンスは、浅沼の政治的意志、政治的願望をわたしたちが継承すると解することができる。これは唯物論哲学の心身一元論と矛盾していない。あるいは、唯物論者も、このような様式でならば、霊魂不滅論を唱えることができるというべきか。

この弔辞が力をこめて論じる死は、テロルによる死である。浅沼は右翼少年のテロルによって殺害された。かれを愛していた多数の人びとはその死を悲しんでいる。社会主義者は二重の意味でテロルをつよく憎む。第一に社会主義運動は人間を尊重するが、テロルは人間の尊厳に背くものだから。第二に社会主義運動は大衆を信頼し大衆に支持されるが、テロルは大衆から支持されない者の陰謀であるから。これは、テロルに倒された社会主義者の葬儀における弔辞のなかでのみ許されるテロル論であろう。一九世紀、二〇世紀の世界史に即してみれば、社会主義運動、共産主義運動は権力を奪取する過程および権力を手中におさめたのちの過程においてテロルを常用したといっても過言ではない。それらの運動は理念において階級運動であり、階級的利害を優先させて、個人の尊厳を無視したテロルの実例は枚挙にいとまがない。また、それらの運動は実質的には前衛＝党官僚が大衆を指導しておこなうものであり、反抗分子にたいしては秘密警察のテロルは日常的であった。

江田は熱心に真の下手人をさがしている。テロルを直接におこなった右翼少年、山口二矢は、犯行直後に逮捕されていた。かれは、一時、赤尾敏が率いる愛国党の党員であり、赤尾からつよい思想的影響をうけたが、のち同党の活動にあきたりなさを覚えるようになり、脱党して、多分に個人的な信念と思索によって、凶行におよんだ。その過程は、のちに沢木耕太郎が『テロルの決算』において精緻に描写・分析している[18]。しかし、この暗殺直後の時期には、何者かがその少年を使嗾してテロルに走らせたという憶測が一般的であった。江田の言葉によれば、その何者かは「右翼暴力団」、「右翼暴力団に資金をあたえて飼育してきた」勢力、右翼暴力団の活動を野放しにし、あるいは半ば公然と動員した「政府と警察」、「政治的責任者である池田内閣」などである。

江田はこの弔辞でテロルによる死について多く語っている。あえていえば、それをやや多く語りすぎた印象がある。党首をテロルで失った直後の弔辞であるから、それは無理がないことだともいえる。しかし、まぢかに総選挙が予定されており、対立する自由民主党のイメージ・ダウンをねらいたいという思惑もみえかくれしている。それとさきに指摘した語りすぎの印象が一緒になると、この弔辞には政治的パンフレットの印象がわずかにせよしのびこんで、弔辞としての品格がこれもわずかにだが落ちているように感じられるのである。

米国は日中共同の敵

第二、伝記的要素について。

この弔辞には浅沼の伝記的要素がきわめてとぼしい。第一パラグラフで「社会主義者としての偉大な生涯」という。第五パラグラフでは、その生涯が「勤労大衆の解放のために捧げられた」また、かれは「一貫して党の団結と強化のためにつくされた」というのみである。浅沼の政治家としての業績の具体的な記述がまったくない。かれは、戦前期、学生時代からの社会主義者であり、戦後は一貫して日本社会党の代表的政治家であった。弔辞にもりこむトピックスにふさわしいかれの政治的業績など、江田であれば大小とりまぜていくつでも拾えるはずである。それを一切ふれず、沈黙しているのは、弔辞の構成にかんする常識からみれば異様な感じである。この感じの反映として、さきにいったテロルの死を語りすぎた印象は成立している。

さきに、岸にたいする中曽根の弔辞を論議して、岸の伝記的事実のうち、満州国の首脳として国家経営に参画していたことなどが落とされていることにふれて、「弔辞においてそれらの事実をとりあげないということが、そのような形式における、それらの事実への批判ではないか。われわれは弔辞の伝記的記述を分析するさいに、なにがとりあげられているかにあわせて、なにがとりあげられていないかにも注意をはらわねばならない」と述べた。この方法にかんするテーゼをここに適用するべきであろう。

原彬久『戦後史のなかの日本社会党――その理想主義とは何であったか』や大曲直『浅沼稲次郎――その人・その生涯』などに大きく依拠して語るならば、浅沼は一九四八年以来、日本社会党の書記長をつづけてきた。党内では右派と左派がつねに抗争しており、浅沼は右派のひとつ河上丈太郎派に属していた。両派の政治的主張は、かなり強引にまとめれば、右派は社会党は国民政党であるべきだとして、議会制民主主義を支持して国際共産主義にたいして警戒的であったが、左派は社会党は階級政党であるべきで、議会で多数派となり政権をとったら、それを永久化してしまう、暴力革命もありうるとして、ソ連、中国、北朝鮮に親和的であった。五一年一〇月から五五年一〇月まで日本社会党は講和条約と安保条約への対応をめぐって右派社会党と左派社会党に分裂していたが、そのあいだには、かれは右派社会党の書記長で、両党が統一されると、再び日本社会党の書記長になった[19]。五七年と五九年に社会党は中国に訪中団を送り野党外交をこころみたが、いずれも浅沼が団長をつとめた。第二次訪中団が北京に滞在しているおり、五九年三月のことであるが、浅沼は、中国人民外交学会の講演でつぎのように発言した。

「台湾は中国の一部であり、沖縄は日本の一部であります。それにもかかわらずそれぞれの本土から分離されているのはアメリカ帝国主義のためであります。アメリカ帝国主義についておたがいは共同の敵とみなしてたたかわなければならないと思います」。[20]

アメリカの封じ込め政策とするどく対峙していた中国の政府と国民は、この発言を歓迎した。浅沼は同趣旨の発言をこれにさきだって、外交学会の会長を訪問したさいの挨拶でもしていた。これが、「米国は日中共同の敵」と浅沼がいったとして、毎日新聞で短く報道された。自由民主党幹事長の福田赳夫はこれをみとがめて、中国にいる浅沼に、友邦アメリカを敵視している、わが国の国際的立場の否定であるという抗議電報を打った。福田はこの浅沼発言を政治問題化することに成功した。社会党はアメリカにたいして過激であり、中国にたいして卑屈であるというのである。[21]社会党のなかでも、この発言に右派は反発し、中央執行委員会も公式の認知をあたえなかった。しかし、浅沼は帰国したあともその主張を一貫させた。左派は党内多数派であり、この発言に一部はためらったが、全体として支持をあたえ、それによって、一九六〇年三月、第一七回党大会で、浅沼は委員長に就任することになる。[22]この晩年の浅沼の突然の左傾については、委員長になるための駆け引きのひとつであったのではないかという見方がある。しかし、私は、かれの伝記を研究してみて、戦前期からの闘争、検挙、警察でのリンチの体験と中国で理想社会をみたとおもったことによる感動がいっしょになって、その思想的変化をひきおこしたのだとみている。[23]なお、さきの発言によって、日本の右翼はひとしく浅沼を共産主義の手先として憎むようになった。山口二矢もこの発言によって、かれの暗殺へのつよい動機づけをえている[24]。

江田は、第一七回党大会ではじめて書記長になった。かれは左派の鈴木茂三郎派に属していたが、一九五八年に党組織委員長になったのち、書記局の成員の一部をつうじて構造改革論にふれ、社会党の進路はそこにしかないとかんがえるようになっていた。日本社会党五〇年史編纂委員会『日本社会党史』によれば、構造改革論は生活向上、反独占資本、政治的中立を三本柱にして、それらは「現在の資本主義経済のわく内で実施されうる変革」であるとしていた[25]。端的にいえば、これは、社会主義の放棄、資本主義の改良である。江田は、浅沼が暗殺された日の翌日、六〇年一〇月一三日の第一九回臨時党大会で委員長代行として、構造改革をふくむ「方針」を採用させている。人類がこれまでに到達した主要な成果は「米国の平均した生活水準の高さ」、「ソ連の徹底した社会保障」、「英国の議会制民主主義」、「日本の平和憲法」の四つであり、これらを統合調整すると「大衆と結んだ社会主義」が生まれると主張した[26]。社会保障の専門研究者としていえば、この時期のソ連の社会保障の高い評価は噴飯ものであるが、これはソ連からなにかひとつは入れなければということでの苦肉の策だと理解しておこう。

いずれにしても、このようなヴィジョンをもつにいたる構造改革論者の江田にとって、「米国は日中共同の敵」などといいだして注目をあつめた浅沼の政治的業績に具体的に言及することはできなかったはずである。かれは意図的にそれについて沈黙したのであった。六〇年一〇月二〇日の社会党葬において、弔辞をささげられる死者とそれをささげる生者は、それぞれの政治的立場を決定的にことならせていた。

社会主義思想の破産

第三、人物描写、性格描写について。

この弔辞では、浅沼の人物描写、性格描写においても、みるべきものがとぼしい。第一パラグラフでは「わが父、わが指導者、わが友」という表現がある。政治家を民衆にとっての父親になぞらえ、指導者と呼ぶところに、家父長制と社会主義の二重のイメージがかさなりあっている。いまとなっては、かつてのルーマニアか、現在の北朝鮮あたりの社会主義のイメージである。これについては、江田にそのような社会主義のイメージがあったのだとはおもわない。ソ連をはじめとする社会主義諸国において長年つかわれてきた大政治家のステレオ・タイプの通俗的イメージがあり、江田がそれを不用意につかってしまったということだろう。しかし、このような言葉の使いかたに、この弔辞の文章が充分に推敲されているとはいいがたいことが示唆されている。そのあたり、これは、岸にたいする中曽根の弔辞より表現あるいは作品としてかなり落ちるといわざるをえない。

また、政治家としての浅沼の志を述べるさいに「勤労大衆の解放」とか「人間解放」とかいって、社会主義社会の建設あるいは実現とはいっさいいわないところが印象的である。この弔辞では、「社会主義者」、「社会主義運動」という言葉はくり返しでてくるが、社会主義社会という言葉は注意深く避けられている。江田がいう社会主義者、社会主義運動は政治的目標としての社会主義社会を放棄しているのだ。すなわち、かれらの社会主義は思想として破産したのである。この破産はそれから約三〇年がたって、一九九一年一二月のソ連邦の消滅によって世界的に認知されるが、それについてはのちにまたふれる。ここでは、社会主義の思想的破産を暗示する弔辞が、晩年になって左傾し、それが一因となって暗殺された浅沼にささげられたという事実はなにを意味するか、かんがえておきたい。云い辛いことだが、それは、テロルが卑劣かつ不法な殺人であることは重々認めるけれども、それとは別に浅沼がよい時期に死んだということを意味している。

第四、現代史的要素について。

この弔辞のなかで江田は、現代史あるいは同時代史を語るとき、浅沼の伝記や人物を語るときよりも、はるかに雄弁になる。かれの現代史には三重の構造がある。まず、世界史としての現代史がある。それは「内外の約一世紀にわたる」、「資本主義の矛盾」と「社会主義運動の歴史」である。江田は社会主義者の歴史観の定跡をまもって、ともかく、資本主義と社会主義の対抗図式を描いてみせる。しかし、それは資本主義から社会主義への歴史の進歩ではない。めざすところは、人間の解放、資本主義の枠のなかでの資本主義の矛盾の解消である。

つぎに、それは日本の現代史である。戦前期としては満州事変から太平洋戦争までの時期が言及され、それは、愛国者どもの暴力とテロルが先導し、国民はそれに抵抗しきれなかった歴史であるとされる。戦争で多くの国民が犠牲になったあと、敗戦、戦後期がくる。戦後は、江田によると、対照的な二面をもっている。それは、一方では日本国憲法があり、それにもとづく平和主義、民主主義、中立主義の政治がおこなわれてきた歴史である。しかし、他方では日米安全保障条約にもとづく両国の軍事同盟体制が強化され、日本がファッショ化の道を進みはじめた歴史でもある。その条約の破棄をもとめた運動への対抗勢力として右翼暴力団が登場し、そこからテロリストがあらわれた。

日本の現代史にかんするこの認識の政治的特色は、なによりも中立主義の主張にある。江田が一九七〇年から七一年にかけて、日本社会党刊『月刊社会党』に執筆した一連の論考をみると、江田がここでいう中立は「非武装中立」である。その具体的内容は、(1)日本国憲法第九条によって自衛隊の存在を認めない、(2)米中ソ三大国のあいだにあって、日本は一方の国と軍事同盟を結んで他方の国と敵対しない、(3)日米安全保障条約を不要とする国際環境を創出するように努力する、である[27]。このあまりに非現実主義的な中立主義的イデオロギーは、その後三〇年あまり社会党の党是でありつづけるが、その理論的出自や修正の経過などを一々いわない。つぎの二点だけ指摘しておく。この非現実的イデオロギーの背景には、党内各派によって程度に差があるにせよ、マルクス主義思想への心情的帰依とソ連、中国、北朝鮮にたいする憧憬、追従があった。安保闘争の主要な動機もこれらの親社会主義的な信条であった。これらの条件が消滅するのは九一年末のソ連邦解体によってである。また、中立主義イデオロギーそれ自体の社会党による否認は、九四年六月に自由民主党、社会党、さきがけの連立政権として村山内閣が成立し、翌月、自衛隊は合憲である、日米安全保障条約は堅持されるべきであるなどの「政策大転換」がおこなわれたことによってはたされた[28]。これは、前出の『日本社会党史』に明記されている。六〇年安保闘争から三〇年余が経過して、社会党は自由民主党と防衛政策、外交政策で基本的には同一の路線を選択したのである。

三つ目に江田の現代史は、「社会党の分裂と統一のながい歴史」である。前出の『戦後史のなかの日本社会党』によれば、党内の左派と右派の相克にもとづく同党の分裂と統一のくり返しは、四五年の結党から浅沼が暗殺されるまでの一五年間のみでみても、つぎのとおりである。一九四七年に社会党委員長・片山哲が総理大臣となり片山内閣をつくると、右派で閣僚をかためて、左派は党内野党であることを声明し、四八年。この内閣を倒した。同年、右派の平野力三たちが社会革新党をつくり、左派の黒田寿男たちが労農党をつくり、いずれも党を割っており、中央執行委員会は右派の有力者・西尾末広を除名した。(西尾は五二年に復党。)五〇年には第五回大会で左派と右派が分裂して党を二つに割り、八〇日後に統一、五一年には第八回大会でまた分裂して、右派社会党と左派社会党がそれぞれ結党される。二年つづきの分裂であったが、今度はこの分裂が四年間つづいて、五五年に両党が統一される[29]。五七年には労農党が社会党に復帰するが、五九年には西尾派が離党して、これが主力となり、六〇年には民主社会党が結党される[30]。他党と外で戦うより、自党のうちで相克するほうにより多くのエネルギーがつかわれている印象がつよい。

分裂と統一のそのつどの原因を一々記すことは省略するが、五五年の再統一のばあい、それを主導したのは左派社会党委員長の鈴木茂三郎と右派社会党委員長の河上丈太郎であって、そのころから、浅沼は河上派に属していたが派閥の活動に距離をおき、自分は河上派ではなく本流派だといっていた。それでも周囲からは、再統一後は、左派から鈴木が委員長になり、右派から浅沼が書記長になり、平衡が保たれているとみられていた[31]。江田が弔辞のなかで浅沼が党の団結と強化のために貢献してきたといっているのは、そのあたりの事情をさしてのことであろう。

大衆政治家のイメージ

第五、政治家論について。

中曽根が政治家・岸を論じつつ、岸に自らをオヴァラップさせて、政治家としての自己を表現したように、江田も政治家・浅沼を論じつつ、浅沼に自らを重ねて、自己表現をしている。弔辞のなかで、浅沼は大衆に奉仕し、大衆に支持される政治家としてくり返し描かれている。かれは「大衆の人」であった。だからこそ、かれが暗殺されたのち、数万の大衆が日比谷にあつまってきて、その暗殺に抗議をした。何十万という人びとが、かれの祭壇のまえに別れを惜しみにやってきた。それぞれの伝記、自伝などであきらかなように浅沼は戦前期、東京府を中心に関東地方の労働運動の活動家としてその政治経歴をはじめ、やがて全国レヴェルの大衆政治家に成長していったのであった[32]。江田は戦前期、岡山地方の農民運動の指導者として頭角をあらわし、戦後に全国レヴェルの大衆政治家となっている[33]。江田は浅沼をこの点では理想視して語りつつ、自らを語っている。江田が描く大衆と結びついた政治家像は、中曽根が描く孤独のうちに決断をする政治家像とくっきりと対照的である。

江田は、これにくわえて、対故人型の弔辞の部分で、暗殺に倒れた政治家としての浅沼に二つのイメージをあたえている。そのひとつは「殉教者」である。社会主義運動の歴史には多くの殉教者の悲しみ、苦しみが秘められている。しかし、ひとりの殉教者の墓ができるたびに味方の大衆がますます増える、とかれはいっている。マルクスは「宗教はアヘンである」といって、宗教への敵意をあらわにしていた。江田がそれを知らなかったとはおもえない。それを知りつつ、あえてこのイメージを押し出すのは、江田にとって、ひいては多くの日本の社会主義者たちにとって、社会主義の理論と思想が科学よりは宗教にちかいものであったことを示唆している。それは真理であることを疑ってたしかめるものではなく、信じて疑わないものであった。かれらにとっての政治闘争は本質的に宗教戦争であった。五五年体制における政治的事件の多くは、そうかんがえると理解可能になる。

いまひとつ、暗殺に倒れた政治家の身体は、後につづく同志がこえて進む「しかばね」である。「殉教者」が宗教的イメージであるのにたいして、こちらは軍事的イメージ、戦場的イメージである。一九世紀マルクス主義は階級闘争理論においてそれらのイメージを多用していた。しかし、高度成長期の入口を入った一九六〇年、このような言葉で政治的決意を語る書記長の政党に未来はあるだろうか。弔辞の末尾において江田が勝利を誓った同年一一月の総選挙で、社会党は改選前の一六六議席を一四四議席に減らして、惨敗する。党首が暗殺されるという悲劇にたいして国民の同情が広い範囲で期待されていたにもかかわらず、である。その後の一一回の総選挙で社会党が獲得した議席数の推移のみ記しておく。

六三年一一月、一四四議席。
六七年　一月、一四一議席。
六九年一二月、九〇議席。
七二年一二月、一一八議席。
七六年一二月、一二四議席。
七九年一〇月、一〇七議席。
八〇年　六月、一〇七議席。
八三年一二月、一一三議席。
八六年　七月、八六議席。
九〇年　二月、一三九議席。
九三年　七月、七七議席。
九六年　一月、社会民主党へ改称。
　九月、社会民主党の衆議院議員の約半数が民主党入り、三五議席が残る。
　一〇月、一五議席[34]。

浅沼の暗殺後、三六年が経過して、一六六議席は一五議席に減少した。かれの「しかばね」を越えて進んだものは次第に姿が見えなくなった。やがて、「そしてだれもいなくなった」という状態になるのではないか。

弔辞は作品である

二つの弔辞にコメントをあたえるだけで、おもいがけず大きい紙幅をついやしてしまったとおもっている。弔辞分析における五つのトピックス、すなわち死者観、伝記的要素、人物論、現代史的要素、政治家論について得た知見を一々要約することはしない。ここでは、それらの分析経過のなかであらわれた作品としての弔辞、表現としての弔辞というアイディアに多少の説明をつけておくことにする。

弔辞は文学作品であり、文章表現である。やや乱暴な表現をあえてするならば、弔辞はまず死者にたいして、あるいは死者について語られる言葉であるが、死者の実像からはなれて、それ自体が文学作品あるいは文章表現として観賞されることがあってもよいのではないか。具体的にいえば、岸にたいする中曽根の弔辞を論じて、「弔辞は死者への賞賛、感謝をつらねるという約束がある」といい、その人物描写などは「全人格の上澄み部分の表現」であるといったとき、私は、それらの形式上の制約のもとにあっても弔辞は文学作品、文章表現として評価されうるといいたかった。ちょうど、古典劇が三一致の法則のもとにあり、ソネットが脚韻を踏み、短歌が三十一文字の定型をまもりながら、文学作品、文章表現であるように。

いくらか別の角度から問題に接近してみる。

武田泰淳は、『政治家の文章』というユニークな魅力をもつ小著のなかで、徳田球一について語ったさい、「ほめ歌」と「けなし歌」という対概念を提出して、つぎのようにかいている。

「獄に在ること十八年、なおかつ節を曲げなかったような強力な人物について語るには、私はふさわしくない。

徳田球一の『ほめ歌』を書く適任者は、彼の育てあげた政党の忠実な後輩の中に求むべきであって、私は性格的にも『ほめ歌』が書けない、書きたくないのである」。「日本の文学者は、明治以後、いや、それよりずっと前から『ほめ歌』を書くことを拒否してきた。自分をけなしたり、他人をけなしたり、方法はまちまちであったが、『けなし歌』の方には、すぐれた作品が多かったのである。手ばなしの『ほめ歌』など、いやらしい、卑屈なものはないという、ぬぐいがたい感覚がしみついている」[35]

この云分は理解しえないものではない。「けなし歌」のすぐれた典型例としては、戦前期ならば葛西善蔵の諸作品、戦後期ならば太宰治の諸作品をあげておこうか。かつて文学少年であったころ、私は、これらのマイナー・ポエットを溺愛していた。その嗜好はいまの私に残っている。しかし、職業経歴が終りに近づき、すでに老境に入った私の文学的感性のなかで、その嗜好はわずかな一小部分を占めるにとどまる。そうして「ほめ歌」をすべて非文学的として追放することができるだろうかとかんがえるのである。私は、司馬遼太郎や藤沢周平の作品群の魅力の一部はその「ほめ歌」性にあるとおもっている。「ほめ歌」も、また、文学作品でありえて、そこにすぐれた作品もあり、劣った作品もあるのである。弔辞は「ほめ歌」であるが、そこにも出来不出来がある。

池田勇人の浅沼追悼演説

やや脱線気味に結びに入る。浅沼の暗殺は自由民主党の首脳たちにつよい衝撃をあたえた。国民の同情は社会党に向かって、つぎの総選挙では自由民主党は苦戦する、ばあいによっては劣勢に立つのではないか。財界主流も同じ恐れをもっていた。池田は、一〇月一七日に招集される第三六臨時国会の冒頭で浅沼追悼演説をすることにして、その草稿をかくことを秘書官の伊藤昌哉にもとめた。かれは「おれが読んだら、議場がシーンとしてしまうような追悼文を書いてくれ」といった[36]。伊藤はその注文にみごとに応えた。この演説のほぼ全文は、伊藤の『池田勇人とその時代――生と死のドラマ』に収められている。抄録する。

日本社会党中央執行委員長、議員浅沼稲次郎君は、去る十二日、日比谷公会堂での演説のさなか、暴漢の凶刃に倒れられました。私は皆様のご賛同を得て、議員一同を代表し、全国民の前に、つつしんで追悼の言葉を申し述べたいと存じます。

ただいまこの壇上に立ちまして、皆様と相対するとき、私はこの議場のひとつの空席をはっきりと認めるのであります。私が心ひそかに本会議のこの壇上で、その人を相手に政策の論争をおこない、またきたるべき総選挙では、全国各地の街頭で、その人を相手に政策の論議を行なおうと誓った好敵手の席であります。

かつて、ここから発せられるひとつの声を、私は、社会党の党大会に、またあるときは大衆の先頭に聞いたのであります。いまその人は亡く、その声もやみました。私は誰に向かって論争をいどめばよいのでありましょうか。しかし心を澄まして、耳をかたむければ、私にはそこからひとつの叫び声があがるように思われてなりません。「わが身におこったことを、他の人におこさせてはならない」、「暴力は民主政治家にとって共通の敵である」と、この声は叫んでいるのであります。

私は、目的のために手段を選ばぬ風潮を、今後絶対に許さぬことを、みなさんとともに、はっきり誓いたいと存じます。これこそ故浅沼稲次郎君のみたまにそなうる、唯一の玉ぐしであることを信ずるからであります。

（中略、浅沼の経歴を述べる）

君は、大衆のために奉仕することを、その政治的信条としておられました。文字どおり東奔西走、比類なき雄弁と情熱をもって、直接国民大衆に訴えつづけられたのであります。

沼は演説百姓よ

よごれた服にボロカバン

きょうは本所の公会堂

あすは京都の辻の寺

これは、大正末期、日労党結成当時、浅沼君の友人がうたったものであります。委員長となってからも、この演説百姓の精神は、いささかも衰えをみせませんでした。全国各地で演説を行なう君の姿は、いまなお、われわれの眼底にほうふつたるものがあります。

「演説こそは大衆運動三〇年の私の唯一の武器だ。これが私の党につくす道である」と、生前君が語られたのを思い、五日前の日比谷のできごとを思うとき、君が素志のなみなみならぬをおぼえて暗澹たる気持にならざるをえません。

（中略、浅沼の清貧に甘んじる生活を描写し、それゆえの、かれにたいする国民の信頼、親近感の深さにふれる。かれの死は社会党にとってのみならず、国家国民にとっての最大の不幸であるという。）

ここに浅沼君の生前の功績をたたえ、その風格をしのび、かかる不祥事の再びおこることなきを相戒め、相誓い、もって追悼の言葉にかえたいと存じます[37]。

この追悼演説は決定的に成功した。議場は静まりかえり、社会党議員のなかにはハンカチを目にあてる者もいた。マス・メディアもこれを好意的に報道した。それは、少なくとも安保闘争の残り火に浅沼暗殺が油を注ぐことになるのを防止するためにかなり役立ったとみられる。のちに池田は伊藤に「あの演説は五億円か、一〇億円の価値があった」といったという[38]。ここで金額の話になるのはいささかはしたない。フランスの首相が外遊中の池田に会い、輸出に熱心なかれを「トランジスタ・ラジオのセールスマン」とひやかしたのが連想される。しかし、この追悼演説が名品であるのは確かである。

言葉の戦い

日本社会党五十年史編纂委員会『日本社会党史』は、一九九六年九月一〇日に発行されている。その「草稿執筆者あとがき」によれば、同書は「日本社会党の全歴史を再現することを目的」としており、前記の委員会は「社会党のなかに正式に設置された編纂委員会」である。なお、その「あとがき」の日付は同年三月一〇日となっており、その日付は社会民主党の最初の大会の日であると注記されている[39]。つまり、同書は、日本社会党がその歴史を了えるにあたってつくった正史である。その第四章第五節「浅沼暗殺と第一九回党大会」は、浅沼暗殺、第一九回臨時大会、浅沼の社会党葬、第三六回臨時国会などがとりあつかわれている。そこでは江田書記長による浅沼への弔辞は、その存在にもふれられていない。そうして、池田首相による浅沼への追悼演説が、さきの詩作品とその前後のさわりの部分を引用されている[40]。

江田の弔辞はやや格調が低いきらいがある。池田の追悼演説は、対会衆型の弔辞とみたてても、とびきりの秀作である。その出来不出来だけからいえば、『日本社会党史』のさきの選択はもっとものことである。しかし、文章をつくることを業とする私は、その選択をいたましくおもうのである。民主主義政治の本質は言葉を武器にした戦いである。もちろん、金力も権力も暴力も武器となりうるし、なっているが、理想は第一義的に言葉による戦いである。そうであるのに、この党は、正史で委員長の暗殺という政治的事件を記述して、その死をいたむ言葉として、自党の書記長の弔辞を引用できず、対立する政党の党首の演説を引用せざるをえなかった。社会党員は、言葉によって戦う政治的人間としては、この処置に屈辱を感じなければならない。『日本社会党史』の執筆者たちはそれがわかっていたのだろうか。おそらく、かれらはそれがわかっていなかった。それがいたましいのである。民主主義政治のなかでこの党は亡びるべくして亡んでいったというべきであろう。

注

1 「党葬者一覧」自由民主党編纂『自由民主党党史・資料編』一九八七年、同党発行、一五五三―一五五四ページによる。
2 内閣総理大臣官房『「故岸信介」内閣・自由民主党合同葬儀記録』一九八八年三月三〇日、大蔵省印刷局、三九六―三九九ページ。
3 宮沢賢治『宮沢賢治全集1』二〇〇一年、筑摩書房、一五六―一五九ページ。
4 大岡信『永訣かくのごとくに候』一九九三年、弘文堂、一四六―一五七ページ。
5 岸の満州国政府における業績は、つぎの文献にくわしい。田尻育三『昭和の妖怪　岸信介』一九七九年、学陽書房、九―九三ページ。
6 岸の商工省次官、商工大臣時代については、つぎの文献による。岩川隆『巨魁――岸信介研究』一九七七年、ダイヤモンド社、五三―六四ページ。

7 原彬久『岸信介――権勢の政治家』一九九五年、岩波新書、一九〇ページ。
8 同右、二三七―二三八ページ。
9 同右、二三五ページ。
10 「日本国との平和条約」小田滋、石本泰雄『解説条約集（第9版）』二〇〇一年、三省堂、七五九ページ。
11 「千九百四十八年六月十一日の合衆国議会上院の決議（「バンデンバーグ決議」）」上村伸一『相互協力安全保障条約の解説』一九六五年、時事通信社、一五七―一五八ページ。
12 『岸信介――権勢の政治家』前掲、二二六―二二七ページ。
13 「旧日米安保条約（日本国とアメリカ合衆国との間の安全保障条約）」藤田久一、浅田正彦編『軍縮条約・資料集（第二版）』一九九七年、有信堂高文社、三六〇―三六一ページ。
14 「日米安保条約（日本国とアメリカ合衆国との間の安全保障条約）」同右、三六六―三六七ページ。
15 『岸信介――権勢の政治家』前掲、二三〇ページ。
16 同右、二三九ページ。
17 「弔辞」日本社会党「社会新報」一九六〇年一〇月三〇日。
18 沢木耕太郎『テロルの決算』二〇〇一年、文春文庫。
19 原彬久『戦後史のなかの日本社会党――その理想主義とは何であったか』二〇〇〇年、中公新書、六三―六四、一四二、二四三―二七一ページなど。
20 大曲直『浅沼稲次郎――その人・その生涯』一九六一年、至誠堂、一七二ページ。
21 『テロルの決算』前出、一六二―一六三ページ。
22 『戦後史のなかの日本社会党――その理想主義とはなんであったか』前出、一四五ページ。
23 『浅沼稲次郎――その人・その生涯』前出、二六―一二六ページ、一五一―一八〇ページ。

24 『テロルの決算』前出、一七〇、一七四ページ。
25 日本社会党五十年史編纂委員会『日本社会党史』一九九六年九月一〇日、四四三ページ。
26 「朝日新聞」一九六二年七月二八日。
27 江田三郎「七〇年代の革新運動」日本社会党『月刊社会党』一九七〇年一〇月号、一六ページ。江田「革新連合政権の樹立をめざして」同、一八五―一八六ページ。
28 『日本社会党史』前掲、一六八ページ。
29 『戦後史のなかの日本社会党――その理想主義とはなんであったか』前出、三四―三五、五五―五六、五七―五九、六九、七三―八七、一〇五―一〇八ページ。
30 同右、一三二、一四〇―一四一ページ。
31 同右、一一六、一二二ページ。
32 『浅沼稲次郎――その人・その生涯』前出、一一―三八ページ。
33 「江田三郎」『私の履歴書・第十八集』一九六三年、日本経済新聞社、七六―九六ページ。
34 『戦後史のなかの日本社会党――その理想主義とはなんであったか』前出、一七七、三二五―三二六ページ。
35 武田泰淳『政治家の文章』一九七〇年、岩波新書、一五五、一五六ページ。
36 伊藤昌哉『池田勇人とその時代』一九八五年、朝日新聞社、一二五―一二六ページ。
37 同右、一二六―一二八ページ。
38 同右、一二九ページ。
39 『日本社会党史』前出、一二三九、一二四一ページ。
40 同右、四四四―四四五ページ。

第三章　社葬における弔辞
谷井昭雄から故松下幸之助へ

社葬のクライマックス

社葬という葬儀のひとつの形式がある。社葬の経営人類学の研究を主導してきた中牧弘允は、それをつぎのように定義している。「社葬とは一般に、亡くなった会社のトップ経営者に対し、会社の名において、資金面でも人材面でも、会社が全面的に主催するところの葬儀である」[1]

中牧によると、日本の会社の多くには「神仏をまつる空間」が設置されている。社長室や事務室の梁の一角には神棚、ビルの屋上や工場敷地の一角には鳥居と祠、さらにこれは少数例であろうが会社によっては亡くなった社員のための墓地・霊園をもつところさえある。会社のなかに「宗教的な空間」があれば、それにみあって「宗教的な時間」があることになる。朝夕に神棚に手をあわせる社長がいるし、会社の神社でおこなわれる毎月の月次祭、年に一回の祭典、物故者慰霊法要。これらは社内行事として、社外の人々の目につかぬところでひっそりとおこなわれる。これにたいして、社葬は、会社をあげての派手派手しい対内的・対外的式典である。中牧はそれをつぎのように描写している。

「故人の交友関係のみならず、会社の取引先、株主、業界関係者、政治家など、会社のつきあい関係を最大限に巻き込む儀式であり、故人と一面識がなくとも義理で参加する者や一種ハレがましい気分の者も含まれる。（中略）新聞に死亡告知と社葬の社告がのり、関係者には会葬の案内状が送られる。（中略）これは、社外からできるだけ多くの人にきてもらう一大イベントでもある。社葬の当日は、かなりの幹部社員が動員され、大企業でも重要な仕事はストップする。他方、総務や秘書の関係部局では、社葬の準備に相当の時間がついやされ、神経の休まる暇もない」[2]

この社葬という葬儀の形式がわが国で成立したのは、それほど古いことではないらしい。村上興匡と山田慎也は、新聞の死亡広告や社葬にかんするマニュアル本を材料にして、明治、大正、昭和の三代における社葬の成立と展開を追っているが、その結論部分のみ要約して紹介する。社葬という形式は明治期末に成立し、大正期・昭和期に普及していった。ただし、社葬の構成要件、創業者の死によっても業務に支障が生じないことの保障と、創業者の功労を顕彰することとは、明治初期に実質的にみいだされている。社葬は、昭和五〇年代に入ると、密葬と分離しておこなわれるのが一般的となった。密葬は故人の家族がおこない、社葬は会社がおこなうという分担関係が成立する。[3]

一般的に理解される葬儀の目的は、死者の冥福を祈ることであり、その霊魂が天国などのぞましい場所にゆくのを願う、あるいは安らかな眠りにつくなどのぞましい状態に入ることを願うことである。現代の日本社会においても、密葬にかんしてはこの理解が通用する。しかし、社葬にかんしては、それらの目的意識は希薄である。

中牧の業績を私なりに整理しなおして述べると、社葬の目的は、故人にたいする顕彰と告別の表現、および会社の威信と不滅の主張である。なかでも、故人の会社にたいする業績・貢献に最大限の賛辞をささげることがもっとも肝要である。その顕彰があってこそ、故人にたいする会社の告別の想いも丁重なものになり、故人の死去にもかかわらず、かれがつくった会社は権威と繁栄を持続させることができると確言されるのである[4]。

これらの社葬のライト・モチーフは、葬儀委員長の式文告知にも来賓の弔辞にも一貫している。それらの文章をよむ人びとは、業界団体の長、会社グループの長、あるいは財界の長などである。中牧は端的にいいきっている。

「わたしはこの弔辞にこそ、会社の会社による会社のための葬儀のクライマックスがある、とみている。」[5]

しかし、ここまでいいきりながら、中牧とかれの同僚たちの研究では、社葬における弔辞そのものの分析や論議をおこなった例は多くはない。これまで引用してきたかれの論文「社葬の経営人類学――顕彰・告別と会社再生の演出」は、弔辞についてさきの断定からさらに踏みこんだ議論をしていない。また、この論文を巻頭におく中牧の編著『社葬の経営人類学』は、その「第二部社葬の諸相」で、「大川博の社葬」、「松下幸之助の社葬」、「ドーム社葬の出現」などの章をふくむが、最後の章で中牧自身が東京ドーム社長・保坂誠の葬儀における弔辞にわずかに言及したのをのぞいて、社葬における弔辞をくわしく論じた例はない。あえていえば、さきの弔辞が社葬のクライマックスであるという命題は、仮説の段階にあって、充分に実証されていないということもできそうである。

三万人の参列者

そこで私は、松下幸之助の社葬における谷井昭雄の弔辞に一例をもとめて、前出の命題の検証をこころみたい。

あらためていうまでもないが、松下は、戦後日本の超一流企業・松下電器の創業者であり、社長・会長として総帥的存在であり、死去時も相談役であった。谷井は当時、同社の松下から数えて四代目の社長であった。松下電器の超一流企業ぶりについてわずかにいえば、創立七〇周年を祝った一九八八年の時点でいうと、同年七月八日発売のアメリカ合衆国の経済誌『ビジネス・ウィーク』は恒例の世界の企業一〇〇〇社の株式時価発行総額によるランキングを発表しているが、松下電器は三七三億ドルで、一五位に位置づけられていた。一四位はアメリカのゼネラル・エレクトリックであった。このとき、ゼネラル・エレクトリックと松下電器が世界の二大電機メーカーであった。また、松下電器を頂点とするいわゆる松下グループは海外の企業をふくんで約六〇〇社、従業員数は約一七万人におよんでいた[6]。

松下幸之助は、一九八九年四月二七日に死去した。葬儀は、同日と翌二八日に西宮市の私邸・光雲荘において仮々通夜、仮通夜が遺族と親しい間柄の人びとによっておこなわれた。ついで二九日、大阪市の西本願寺津村別院で通夜がいとなまれたが、そのおりの弔問客がすでに三五〇〇人に達した。翌三〇日、同じ場所での密葬は松下家の葬儀であり、喪主は松下正治、当時の松下電器会長、葬儀委員長は谷井昭雄であった。松下電器の社員約一〇〇人が実行委員としてはたらき、弔問客は約一万二〇〇〇人であった。

松下幸之助の社葬は、五月二五日、松下電器産業と松下グループ関係各社の合同葬として、松下電器の枚方体育館でおこなわれた。葬儀は一二時三〇分より一三時三〇分、告別式は一三時三〇分より一五時のあいだでおこなわれた。参列者は約二万人、ほかに全国各地の事業所に祭壇をしつらえ弔問をうけつけ、また一七都市二四事業所において衛星放送で葬儀の経過を中継放送した。弔辞をよんだ顔ぶれは竹下登、当時の首相、ジョージ・ブッシュ、当時のアメリカ合衆国大統領、それに谷井やその他であった[7]。ブッシュの弔辞がプロテスタンティズムの教義にしたがって対会衆型であったのか、日本の風習にあわせて対個人型であったのか、知りたいところだが、資料が手に入らない。谷井の弔辞はつぎのとおりであった。

まるで求道者のように

松下幸之助様へ追悼の言葉　谷井昭雄

謹んで、故松下幸之助相談役のご霊前にお別れの言葉を申し上げます。

三月の終りに社業のご報告に伺いました折は大層お元気で、あたたかい激励の言葉を頂くとともに、わが国を取り巻く厳しい内外の情勢を真剣に心配しておられましたが、その後まもなくご健康を損なわれ、私どもの心からの願いも空しく、平成元年四月二十七日、九十四《よん》年の波乱と栄光に満ちた生涯を終えられました。

今ここに世界各界の名士のご参列を賜り、葬送の儀を執り行うこととなり、悲しみを忍んでご霊前に立たせていただきました。まことに痛恨極まりない心境でございます。

大正七年、相談役が僅か三人で創業されました松下電器は、昨年輝かしい七十周年を迎えました。その一連の記念行事が無事終了した四日後に、相談役は忽然とこの世を去っていかれたのであります。私どもには、相談役が深い慈愛の心でこの記念行事の全てを見守り、見届けて下さっていたように思えてなりません。思えば、和歌山県海草郡、紀の川のほとりに生を享《う》けられた相談役は、九歳にして大阪に奉公に出られ、二十三歳にして電気の道を志し、松下電器器具製作所を創業されました。そして、事業の使命に深く思いを致され、「産業人たるの本分に徹し、社会生活の改善と向上を図り、世界文化の進展に寄与せんことを期す」という物心一如《ぶっしんいちにょ》の繁栄への願いを会社綱領に定められるとともに、自ら先頭に立って、社員を導いてこられました。「企業は社会の公器であり、社会への貢献なくしてはその存在の意義がない」とのお考えの根源にあったのは、人間と社会に対する深い洞察と、何物にもとらわれない素直なお心でした。

三十年前、私は京都真々庵で、ＰＨＰの所員とともに研究に一心に打ち込まれている相談役のお姿を拝見したことがあります。寺子屋のように机をならべた広間には、「素直な心になりましょう。素直な心はあなたを強く正しく聡明にいたします」と書かれた文字が掲げられ、その張りつめた厳しい雰囲気に、思わず居ずまいを正したことを、今でもはっきりと思い出します。

社業の激務の合間をぬって、繁栄に到る道を懸命に探し求めておられたお姿が、まるで求道者のように思え、経営というものの底知れぬ深さを窺《うかが》い知る思いが致しました。その折にも似た深い思いの一つ一つが、ものをつくる前に人をつくるという確固とした信念となって、経営の中に注《そそ》ぎこまれてきたのであります。

そして業界を思い、日本を思い、世界を思う心から松下政経塾が創立され、国際科学技術財団などが生まれました。そのあくなき理想を燃やし続けられた生涯を思うとき、かけがえのない師を失ったという悲しみとともに、心に大きな空洞が生じたような寂寞《せきばく》の思いがこみ上げてまいります。

ご逝去の報は、いち早く内外の報道機関を通じて世界に報道されました。その反響の大きさを目の当《ま》たりにし、改めて相談役の偉大さを知らされる思いが致します。

相談役の多年にわたるご業績の数々は、ご霊前にそなえられた叙位・叙勲として燦然《さんぜん》と輝いております。昭和六十二年には、民間人として最高の勲一等旭日桐花大綬章《きょくじつとうかだいじゅしょう》を授与され、また、ご逝去後正三位《しょうさんみ》に叙《じょ》せられました。外国からも数々の栄誉を受けておられます。

私どもがこのような不世出の創業者を戴いてきましたことは、何事にも替え難い幸せでありました。今こそ、その高邁《こうまい》な理念をしっかりと受継ぎ、世界の人々の繁栄に貢献する新しい松下グループを築くために渾身の努力を傾けることが、私ども社員一同に課せられた尊い責務であると深く決意致しております。

なにとぞ天に在って、いつまでも私どもをお見守り頂きますようお願い申し上げます。ここに御霊《みたま》安かれとお祈り申し上げてお別れの言葉と致します。

松下相談役、永い間、本当にありがとうございました。[8]

成功物語を避けて

文章についての自分の好みが入った判断であることを重々承知していうのであるが、これもなかなか良い弔辞である。簡素であるが品位があり、故人への敬虔な思慕がすなおに表現されているとみえる。すでにみてきた政治家への弔辞は権力、反権力いずれにせよ力の表現がうずまいており、それはそれで悪くはないのだが、ここでは対照的に精神性、静謐さの印象がつよい。

この弔辞をすでにつかった分析枠組、(1)死者観、(2)伝記的要素、(3)人物・性格論、(4)現代史的要素、それにこのばあいには、政治家論にかわるものとしての(5)経営者論という五つのトピックスをつうじて、分析してみることにする。

(1)死者観。この弔辞のなかで、松下幸之助の死は「九十四年の波乱と栄光に満ちた生涯を終えられました」および「相談役は忽然とこの世を去っていかれたのであります」と表現されている。いずれも、病による自然死というよりは、わずかにせよ、死者が自らの意志で死という運命を引きうけたという含みが感じられる。とくにあとの表現は、死去が松下電器の七〇周年の一連の記念行事が無事終了した四日後であったこと、死者は深い慈愛の心からそれらすべてを見守り、見届けたうえで、自らの死を死んだという表現によって、その含みが強調されているように感じられる。

死去した松下幸之助は、霊として存在している。弔辞の冒頭によれば、それは「ご霊前」の「お別れの言葉」である。その読み手は、悲しみを忍んで「ご霊前」に立っている。そうして弔辞の末尾では「なにとぞ天に在って、いつまでも私どもをお見守り頂きますようお願い申し上げます」といわれる。いまは葬儀の場にあって弔辞を聞いている霊は、やがて天上に昇り、そこにとどまって、いつまでも、松下グループの諸企業とその構成員を見守ることが期待されている。ここでいう「いつまでも」は、天上の霊魂と地上の企業がともに永久にわたって不滅の存在であることを示唆している。「見守る」は多分に守護するという意味合いをふくんでいよう。松下は、生前の最後の日々にも前記の記念行事を見守っていたのであった。生者としても死者となっても、かれは見守る存在であることで変わらない。

（2）伝記的要素。松下電器の創業者・経営者として松下幸之助の生涯の伝記は、決定的な成功物語である。しかし、これについては谷井はきわめて控え目な表現に終始している。社葬の弔辞では個人の会社にたいする業績・貢献に最大限の讃辞をささげることがなによりも寛容であると中牧はいったが、それを基準にしてみると、谷井による松下への弔辞は極端な例外である。和歌山県海草郡、紀ノ川のほとりに生まれ、九歳で大阪に奉公に出、二三歳で松下電器器具製作所を創業するところまでは、伝記的経過が年代記風に語られるが、そのあとの企業経営の決定的な成功物語は年代記風には語られていない。谷井がそれを華やかにいきいきと語るつもりになれば、材料はいくらでもあったはずである。私はかならずしも松下の著作の忠実な読者ではないのだが、かれの自伝『私の履歴書』一冊読んだだけでも、それはわかる。

しかし、谷井は松下の精神、思考、理想のありかたをもっぱら語って、その世俗的、物質的成功にはほとんどふれていない。しいていえば、叙位・叙勲にかんする言及と「不世出の創業者」という讃辞がそれにあたるくらいか。したがって、松下グループの継承・発展の誓いも「その高邁な理念をしっかりと受継ぎ、世界の人々の繁栄に貢献する新しい松下グループを築くために渾身の努力を傾けることが、私ども社員一同に課せられた尊い責務である」と谷井はいうのである。また、松下政経塾、国際科学技術財団などの存在意義が強調される。これらの事実の意味については、のちにさらにかんがえることにする。

カリスマのイメージ

(3)人物・性格論。前項で指摘した選択の結果、松下幸之助の人間像は「まるで求道者」のように描かれることになる。かれは「祈りにも似た深い思い」をもつひとであり、部下たちにとって「かけがえのない師」であった。その発想の根源には「人間と社会に対する深い洞察」、「何者にもとらわれない素直なお心」がある。これは人間類型としては、企業人というよりも宗教人である。しかも既成宗教の教義を布教・研究する専門職の宗教家であるよりは、自らの生きかた、感じかた、考えかたをつうじて、新しい宗教を創造する教祖的存在である。それはカリスマといいかえてもよい。だから、かれの死は、かれにつきしたがってきた人びとに「心に大きな空洞が生じたような寂寞の思い」を生じさせるのである。

(4)現代史的要素。弔辞の文中にあるように、松下電器は一九一八年に創業され、一九八九年、松下幸之助が死去したとき、七〇年の歴史をもっていた。その時代的背景は、敗戦の一九四五年を境目にすれば、戦前二七年、戦後四三年にわかれる。戦前は大正デモクラシーが軍国主義にとってかわられ、侵略戦争が敗戦によって終止符を打たれた時代であり、戦後は日本経済が窮乏のどん底から高度成長期に突入し、大量生産―大量販売―大量消費のサイクルが確立した時代である。松下電器の社史はこの時代史のなかに密接にくみこまれてきた。しかし、さきの弔辞はこの時代史についてまったく沈黙しているようにみえる。それは前々項で指摘した選択の結果であるとする説明もかんがえられる。しかし、私はかならずしもそうはみていない。

弔辞中に「産業人たるの本分に徹し、社会生活の改善と向上を図り、世界文化の進展に寄与せんことを期す」という、「会社綱領」がかかげられている。以下、ＰＨＰ総合研究所研究本部編『キーワードで読む松下幸之助ハンドブック』などを参考にしつついうと、これは、敗戦直後の一九四六年二月、それまでの「会社綱領」を改訂してつくられたものである。最初の綱領は一九二九年三月、それまでの社名・松下電器器具製作所を松下電器製作所に改称したのを機につくられた。それは「営利と社会正義の調和に念慮し、国家産業の発達を図り、社会生活の改善と向上を期す」であった[9]。これに戦時下の社会情勢の変化につれて、数回、字句の改訂がくわえられているが、いまは大づかみに戦前の最初の綱領と戦後のそれを対比しよう。注目するべき対句は「国家産業の発達」と「世界文化の進展」である。戦前の綱領はナショナリズムに親和的であり、軍国主義に接近する可能性をもっていた。戦後の改訂はそれらを批判して、インタナショナリズムに方向を切り替え、平和主義と調和するものになった。この綱領の変更は、松下幸之助の現代史にかんする認識の変化を示している。弔辞における戦後の綱領の引用からは、その歴史認識のありかたまでをよみとることができる。

（5）経営者論。あるべき企業経営の理念を示すフレーズが、この弔辞には二つある。ひとつは「ものをつくる前に人をつくるという確固たる信念」である。いまひとつは「企業は社会の公器であり、社会への貢献なくしてはその存在の意義はない」という考え、である。最初のフレーズは、創業間もないころから松下幸之助が従業員たちにくり返しいいきかせたものだった。「松下電器は何をつくるところかと尋ねられたら、松下電器は人をつくるところです。併せて電気器具もつくっております。こうお答えしなさい。」[10]ここでいう「人」は「人材」であり、自らの仕事の意義、社会に貢献する会社の使命を自覚し、自主性と責任感がつよい働き手である。第二のフレーズは、さらに三つの局面に分析される。すなわち、①企業は本来の事業をつうじて社会生活の向上、人びとの幸福に貢献する。②その事業活動から適正な利益をうみだし、それを税などの形式で国家と社会に還元する。③企業活動の過程が社会生活と調和する、である[11]。

もうひとつの松下幸之助像

谷井昭雄が弔辞のなかで描きだす松下幸之助の人間像の諸特性は、資料によって裏付けをとることができる。たとえば、さきに言及した松下の「私の履歴書」によっても、そのほとんどは裏づけられる。したがって、谷井は事実とちがうことを述べているわけではない。しかし、その「私の履歴書」を虚心によんでみると、そこからうかんでくる松下幸之助の人間像の全体は、谷井が弔辞で描きだしたそれと、かなりかけはなれていることも事実である。これはどういうことだろうか。

松下の「私の履歴書」は、資本家・経営者としてのかれ自身の人間像をヴィヴィッドに浮き彫りにする。私は、その経営手法に二つの基本的志向を感じとり、それらがかれの部下たちをつよく惹きつけた、つまり、それらによって松下は部下たちにとってのカリスマ的存在になったのだろうとおもった。その二つの基本的志向とは、総合芸術志向あるいは生命躍動志向、自己表現志向と、アメリカ志向あるいは国際水準志向である。

第一の志向は、言葉としては、戦後一九六〇年代に入って松下語録に登場するのであるが、その経営思想、経営哲学は、経営者としての松下の最初期からのものであった。それでも順序として、総合芸術や生命躍動などの言葉が松下の口から発されて、記録にとどめられたときのことからはじめよう。一九六七年、第五回関西財界セミナーにおいて松下は講演をおこなったが、そのなかでこれらの言葉は語られている。かれはその講演のなかで、やがて来たるべき資本の自由化にたいして日本の企業はどうあるべきかを説いた。日本の経済界が一人立ちするためには、資本の自由化は避けてはならず、むしろ積極的に求めるべきものである。その自由化のなかで日本の企業をさらに発展させるためには、経営の価値を評価し、よりよい経営をめざさなければならない。そのために、自分は経営は総合芸術であるという見方をとりたい。

芸術は価値の高い創造活動であるが、おなじく経営も価値の高い創造活動である。絵画の製作のばあい、画家はカンバスのうえに筆や絵の具をつかって創造活動をおこなう。その結果としての作品が、みるひとに「すばらしい絵だ。この絵には画家の魂が生き生きと躍動している」という感動をおこさせるなら、それは立派な芸術作品である。企業の経営のばあいも同じである。経営者は、基本方針をさだめ、人員と資本の調達、工場の建設、何をどうつくるか、どう売るか、細かい心配りのもとに、たゆまぬ創意工夫によって経営をおこなう。その活動が適切にバランスよくおこなわれているとき、そこには「経営者の生命が生き生きと躍動した姿」であらわれる。それをみるひとは、すばらしい経営だと、感動し、嘆賞する。資本の自由化は、経営者が自由に経営活動という創造活動をおこなうための好機会である。[12]

松下は、経営活動と芸術活動の類似性を指摘し、経営活動は経営者の生命の躍動の表現であり、つまりは自己や個性の表現であるといっている。これは、まず経営者としての松下の体験にもとづく自己認識であった。かれは経営者として未曾有の成功をおさめたが、そこに自己の表現をよみとっていた。この自己は生命、才能、個性などといいかえることができる。また、企業としての松下電器の発展は、経営者としての部下たちの自己表現、個性の表現の過程でもあった。松下の経営手法を具体的にみると、そこには多くの独創がみいだされるが、経営者としての自分と部下の自己表現にとってもっとも本質的に重要なのは事業部制であったとおもわれる。

『松下電器五十年の略史』によれば、松下電器の事業部制の起源は、一九二七年の電熱部創設にもとめられる。組織としての事業部制は三三年の機構改革からで、ラジオ部門を第一事業部、乾電池ほかの部門を第二事業部、電熱器ほかの部門を第三事業部とした。各事業部は製品の開発から生産、販売、収支の管理までを一貫して担当する独立採算制の事業体である。松下電器は、一面において、独立性のつよい諸事業部の連合体となった。各事業部の構成員は他事業部をライバル視しつつはたらき、それによって、自主的な責任経営が徹底し、すぐれた経営幹部が育ってきた[13]。のち、松下電器が巨大企業になると、事業部の数は増加していったが、この組織原理は一貫して維持され、それが松下電器の競争力を高めているとみられた。事業部制は大企業のなかに小企業の緊張感、市場の動きに即応した機動的な活動力を維持していた。また、従業員のひとりひとりが、経営者意識をもって仕事をすることを可能にし、かれらに適切な工夫、発見をうみださせ、かれらを企業人として向上させると、松下は説いた[14]。

高度成長期の企業家

ついで第二の志向であるが、こちらは戦後のものであるとみてよいだろう。すでに「会社綱領」の敗戦にともなう変更によって、松下幸之助が目をナショナリズムからインタナショナリズムに転じていたことにはふれた。そのうえで、アメリカ志向、国際水準志向が、経営者としてのかれの生活史に印象深く顕在化してくる。一九五一年一月、松下は経営の考えかた、やりかたがもっとも進んでいるアメリカに学ぶために、アメリカ旅行をしている。この旅行は最初一カ月の予定だったが、期間の延長をかさねて、最終的には三カ月になってしまった。

学ぶべきもの、みるべきものが多すぎたのである。なによりも「アメリカの豊かさ」が松下にとって驚異であった。アメリカでは標準型のラジオが二四ドルするが、そのラジオをつくっている工員の賃金は八時間労働で一日一二ドル、したがって二日はたらくとラジオが買える。当時、松下電器でつくっていたラジオは九〇〇〇円前後、作業員の平均賃金は月額約六〇〇〇円、一カ月半はたらいてラジオが買えることになる。アメリカの繁栄ぶり、日米の経済格差を目の当たりにして、日本をぜひともアメリカのようにしなくてはと、松下は決心した。アメリカの電力消費量の多さから公衆便所の清潔さにまで、かれは感心しっぱなしであった。[15]

一九五六年の年頭、松下は五カ年計画を発表して、五年後の売り上げを四倍にすると宣言した。周囲の人びとは半信半疑であったが、かれは、これは大衆の要望であり、われわれの社会への義務であると説いた。この四倍増は五年をかけず、四年後の六〇年に実現してしまっている。[16]

また、松下幸之助にとって、国際競争の主戦場は貿易の輸出であった。一九五九年の経営方針発表会で、かれはつぎのように檄を飛ばした。「貿易についてみますと、年々、貿易額もふえておりますから、これはまことに結構なことでありますが、そのふえ方、ふえる率がいささか遅々としている観があります。」[17]

しかし、前出の『松下電器五十年の略史』によれば、このスピーチがおこなわれた前年の一九五八年、松下電器の輸出高は三二億六五〇〇万円であった。それが一〇年後の六七年、六七七億六三〇〇万円に達している。[18]一〇年間で二〇倍強の伸びである。いささか遅々どころか、強烈ともいうべき急角度の伸びである。松下電器は家電王国と呼ばれ、輸出王国と呼ばれることになった。同社の家電製品のシェアの高さ、輸出比率の高さを賞賛する呼び名である。

一九六〇年一月の経営方針発表会では、松下は「国際競争に打ち勝つために週二日の休日を目標としてはたらこう」と呼びかけた。このときの規範モデルもアメリカの産業界であった。やがて自由貿易の時代になる。国際競争に勝たなければ、日本のメーカーは衰退することになる。松下電器も外国企業との競争に勝ち残るために、工場の設備を改善し、オートメーション化することができるものはオートメーション化し、作業能率をいままで以上に上げてゆかなければならない。当然、八時間労働で相当に疲れることになる。したがって、一週間に五日はたらいて、一日余計に休むことが必要になる。アメリカはすでにそうなっているのだ。この週休二日制は、五年後の一九六五年に実現した[19]。

松下電器の賃金も、一九七一年にはヨーロッパ諸国のうちで最高の西ドイツの賃金に並び、七六年には西ドイツを抜いてアメリカ合衆国の賃金に近づいていた[20]。こうやってみてくると、松下の経営手法は、アメリカ産業界の繁栄を目標として、またそれに動機づけられた高度成長志向であったことがわかる。その路線を衆に先んじてみいだす先見性はみごとであるが、高度成長期という時代がかれのような企業家を要求していたともいえるだろう。

二五人抜きの大抜擢人事

谷井昭雄は、松下幸之助への弔辞において、松下を松下電器の不世出の創業者であるといったが、その経営の手法と成功に具体的にふれることはなく、企業は社会の公器である、人材を育成するなどのかれの「高邁な理念」を強調し、「まるで求道者」、「かけがえのない師」として松下を描いた。谷井は松下の理念をもっぱらみている。これにたいして、松下の「私の履歴書」などが私につよく印象づけるのは、豊かな才能と先見性に満ちた経営者としてのかれの行動である。かれは、経営は経営者の才能の自己表現であると知って、自己と部下たちの経営者の才能を最大限に発揮させるべく事業部制を創出した。また、かれは、アメリカ合衆国の産業と企業を規範モデルとして、高度成長期が要求する企業リーダーの典型的存在であった。

　なぜ、谷井は、経営者としての松下の理念を多く語り、行為をほとんど語らなかったのか。その取捨選択の動機はなにか。

　私はその回答は松下電器の社史のなかからとりだせるとおもう。まず、松下から谷井までの四大の社長の任期を確認しておこう。松下幸之助は初代の社長であったが、一九六一年、松下正治に社長職をゆずり、会長に就任し、ついで七三年、会長から相談役に退いている[21]。さらに七七年、社長は正治から山下俊彦に交代したが、山下は当時専務取締役のなかで末席から二番目におり、二五人抜きの大抜擢人事と評判になった[22]。山下は社長在任期間が九年余で、谷井は山下のもとで副社長をつとめ、八六年二月に四代目の社長になっている[23]。そうして、さきに述べたように、八九年五月に松下幸之助が死去する。その社葬で弔辞をよむ谷井は、社長としての在任期間が三年に近づいたところであった。その後、かれは九三年まで社長をつとめた。

　松下電器の四代目までの社長の相互関係は、やや図式的にいえば、初代の松下幸之助にたいして二代目の松下正治は、初代が敷いた基本路線を継承した。その任期の大部分が高度成長期であったということがそれを可能にした主要な要因のひとつであった。しかし、七三年の第一次石油危機とそれに引きつづく成長率の低下は、企業のおかれた経済環境を大きく変化させた。二五人抜き大抜擢人事による山下俊彦の三代目の社長への就任は、松下電器という巨大企業がとったこの変化への抜本的対応の象徴である。山下は、就任一年目の終りに先輩にあたる三人の副社長を更迭するが[24]、それをてはじめにのちに山下革命と呼ばれるドラスティックな組織変革を断行する。山下は機会があるごとに松下父子の経営路線を継承・発展させるといったが、実質的にはそれを大幅に改革していった。そして谷井昭雄は山下の経営手法の忠実な継承者であった。

山下が、一九七七年二月一八日に社長に正式に就任したが、その経営方針を最初に公式に語ったのは、翌七八年一月一〇日の経営方針発表会においてであった。私はそのフル・テキストは未見であるが、『社史松下電器激動の十年――昭和四三年〜昭和五二年』がそれを抄録しており、おそらくはそれは主要な大部分であるとおもわれる。

松下電器の大企業病

山下は、最初に松下幸之助の経営における輝かしい実績、一九二九年の大不況による危機の乗り切り、三三年の事業部制の立案・実施などの例をあげて賞賛し、その実践を継承、発展してゆくことを約束した。そのうえで、現在の松下電器がかかえる問題を三つ指摘した。すなわち、

第一、大組織の陥りやすい問題。企業が巨大になり、組織が複雑になってくると、企業全体の動きに関心をよせず、組織のなかで課せられた自分の仕事のみに没頭するという傾向があらわれる。その傾向は組織と組織のあいだに隙間を生じさせる。その隙間について企業の外部から問い合わせがあっても、内部のだれもが答えられず、その結果、問い合わせてきた客の心を傷つけたり、会社の信用を失ったりしがちである。隙間を担当する係を新設しても、自分の仕事のみに没頭する傾向がつづくかぎり、さらに新しい隙間ができる。

「屋上、屋を重ねて、会社全体がだんだん活力のないものになってくるのです。こういう肥大化し、退嬰化し

た組織の中で働く人は、建て前が優先しまして、本音で話をすることがだんだんなくなってきます。そして、筋を通すことに汲々として、前向きに問題点をとりあげ、それの解決を打ち出していくといった勇気がなくなってきます。」[25]

第二、企業と社会とのつながりの稀薄化。企業が社会に役立ち、貢献しようとする以上、社会から好感をもって迎えられなければならない。ところが、企業は巨大化すると、社会の人びとにとって理解しにくい存在になり、近寄りがたく親しみにくい存在になりがちである。それだけに、人びとに、企業の考えかたや働き、企業と社会との関係などを理解してもらう積極的な努力が必要である。企業は社会に溶けこまなければならない。そのため、企業は「その時代の社会の人がもつ価値観を認識することに敏感でなければならない。」[26]

第三、今後の具体的な推進事項。組織の活性化を図り、そのために人材の交流を活発化し、新しい資格制度を導入する。山下がとくに強調したのは営業体制のいっそうの強化であった。そのため、事業部は営業体制を充実させ、松下電器と販売会社は緊密に連携して、販売会社も市場責任を達成してもらいたい。同時に販売会社の努力と成果にみあった報奨の制度・政策が新設されねばならない。また、商品にかんしては、「事業部は、徹頭徹尾、付加価値の高い商品の開発に全力を傾注するよう」要望する。[27]

山下はこのように語った。先代社長と先々代社長を同席しているところで、現役の社長が就任して最初におこなったこの現状分析は、想像力を少しはたらかせてよめば、なかなかスリリングである。もちろん、山下は、機会があるたびに創業者への讃辞をおりこむのを忘れない。しかし、そのショック・アブソーバーをとりのぞいて、かれの言い分をコンパクトにまとめなおせば、松下電器は悪質な大企業病におかされており、事業部制の活力は事業部エゴイズムに堕落しており、豊富な生産と販売を無条件によいとする従来の方法は限界にきている。これらの事実は、在任期間が一六年におよぶ先代社長のもとで生じたということである。

ここでは、まず、大企業病の定義にふれておこう。旭鉄郎は『松下電器の企業内革命』(日本ソフトバンク出版事業部、一九八八年)のなかで、当時の佐久間昇二副社長の関西工業人クラブでの講演を紹介している。佐久間は山下社長時代に経営企画室長であった。かれは、一九八三年、山下が会社改革運動をおこしたのは会社に危険な四つの徴候を感じとったからだという。すなわち、(1)松下の売り上げの成長鈍化、(2)松下の利益の成長の鈍化、(3)松下における大企業病のはびこり、(4)松下における中期計画の形骸化、であった。(3)は(1)、(2)の背景であり、(4)の原因でもあった[28]。山下は佐久間にこれら四つの兆候を改めるための方法を検討させた。

佐久間は大企業病の症状をつぎの七つに整理した。

(1)仕事の目的、責任の所在がはっきりしない(責任者は誰だ！　症候群)

(2)人の意見を素直に聞かず、おごりの心がある(エゴイズム症候群)

(3)会議はするだけ、決めない、決まらない(井戸端会議症候群)

(4)タブーをつくって冒険しない(チャレンジ障害症候群)

(5)責任者は叱らない、部下は叱られない(なぁなぁの甘〜い罠症候群)

(6)上を向いて仕事をする(ひまわり症候群)

(7)報告、説明は上手、でも自分ではやらない(口先三寸症候群)[29]

佐久間はこのような大企業病が一九八三年ごろ山下社長によって気付かれたように語っている。しかし、さきに紹介した七八年の山下の経営方針にかんする演説は、山下が社長に就任したおりに、会社が大企業病におかされていることを明確に認識していたことを示している。佐久間は、松下一族の二代目社長をかばうためにさきのような言いかたをしたのではないか。旭は、八三年の佐久間の言説と七八年の山下の言説のつきあわせの手間を惜しむべきではなかった。

山下革命

それはさておき、松下電器における山下革命の主要内容はつぎの三つである。以下は、片方善治の労作『戦略は現場にあり——松下電器・谷井昭雄社長の経営』に大きく依拠して叙述する。

(1)小さな本社の実現。山下は社長に就任した直後に本社に生産技術本部と教育推進本部を設置し、生産性向上と人材育成の機能を整序・強化するが、七八年に入って、三月に三つの総括本部を廃止し、五月に五つの機能本部を廃止する荒療治を断行し、さらに八二年には法規管理本部をも廃止した。この結果、本社に勤務するスタッフは一三〇〇人から六〇〇人へと半数以下に減少し、生産と営業の現場がいっそう重視されることになった。事業部にたいしては自主責任経営の理念があらためて強調された[30]。

(2)中長期計画の導入。一九七九年に企業経営の中期計画が、八一年に長期計画が作成・発表された。それまでは事業部制による各事業部間のはげしい競争が単年度あるいは比較的短期間における高い収益に関心を集中させ、それが中長期計画の不在をうんでいた。それらの計画にもとづく組織変革として、八〇年の開発本部設置と八一年の海外統括本部設置がある。全社は技術開発を基礎とした企業発展という基本路線のためのものであり、後者はグローバルな経営戦略のためのもので、八四年に松下電器貿易に合体されている。しかし、中長期計画にかんしてもっとも注目するべき出来事は、八三年一月の経営方針発表会において、山下が、松下電器は三年後をめどに家電メーカーから情報機器を中心とした総合エレクトロニクス・メーカーに脱皮すると宣言したことであった。かれは特機分野の売り上げを全売り上げの三九％にまで引きあげるという具体的目標までを示した[31]。

（3）事業部制の手直し。前項でいった総合エレクトロニクス・メーカーへの脱皮のために、八〇年代前半に、事業部門では家電関連の事業部の合体、情報機器関連の事業部の新設、さらに営業本部制の導入がおこなわれた。これらのなかでも、事業部制の本質的限界を補完するのが営業本部制であった。それは一九八四年一一月の導入の時点では、家電営業本部、設備機器営業本部、特機営業本部、情報システム営業本部、電子部品営業本部の五本部であった。商品の多様化、細分化にともなって、各事業部の製品は特化の程度をたかめてゆく。しかし、ニュー・メディア、オフィス・オートメーション、ファクトリー・オートメーションなどの領域では単一機能の商品を組み合わせたシステム商品が必要とされることになり、それらの提供はひとつの事業部の手にあまった。そのためには複数の事業部が相互協力しなければならず、その協力を可能にする組織部門として各営業本部が設置されたのである[32]。

事業部制の否定

四代目社長の谷井昭雄は、この山下革命をいっそう推進、徹底することを任務とした。その仕事は多岐にわたるが、主要局面をつぎの三つに区分してみたい。すなわち、（1）国内営業体制の抜本的改革、（2）グローバルな経営戦略の展開、（3）ヒューマン・エレクトロニクスという経営理念の確立、である。

（1）国内営業体制の抜本的改革。谷井は社長に就任して一年半たったところで、一九八七年八月、二つの大きい決断をしている。そのひとつは営業本部体制の全面的組みかえであり、いまひとつは松下電器貿易との対等合併であった。前者からみてゆこう。かれが山下前社長からうけついだ営業本部体制は、さきにもふれたように、家電、設備機器、特機、情報システム、電子部品のそれぞれをあつかう五本部から構成されていた。これらはとりあつかう商品別に区分されている。谷井はこの体制を、個人、家族を対象とするリビング営業本部、官公庁、一般法人を対象とするシステム営業本部、製造業法人を対象とするインダストリー営業本部、の三本部体制に組み立てなおした。こちらは相手にする顧客別、市場別に区分されている[33]。

端的にいって、松下幸之助、正治の組織原則とした事業部制は、山下の五営業本部制にたいして商品の大分類の区分は残したまま営業機能を大きくゆずり、ついで谷井の三営業本部制は商品の区分を顧客・市場の区分におきかえて営業本部の事業部にたいする権限をいっそうつよめた。それは、企業がつくったものを顧客に販売する時代から、顧客がもとめているものを企業がつくって提供する時代への推移といいかえることもできる。

山下も谷井も、かれらがおこなった営業体制の改変を、事業部制の長所をいかしつつ短所をおぎなうものだとくり返しいっている。それは創業者への敬意の表明であるが、実質的にはこの改変は事業本部制にたいする大幅の否定である。片方は、その否定をつぎの五点に集約している。すなわち、

①商品の内容が複雑化・システム化するので、一事業部内のみで開発・製造・販売することが困難である。②商品の多様化にたいおうする人材は一事業部内のみからではえられない。③事業部の独立採算制は、現代の経済状況のもとで、採算の予測のむずかしさが先行投資にかんする消極性をうみ、それがビジネス・チャンスを逃すことになる。④同じ松下電器のなかで複数の事業部が似たような有望商品をつくって競合する。⑤顧客と市場のニーズの多様化に商品を特化した事業部制では対応しきれない[34]。

（2）グローバルな経営戦略の展開。すでに述べたように、山下は八一年に海外統括本部をつくって八四年にそれを松下電器貿易に吸収させ、谷井は八七年に松下電器と松下電器貿易を対等合併させた。松下電器貿易はそれまで松下グループの輸出の窓口であったが、これらの変化をつうじて、グループの世界における経営戦略づくりの拠点となった[35]。谷井は八六年に社長に就任すると同時に円高、ドル安の衝撃波に直面する。輸出王国としての松下電器はこの衝撃波によって、同年の営業利益を半減させてしまった。谷井は円高対策の緊急・重要課題のひとつとして、海外への生産移転をはかった[36]。その基本的方法は、生産拠点として海外工場を設置し、現地で資材と労働力を調達し、生産活動をおこなうことであるが、その形態がさらに三つに分かれる。すなわち、①その海外工場に製造だけではなく、開発・製造・販売を一体化しておこなわせる。これは事業部の国際化とみられる。②その海外工場の製品を主として他国に輸出させる。③その海外工場の製品を主として現地で販売させる。①の最初の例は、一九八八年に発足した北米テレビ事業部であり、②の例としては、八八年からのマレーシア松下テレビがある[37]。

あえて図式的にいえば、松下電器の国際化は、松下幸之助・正治社長時代は、従業員の労働条件で国際水準に追いつくことであり、国内での生産物の海外への輸出量の増大であった。それが、山下・谷井社長時代になると、生産拠点そのものの海外移転に比重がうつってゆく。その背景には日本の経済大国化があり、一ドルが三六〇円であった時代から一ドルが一〇〇円近くになる時代への推移であった。

沈黙の理由

（3）ヒューマン・エレクトロニクスの理念の確立。松下電器の弱点はコンピューターであるという認識が、ひところ経済界では一般的であった。松下幸之助が自ら決断して一九六四年、汎用コンピューターの開発から松下電器は撤退している。このときのいきさつは、「私の履歴書」によるとこうである。松下がアメリカのチェース・マンハッタン銀行の副頭取に会ってコンピューターの話になったとき、世界各国で企業に資金を貸しているが、コンピューター・メーカーはどこも経営がうまくいっていないといわれた。アメリカでもうまくいっているのはIBMだけである。日本では一流メーカーが七社、コンピューターの開発に従事しているというが、七社は多すぎる。松下自身、かねがねそうではないかとおもっていたので、撤退を迷わず決断した[38]。

この撤退から約二〇年のち、一九八三年の経営方針発表会で、山下社長は、三年後に松下電器は家電メーカーから情報機器を中心とした総合エレクトロニクス・メーカーに脱皮すると宣言する[39]。その二〇年のあいだの松下電器とコンピューターのかかわりは、くわしくいうゆとりはないが、子会社の松下通信工業にミニ・コンピューターを開発させ、その応用を手がけさせ、六八年にはミニコンMACC一七を発売させている。また、七五年あたりからコンピューターに再度挑戦して、八二年からは本格派パソコン「マイブレイン三〇〇〇」を登場させている[40]。松下幸之助の汎用コンピューターからの撤退の決意はおよそ一〇年で反故にされていた。これについては、松下の決意はミニ・コンピューターの開発に集中するためのものであったというような弁護論もあるが[41]、それが妥当であるかどうかを判断する充分な準備が、私にはない。しかし、かれの「私の履歴書」は後半が一九七六年に執筆され、とりあつかっている時間域は七三年末までであるが、前出の撤退以後のミニ・コンピューター、汎用コンピューターへの言及が一切ない。おそらく、かれは松下電器のコンピューター畑では完全に過去のひとになっていたのではないか。

谷井は社長に就任して、前任者の山下から総合エレクトロニクス・メーカーへの転換という大目標をうけついだ。一九八七年、かれは技術本部の組織体制を大きく改め、東京研究所、情報システム研究所などを新設して、その転換のための基盤づくりをはじめた。[42]そこで開発される多様な新技術と相互にささえあう松下電器の新しい経営理念がヒューマン・エレクトロニクスの理念であると谷井は言明した。例によってかれは、この理念が松下幸之助の創業からの経営理念の現代的形態であると主張しているが、それはものは言いようの範囲を出ていない。松下は経営理念は「水道の水」の哲学であるといった。社会が求める家庭電化製品を豊富に生産・供給すること、家電製品が水道の水のようにふんだんにつかえること、それが松下の理想であった。[43]一言でいえば、大量生産―大量販売―大量消費の理想である。これにたいして、エレクトロニクスは人間の神経、感覚、知性を代替する技術である。この技術がつくりだす製品は、人間らしい親しさ、憧れ、想い、感覚への要求を満足させる。[44]それがヒューマン・エレクトロニクスの理念であり、あえていえば、ポスト大量生産社会の哲学である。

ここまで分析してくれば、谷井が松下幸之助への弔辞のなかで、企業経営にかんする松下の高邁な理念のみを語り、現実の行動にふれず、故人を求道者のように描いた理由はおのずからあきらかである。谷井が山下の路線を継承・発展させつつ推進している松下電器の変革は、さきに述べたように、(1)国内営業体制の抜本的変革、(2)グローバルな経営戦略の展開、(3)ヒューマン・エレクトロニクスの経営理念の確立、であった。それらは、それぞれ、松下幸之助が創始した事業部制、構築した輸出王国、家電王国、さらには「水道の水」の哲学の大幅な否定である。谷井は創業者の現実の行為を無条件に賞讃すれば、前任者の山下と自己の経営方針を否認することになる。かといって、自己主張のために故人の行為を批判することが弔辞において許されるはずもない。谷井は、故人の経営理念のうちでも上澄み部分をとりあげて、死者への敬意を表明するしかなかったのである。

後継者の自己主張

前章において、弔辞が死者にかんするある事実をとりあげないということは、そのような形式によるその事実への批判ではないかといっておいた。どうやら、その命題にわれわれはもう一度ゆきあたっているらしい。

この命題は本章の冒頭で紹介した中牧の社葬における弔辞にかんする命題とかなりかけはなれている。しかし、私は、わずか一例の分析だけで、中牧の命題に異を唱えるつもりはない。私がたまたまめずらしい例外をとりあげてしまったのかもしれない。しかし、ここまでの分析から、社葬における弔辞を考察するにあたっては、中牧がいう、故人にたいする顕賞と告別の表現、会社の威信と不滅の主張のほかに、弔辞の読み手——それはしばしば死者の後継者であろうが——の自己主張がふくまれているのではないかという吟味をおこなってもよいのではないか、ということはできるだろう。

さて、谷井が松下への弔辞でとりあげてもよいのにとりあげなかった松下にかんする事実として、いまひとつ、松下の信仰心がある。松下はユニークな信仰心の持ち主であり、それがかれの「まるで求道者」のような生きかたとも深くかかわっているのだが、谷井はこれについて完全に沈黙を守った。そもそも社葬という葬儀の形式の特性のひとつが、宗教色をなるべくうすくすることであるといわれているから、谷井の判断はわからないわけではない。しかし、かれの弔辞がまったく宗教色がないのかといえば、そうでもない。そのあたりを最後にかんがえておこう。

前出の『キーワードで読む松下幸之助ハンドブック』によれば、松下幸之助が信仰していた宗教、正確にいえば諸宗教の基軸となるものは、かれが個人的に創設した宗教施設・根源の社である。松下は、敗戦直後の荒廃した世相を憂えて、人間と社会のあるべき姿を求めて、「この世に物心一如の繁栄をもたらすことによって、真の平和と幸福を実現する道を探求しよう」と決心した。この決意は「繁栄によって平和と幸福を（Peace and Happiness through Prosperity）」と約言され、その実践運動を展開するために、かれは、一九四六年一一月、ＰＨＰ研究所を創設した。その後、かれは松下電器の経営再建に専念するために、その研究所の活動を一時中断するが、六一年、社長を退任して会長に就任した機会に京都の真々庵でこれを再開した。翌六二年、かれは同庵の庭園の一角に根源の社をもうけた。六七年、ＰＨＰ研究所を京都駅前のビルに移転させると、そのビルのなかにも根源の社が設けられた。さらに八一年、松下電器の本社敷地に創業の森が建設されたときにも、その一隅に根源の社が設けられている。

松下は、ＰＨＰの理念を探求するにあたって、その基礎に根源の社が象徴する宗教的理念があるとかんがえた。創業の森にある根源の社のまえに立てられた掲示には、つぎの説明文がある。

「宇宙根源の力は、万物を存在せしめ、それらが生成発展する源泉となるものであります。／その力は、自然の理法として、私どもお互いの体内にも脈々として働き、一木一草のなかにまで、生き生きとみちあふれています。私どもは、この偉大な根源の力が宇宙に存在し、それが自然の理法を通じて、万物に生成発展の働きをしていることを会得し、これに深い感謝と祈念のまことをささげなければなりません。／その会得と感謝のために、ここに根源の社を設立し、素直な祈念のなかから、人間としての正しい自覚を持ち、それぞれのなすべき道を、力強く歩むことを誓いたいと思います。」[45]

松下は真々庵やPHP研究所を訪れたときには、かならずこの根源の社のまえで手を合わせ、祈りをささげてから、その日の日課にとりかかったといわれている。また、以下は中牧の業績に全面的によっていうのであるが、松下には加藤大観という真言宗醍醐派系の行者が相談相手としており、加藤は一九三七年から五三年まで松下電器の初代司祭でもあった。松下電器は旧本社ビルに隣接して宗教施設を設けており、それは加藤の名をとって大観堂と呼ばれている。そこには、本尊として加藤の念持仏であった延命地蔵大菩薩がまつられ、ほかに大日如来、大日大聖不動明王、観世音菩薩、弁才天女、歓喜天がまつられ、弘法大師、聖宝理源大師、親鸞聖人などの肖像もかざられている。神道の神としては、稲荷大明神、白龍大明神がまつられている。この白龍大明神は松下電器のもっとも古い守護神で、各事業本部や各営業所にはかならず龍王か龍神がまつられて、毎月の祭祀がおこなわれている。その祭祀を担当するのは、歴代の司祭である[46]。

会社教のマニフェスト

松下の信仰する宗教世界は、多様な生命体と神仏が雑然、混沌として共生している。その土台には、根源の社が象徴するかれが個人的に創出した宗教がある。かれはそれを「宇宙根源の力とその働きという自然の理法」であるとする。宗教学のタームをまじえていえば、一種の生命信仰、アニミズム、汎神論である。その上部では仏教と神道が習合して、アジアと日本の仏たち、神たちがひしめいている。それにしても、白龍大明神の龍王か龍神は各事業本部、各営業所にまつられているというが、北米テレビ事業部やマレーシア松下テレビではどうなっていたのだろうか。

谷井は松下への弔辞のなかで、故人のこの猥雑だがエネルギーがみなぎる宗教世界をまったく無視してしまった。文中で一カ所だけ「根源」という言葉がつかわれているが、それは非宗教的、日常的な意味でつかわれたものでしかない。もっとも、松下の根源の社へのうちこみようをかんがえるならば、谷井はその言葉の使用によって創業者のユニークな信仰心にそれとなく敬意を表明しているとみることもできるが、これは私のかんがえすぎであろうか。

この弔辞のなかで、宗教的意味合いをもつことばはただひとつ、霊である。「ご霊前」という言葉が三度、「御霊安かれ」というフレーズが一度、つかわれている。さきにもいったように、松下幸之助の霊は、いま葬儀場で弔辞をよむ谷井のまえにおり、やがて天上に昇って谷井と松下電器をいつまでも見守るのである。この見守る霊と見守られている人びとは、やはりひとつの宗教世界を構成している。宇宙根源の力も、仏も、神も、無視されて、その世界から排除されている。松下電器に関係がない人びともその世界から排除されている。この宗教世界は、あえて名づければ、松下電器教、抽象化していえば会社教である。谷井の弔辞は松下の経営者としての行為とかれが信じた神仏などに口をつぐみ、松下自身を神のような存在として天上に送りだし位置づけ、その新しい宗教の誕生を告げるマニフェストであった。社葬の弔辞は会社教の成立を宣言する。これが本章の最終命題である。

注

1　中牧弘允「社葬の経営人類学――顕賞・告別と会社再生の演出」中牧編『社葬の経営人類学』東方出版、一九九九年、一三ページ。
2　同右、一五ページ。
3　村上興匡、山田慎也「社葬はどう展開したか」『社葬の経営人類学』前出、八四、八五―八六ページ。
4　中牧、前出、二二、二九、三五ページなど。
5　同右、二二ページ。
6　片方善治『戦略は現場にあり――松下電器・谷井昭雄社長の経営』講談社、一九八九年、一一―一二ページ。
7　三井泉、出口竜也、住原則也「松下幸之助の社葬――『保信』のこころを形に」『社葬の経営人類学』前出、一五一―一五三ページ。
8　谷井昭雄「松下幸之助様への追悼の言葉」「不滅の弔辞」編集委員会『不滅の弔辞』集英社、一九九八年、八三―八六ページ。
9　「綱領・信条の制定」ＰＨＰ総合研究所研究本部編『キーワードで読む松下幸之助ハンドブック』ＰＨＰ研究所、一九九九年、二六ページ。
10　「物をつくる前に人をつくる」同右、一三九―一四〇ページ。
11　「企業の社会的責任」同右、一〇八ページ。
12　松下幸之助「私の履歴書」日本経済新聞社編『私の履歴書　経済人1』日本経済新聞社、一九八〇年、二三四―二三六ページ。
13　松下電器産業株式会社創業五十周年記念行事準備委員会『松下電器五十年の略史』一九六八年、一一一―一一二ページ。
14　同右、一一四―一一五ページ。
15　「私の履歴書」前出、一八〇―一八二ページ。
16　同右、一九五―一九七ページ。

17 同右、二〇二ページ。
18 「資料」『松下電器五十年の略史』前出、一〇ページ。
19 「私の履歴書」前出、二〇三―二〇五ページ。
20 同右、二三四ページ。
21 同右、二〇六―二〇七、二五〇ページ。
22 旭鉄郎『松下電器の企業内革命』日本ソフトバンク、一九八九年、七七ページ。
23 『戦略は現場にあり――松下電器・谷井昭雄社長の経営』前出、八ページ。
24 『松下電器の企業内革命』前出、八三ページ。
25 社史編纂委員会『社史　松下電器　激動の十年　昭和四十三～昭和五十二年』松下電器産業社史室、一九七八年、七二三ページ。
26 同右、七二四ページ。
27 同右、七二六ページ。
28 『松下電器の企業内革命』前出、六七ページ。
29 同右、六八ページ。
30 『戦略は現場にあり――松下電器・谷井昭雄社長の経営』前出、二一ページ。
31 同右、三四―三五ページ。
32 同右、三六ページ。
33 同右、七一ページ。
34 同右、六九―七〇ページ。
35 同右、三四、四二ページ。

36　同右、一五四―一五五ページ。
37　同右、一五五―一五六ページ。
38　「私の履歴書」前出、二二一―二二二ページ。
39　『戦略は現場にあり』前出、三五ページ。
40　同右、一八八―一九一ページ。
41　同右、一八一ページ。
42　同右、一九五ページ。
43　同右、二五〇ページ。
44　同右、二五二ページ。
45　「根源の社」『キーワードで読む松下幸之助ハンドブック』前出、八二―八三ページ。
46　中牧弘允『むかし大名いま会社――企業と宗教』淡交社、一九九二年、六九―七〇ページ。

第四章　キリスト教知識人の弔辞
南原繁のばあい

二三篇の弔辞

戦前期から戦後期にかけてすぐれた仕事をしたキリスト教知識人たちのなかで、南原繁は代表的存在のひとりである。南原は、内村鑑三の指導のもとに無教会主義キリスト教に入信し、生涯その信仰をもちつづけた。東京帝国大学を卒業後、内務省に入り、労働組合法の草案をつくるなどの仕事をしたが、一九二一年、母校にもどって助教授となり、ドイツなどに留学後、二五年に教授、法学部で政治学、政治学史などを講義した。四五年三月、東京帝国大学法学部長、同年一二月、総長に就任、五一年、任期満了して総長を退任。その任期中の総長演述は、敗戦国の精神的再建をうったえて、学生たちのみならず、ひろく国民を励ました。また、貴族院議員に勅選され、「日本国憲法」の草案審議に参加し、天皇が日本の戦争にたいして道義的責任をもつと発言して、世論の注目を集めた。七〇年、日本学士院長に就任。主著として、戦前に『国家と宗教――ヨーロッパ精神史の研究』、戦後に『フィヒテの政治哲学』、『政治哲学序説』がある。七四年、八四歳で死去した。政治学者・丸山真男は、南原の高弟たちのひとりである。

南原の作品は、『南原繁著作集』全一〇巻（岩波書店、一九七二―七三年）にまとめられている。それによってみるかぎりで判断すると、南原は、生涯に二二篇の弔辞をかいている。それらの著作集におけるタイトル、故人の前職など、葬儀の年月日、弔辞の型、収録されている巻数とページをかきだしたのが、表1である。

タイトルについては、多くは記されているとおりに転記しているが、少数のものでは便宜上、あるいは表記の統一上、多少の手なおしをしている。たとえば2「無題（小野塚喜平次への弔辞）」は、著作集八巻に収録された、「小野塚喜平次――総長時代と晩年」のなかで門下生代表としての南原によって述べられた弔辞として記録されているものである。それにはタイトルが付されていない。また、22「田中耕太郎君――弔詞」は、著作集第一〇巻追録で「田中耕太郎君――昭和四九年三月四日、東京カテドラル聖マリア大聖堂における弔詞」とあったものを、副題の年月日はほかの欄にうつし場所は省略して、弔詞だけをのこしたものである。このような手なおしは、ほかの二、三のばあいにもおこなった。

個人の前職などは、正確には前職、経歴、地位などであるが、多くは二つ以上言及されているので、弔辞のなかで、南原がもっとも重視あるいは強調していると私が判断したものを記した。

弔辞の型の判定は、多くのばあい容易であったが、一部のものでは困難であったし、一応の判定をしたあとでも、自信がない。たとえば、3「三上忠造先生――告別式における追悼の辞」と4「美濃部達吉先生――告別追悼式における追悼の辞」は、いずれも故人を一貫して「……先生」と呼んでいる。それを前者は対故人型、後者は対会衆型と区別したのは、ひとつには語り出しが、前者は「先生！　いつも温顔をもって語りかけられた先生のいまは変りはてられた御遺骸の前に、最後のお別れの言葉を申上げねばならぬ悲しい運命に立ち到りました」で

表1　南原繁が書いた弔辞

	弔辞タイトル	故人の前職など	発表年	弔辞の型	収録巻数	ページ数
1	三谷隆正君――誄辞	第一高等学校教授	一九四四	故	第6巻	pp.110-117
2	無題（小野塚喜平次への弔辞）	東京帝国大学教授	一九四四	故	第8巻	pp.531-537
3	三上忠造先生――告別式における追悼の辞	衆議院議員	一九四八	故	第7巻	pp.290-294
4	美濃部達吉先生――告別追悼式における追悼の辞	東京大学名誉教授	一九四八	会	第7巻	pp.284-289
5	原田慶吉教授を悼む――告別式における追悼の辞	東京大学教授	一九五〇	故	第7巻	pp.429-433
6	穂積重遠博士――告別式における弔詞	最高裁判所判事	一九五一	故（一部会）	第7巻	pp.488-492
7	末弘厳太郎博士――告別式における弔詞	東京大学名誉教授	一九五一	故（一部会）	第7巻	pp.493-496
8	小岩井浄君	愛知大学前学長	一九五九	故	第9巻	pp.366-369
9	筧克彦先生――追悼式で述べたもの	東京大学名誉教授	一九六一	会	第9巻	pp.356-358
10	矢内原忠雄君――告別追悼式において友人代表として述べたもの	東京大学名誉教授	一九六一	故	第9巻	pp.379-384
11	瀬古保次君を悼む――告別式における弔辞	賞勲局元総裁	一九六四	故	第9巻	pp.396-399
12	大賀一郎博士のこと――告別式における弔辞	内村門下生	一九六五	会	第10巻	pp.400-403
13	山田三郎先生――告別式における弔辞	日本学士院前院長	一九六五	故	第10巻	pp.338-340
14	大沢章君	九州大学名誉教授	一九六七	会	第10巻	pp.349-352
15	岩田宙造先生――告別式における弔辞	学士会前理事長	一九六六	会	第10巻	pp.341-342
16	斉藤宗次郎翁を送る――告別式の追悼の言葉	内村門下生	一九六八	会	第10巻	pp.328-331
17	海野普吉弁護士――告別の辞	弁護士	一九六八	故	第10巻	pp.353-355
18	坂田祐兄を送る	内村門下生	一九六九	故	第10巻	pp.362-365
19	黒崎幸吉さんのこと――惜別式における感話	内村門下生	一九七〇	会	第10巻	pp.366-370
20	塚本虎二さんを送る	内村門下生	一九七三	会	第10巻追録	pp.6-12
21	我妻栄君――弔詞	東京大学名誉教授	一九七三	故	第10巻追録	pp.12-14
22	田中耕太郎君――弔辞	日本学士院会員	一九七四	故	第10巻追録	pp.14-16

※「弔辞の型」の「故」は「対故人型」を、「会」は「対会衆型」を示す。

あり、後者は「東京大学名誉教授美濃部達吉先生は、去る五月二三日として逝去されました」であるからである。いまひとつは、その後の文章においても、「……先生」が、前者では第二人称の「あなた」を意味する敬称、後者では第三人称の「かれ」を意味する敬称ととれるからである。しかし、この二つ目の理由は、語感の問題であり、私は自らのそれが絶対に正しいといいはるつもりはない。ほかのひとがそれらをよめば、別の受けとりかたがあるかもしれない。その結果として、双方が対故人型と対会衆型の折衷タイプと判定されることもかんがえられるのである。

この「……先生」という呼称の両義性は、「君」という呼称についてもわずかに感じられる。南原は多くの弔辞のなかで故人を「君」と呼んでおり、私はその弔辞を原則として対故人型に分類したが、なかには、その「君」が第三人称の「かれ」の優雅な表現ととったほうが適切なのではないかとおもわれるものがあった。7「末弘厳太郎博士――告別式における弔詞」はその一例である。その語り出しは、「東京大学名誉教授末弘厳太郎博士遂に逝去せらる。われらの哀惜と追懐尽きないものがあります」とあり、以下の文章で主語の「君」は、多くは第三人称の意味にとるほうが自然で、一部は第二人称の意味をもつようである。しかし、これも私の語感による判定であって、ほかのひとがよめば別の判定をくだすことがあるかもしれない。20「塚本虎二さんを送る」は典型的な対会衆型の弔辞であるが、故人をさす代名詞として「彼」と「君」が互換的につかわれている。

型の判定をめぐって長いコメントをつけてきたのは、これが南原の弔辞、霊魂観、ひいてはそのキリスト教信仰を論議するさいに、ひとつの重要な手がかりを提供するとおもうからである。私なりの判定によれば、南原のかいた弔辞二二篇は、対故人型一二篇、対会衆型八篇、対故人型・一部対会衆型二篇にわかれる。すでに述べてきたように、自分の判定がつねに正しいといいはるつもりはないが、南原のかいた弔辞には対故人型が相対的に多いということまでは許されよう。（厳密にいえば14「大沢章君」は、葬儀のさいごにおこなわれた友人代表としての挨拶であるので、これを弔辞としてみないこともでき、そうすれば、対故人型の弔辞の比率がさらに高くなることになる。）

南原の信仰の日本的性格

すでに第一章において、日本基督教団の文書がキリスト教の教義にもとづいて対故人型の弔辞を禁じているのをみた。その教義は偶像崇拝の禁止および人間は神のまえですべて罪人であるという人間観である。私が知るかぎりでは、これらの教義は無教会主義キリスト教においても変わらないはずである。ところが、南原がかいた弔辞には対故人型が対会衆型より多い。これはなにを意味するのだろうか。南原が先述の教義を知らないということはかんがえられない。かれは、それらの教義を知りつつ、かれ自身の対故人型の弔辞はそれらと矛盾していると認識していなかったのだろうと推測するほかない。

このような事態がどうして生じたのだろうか。まず無教会主義キリスト教の特性の影響がかんがえられる。明治期、欧米からやってきたキリスト教宣教師に反撥して、内村鑑三は、独自の聖書研究にもとづき無教会主義キリスト教を創始した。その一面はキリスト教とナショナリズムの結びつきである。内村は、われわれには拠って立つ二つのJがある、Jesus と Japan、といっている[1]。このようにして成立、展開した無教会主義キリスト教は、欧米のキリスト教でおこなわれてきた洗礼、聖餐式、葬儀をはじめとする典礼の継承を拒否した。洗礼は、キリスト教会では信徒になるために不可欠の儀式であるが、無教会主義キリスト教はそれは不要であると主張した。しかし、葬儀を不要であるとするわけにはゆかない。それを教会の既存の儀式と無関係におこなえば、そこに結果として異教的な要素が混入してくることになる。南原の対故人型の弔辞の多用はその一例であろう。

日本の社会科学界において南原が論じられるばあい、かれの無教会主義キリスト教の信仰は、「特殊なる民族宗教的束縛」から離脱した信仰、「普遍人類的な世界宗教」の信仰であるとされ[2]、それを当然の前提として、かれの思想と学問が論じられるのがふつうである。たとえば、加藤節『南原繁――近代日本と知識人』。しかし、正統派プロテスタンティズムのキリスト教信仰一般のなかにおいてみると、かれの信仰はかなり特異な日本的性格をもつものである。以下、それを、かれの弔辞に即していま少し具体的にみたい。

天国のイメージ

私事にわずかにふれることがゆるされるならば、南原がかいた弔辞への私の関心は、私の「教育基本法」にかんする研究の副産物である。「教育基本法」の成立過程において、主導的役割をはたしたのは時の文部大臣・田中耕太郎であるが、その法の草案を作成した教育刷新審議会において南原繁は最初、副委員長、まもなく委員長に就任している。「教育基本法」の成立過程を充分に理解しようとすれば、田中と南原の間柄あるいは人間関係をよく識る必要があると、私はかんがえた。そうして、そのことについて詮索をかさねてゆく過程で、「田中耕太郎君――弔詞」をよみ、その意味するものをかんがえながら、南原のかいた弔詞を新しいものから古いものへと、時間をさかのぼってよんでゆくことになった。私は、南原の主要業績は執筆された時間的順序にしたがってよんだのだが、はからずもかれの弔辞はそれとは逆の読みかたをしたのである。

南原が晩年にかいた弔辞で印象的な表現のひとつは、死者の霊魂のゆきつく場所としての天国の描写である。

「塚本虎二さんを送る」の一節を引用する。塚本は内村門下生たちのひとりで、南原より少し年長、東京帝国大学卒業後、農商務省に入ったが、やがて官を辞して内村の弟子となり、聖書原典の研究に専念した。そのギリシャ語の能力は当時のキリスト教界で随一とうたわれた俊才である。

「けれども、彼はもはやこの地上には居りません。われわれの見えないところ、天上のどこかで、いつの日か、誰よりも曾て地上において契《ちぎり》を結んだ永遠の女性――妻たりし御方を始め、恩師内村先生とそれを囲む多くの教友たちと相会することでありましょう。

この講堂は十一年前、矢内原忠雄君の告別式が行われた処でもあります。さらに二十九年前の終戦の前年、未だ戦火で焼けなかった旧講堂においては、三谷隆正君と最後の別れを告げた場処でもあります。私ごとき年齢のものになりますと、家族の者を始め、恩師・教友・同級生らの大多数は既に世を去りました。これらの人々のことを憶うとき、この見える世界か、それとも見えないあの世界か、そのいずれが真の実在であるかを疑うことが屡々であります」

この弔辞をよむ南原は八三歳である。老境に入り、妻や親しい友人たちがつぎつぎに死去するのを見送る哲人政治学者の悲哀と諦念と希望が交錯する心境が、読者である私の心を撲つ。三谷の追悼式においても、矢内原の追悼式においても、南原は心をこめた弔辞をよんだのであった。「この見える世界」と「見えないあの世界」――現世と天国、いずれが実在であろうか。親しく交わった人びと、愛しあった人びとの多くは、現世を去って天国におもむいた。かれらとの死別は悲哀と諦念を生じさせる。しかし、天国は愛しあった者たちの再会が約束された場所である。その約束は南原に希望をあたえる。まもない自らの死を予感して、南原は、現世に生きながら、天国こそが実在の世界であり、この世は仮そめのはかない世界であるようにおもうのである。死者の霊魂は天国にいった、自分はやがてそこでかれらと再会するであろうという表現は、晩年の南原の弔辞に多い。

「われわれ後に残った者、ことに私ごとき年齢の者にとっては、この地上においてよりも、かの国に恩師、友人、家族等、多くの人びとが待っております。われわれが青春時代から生涯を賭けて信じてきたところのものが、やがてそのごとく実現せんことを願うものであります。」（19「黒崎幸吉さんのこと——惜別式における感話」南原は八〇歳）。

「われらは七人。白雨会同人の地上に残る者は唯二人となりました。それでも吾らは七人である。わたしはいま、そのほか君を知り、君と親しい多くの友人たちとともに、君が生涯を通し闘った信仰と愛の勝利と、天上の永遠の栄光を讃えて、暫しの別れを告げるでありましょう」（18「坂田祐兄を送る」南原は七九歳）。

白雨会は内村門下生の小グループで、南原・坂田と同年代の青年たち七人が同人となっていた。

「しかし、その日、天国の門は開かれ、恩師内村先生のあの大きな手は、幾多の教友とともに、かつて地上に愛と労苦を共にした戦友を歓びむかえたことでありましょう。われわれは、その天上の光景と、来るべき永遠の栄光を偲んで、主の忠信なる、われわれの敬愛する信仰の先達に暫しのお別れを告げるでありましょう。」(16「斉藤宗次郎翁を送る――告別式の追悼の言葉」南原は七九歳)。

南原は天国の光景を情感をこめて美しくヴィジュアルに描写している。歌集『形相』の著書の文学的表現力の一端を、われわれはここにみるのである。ただし、南原自身、丸山真男と福田歓一に、自分の全業績のなかでもっとも長く残るのは『形相』であるといっていたというが[3]、これはどうだろうか。

「聖書」の「天の国」思想

しかし、この天国イメージはキリスト教のものであろうか。私のかぎられた知識の範囲で判断すると、これは、少なくとも『聖書』の教義が教える天国＝天の国の概念に充分にふさわしいものではない。

『聖書』では、かつての文語訳においても一九五六年の口語訳においても「天国」という言葉をつかっていた。八七年、プロテスタント諸教会とカトリック教会の共同事業として新共同訳が刊行されたが[4]、そこでは「天国」にかえて「天の国」がつかわれている。それは、前者に付着する通俗的イメージをきらい、『聖書』が説くとおりの意味を後者に託そうとしたためらしい。その意味はどのようなものであるか。四福音書でかんがえてみると、『マタイによる福音書』は「天の国」をつかい、『マルコによる福音書』、『ルカによる福音書』、『ヨハネによる福音書』は、「神の国」をつかっている。ただし、それらの用例をつきあわせるならば、「天の国」と「神の国」の意味するところはまったく同一であることが知られる。ほかに「父の国」、「人の子の国」、「ダビデの国」などの呼び名がつかわれることがあるが、それらも「天の国」、「神の国」と同義である。

一例をあげれば、イエス・キリストは、ガラリヤ地方で宣教をはじめるのだが、その第一声は「悔い改めよ、天の国は近づいた」(「マタイによる福音書」第四章第一七節)であった。同じ言葉が「マルコによる福音書」では、「時は満ちた、神の国は近づいた。悔い改めて福音を信ぜよ」(同書第一章第一五節)となっている。久米博『キリスト教――その思想と歴史』によれば、「天の国」、「神の国」の「国」は、聖書の原典がかかれたアラム語やギリシャ語では、「国家」よりは「支配」を意味する。したがって、それらは「天の支配」、「神の支配」といいかえられるのが内容に即している[5]。それらの支配は、キリスト教がいう「終末」あるいは「最後の審判」において成立する。ガラリヤ地方で宣教しながら、イエスは、天の支配、神の支配が近づいた、あるいはすでにはじまっている、つまり終末、最後の審判がはじまっている、だから悔い改めて、罪の赦しをえなさい、と人びとに説いているのである。

「天の国」や「神の国」、「終末」や「最後の審判」の思想は、その後、歴史的にさまざまに変化する。それを追う仕事は非力の私の手にあまるが、熊野義孝の所説を参考にして、乱暴なとりまとめかたをすれば、イエスが十字架上に刑死し復活したのち、原始キリスト教は、「天の国」などの思想を継承したうえで、イエスの死と復活を信じることによって、人びとは死後の「永遠の生命」をえるとした。これによって、信徒たちがあつまる教会は「終末」をまちのぞむ集団という性格をもつようになった。キリスト教が迫害をうけた時代には、信徒たちは「終末」を切実にのぞみ、その到来を切迫感をもってまちうけたが、キリスト教がローマ帝国において国教になるなど社会的権威をえてしまうと、「終末」は遠い将来に設定されるようになった。そのころになると、「天の国」、「神の国」の現在的形態は教会であるという認識がひろがっていった[6]。

以上に駆け足でみてきた「天の国」の原義と南原の天国イメージのあいだには大きなへだたりがある。もちろん、『聖書』のなかには、まれにであるが、南原の天国イメージに一脈通じるような天国像も描かれている。たとえば、遊び暮していた金持が死後に黄泉の国で火に焼かれて苦しみ、貧しいラザロは死後にアブラハムのふところ＝天の国に送られたという挿話がある。（「ルカによる福音書」第一六章第一九節以下）。また、南原の信仰上の師であった内村鑑三の天国観が南原によって継承されたということもかんがえられる。くわしくいうゆとりはないが、たとえば内村は『キリスト教問答』のなかで、キリストの山上の垂訓が来世の存在を説いていると主張し、そこで天国に言及されたのは「現世以外、別に神の聖国《みくに》のあるありて、そこに義者仁人は適当の報賞にあずからんとの意味」であるといっている。また、これにひきつづいて、英米文学の大詩人たち、ワーズワース、ホイットマン、ブライアントなどの作品から天国の描写を引用している。[7] 南原による天国のヴィジュアルな描写は、これらの英米文学の諸作品に源泉があり、それが内村を経由して南原に流入した結果であるのかもしれない。

自死した同僚への弔辞

南原の弔辞それ自身に話をもどしたい。かれがかいた弔辞で異色のひとつは5「原田慶吉教授を悼む――告別式における追悼の辞」である。原田は、南原と東京帝国大学、東京大学法学部において二〇余年にわたって同僚であり、友人であった。原田は法学部を卒業後、ただちに同学部の助手となり、ローマ法の研究をはじめ、助教授・教授に昇進後、一九三〇年以来、ローマ法講座を担当した。ドイツ、イタリアに留学したほかは、ひたすら研究室にたてこもり、ローマ法古典の研究のみにうちこんだ。主著は『ローマ法』上下二巻、『ローマ法の原理』、ほかに原典研究にもとづく『楔形文字法の研究』によって文化賞をうけている。かれは、当時の日本におけるローマ法研究の第一人者であり、世界のローマ法学界から注目をあつめる存在でもあったと、南原はいっている。

この原田が死んだとき、南原は弔辞をささげたのだが、その弔辞を異色のものであったというのは、原田の死が自死であったからである。あらためていうまでもないことだが、キリスト教において自殺は大罪のひとつであった。カトリック教会では、かつては自殺は神の被造物である肉体を破壊する大罪であるとして、自殺者は墓に十字架をたてることが許されなかった。いまは、例外的処置として、自殺者も教会のミサをうけられるようになり、教会の墓地へ埋葬してもらえるようになったが。プロテスタント諸教会では、前出の日本基督教団の『死と葬儀』では、自殺者の葬儀について、つぎのように述べている。

「ローマ教会では自殺者の埋葬を拒否する。その点では死者のためのとりなしの祈りを拒否し、生前の信仰の有無を、死後の定めとして尊重する福音主義教会では、自殺者の葬儀をするかしないかは大きな問題でありながら、明らかな規定はない。原則的にはしないと決めたとしても、実際問題としてはせざるをえないことがあるからである。この場合自殺の動機を尋ねることだけでは、正統な理由を見いだすことはできない。あくまでも原則をはみだした問題として、それでも教会が自殺者の葬儀をするかどうかという状況に即した決断を必要とする事がらである。自殺者は自ら教会での葬儀を拒否したのだからする必要はないということもできるが、その時の事情や家族の問題のために、どうしても葬儀を牧師がしなければならぬ時もある。ただその場合には会堂ではなく、自宅で行なう方がよい。また、どのような説教をするかにも注意しなければならない」[8]。

いろいろ含みがある、苦しげな叙述の文章である。教会外の人間には一読しただけでは、いいたいことのすべてがただちに納得されるというわけにはゆかない。自殺は大罪のひとつであるという前提がある。したがって、カトリック教会ではその葬儀をしない。（これは原則をいっているのだろう。）プロテスタント教会では、死者は生前の信仰のみによって永遠の生命をえるとかんがえ、信仰をもたなかった人間にたいしては、死んだのち永遠の生命がえられるようにと神にとりなす祈りを拒否することになっている。この原則にもとづけば、教会は自殺者の葬儀をおこなってはならない。しかし、それを明示する規定はない。自殺は信仰の放棄であり、だから、自殺者は教会での葬儀を自ら拒否したとみなしうる。けれども、現実には、信徒が自殺してその家族から、あるいは信徒の家族で信仰をもっていない者が自殺してその信徒から、葬儀をしてほしいと牧師が頼まれたさい、断るわけにはゆかない。そのとき、自殺の動機を訊いて、それが同情にあたいするものだから葬儀をするのは正当であるということはできない。だから、牧師が状況によって自殺者の葬儀をすることは止むを得ない。ただし、そのときの会場としては教会の会堂をつかわず、自宅をつかうように。また、説教では、ふつうの葬儀説教のように、死者の霊魂が天国にいったとか、神の許に召されたとか安易にいわないように。

南原は、弔辞のなかで、原田が自死したといいきっている。原田は近年病気がちであったが、ようやく小康をえていた。「それだのに、突如、君はなにゆえ死んだのか。しかも、自らあえて死を選ばねばならなかったのか」。その自死の動機を世間は「学者の生活の貧窮」とみている。しかし、君はそのようなことに敗北する人間ではない。君にとって致命的であったのは、「健康、殊にその頭脳に自信を失ったこと」であるとおもう。原田は、心の苦悩の解決をキリスト教にもとめたが、それをはたさなかった。そのいきさつを紹介したあとで、南原は、弔辞をつぎのように結ぶのである。

「しかし、われわれの信ずることは、君が取った手段は誤っていたが、その倒れた刹那に、君は必ずや神の懐に帰ったであろうということである。なぜならば、神は君のごとき誠実にして、真理を求め、永遠を慕う悩める魂を愛し給うから。／夫人の語るところによれば、君の死の顔ぐらい、平安と喜びに満たされていたことは、かつてなかったと。それは愛する御遺族にとって何よりもの慰めであったと思う。また、われわれにとって、大きな教訓と奨励を与える事実である。／さらば、君の霊の今や天上にあって安らかならんことをこいねがうとともに、これより御遺族の上に、天よりの祝福ゆたかに降らんことを祈る」。

これを読了したおりの私の率直な感想は、南原は原田の霊魂をずいぶんと強引に天上に送りこんでしまったな、というものであった。キリスト教の教義にもとづく自殺は大罪であるという認識はうち捨てられている。自殺は誤った手段であるといちおういわれるが、神は君のような誠実・純粋の魂を愛されるはずだから、大丈夫だというわけである。死に顔がよかったから天国にいったはずだという云分もかなり強引である。師の内村は『キリスト教問答』のなかで、正統派の予定説をつよく主張して、ひとが死後に救済されるか否かは神のみが予定するところであるといったが、南原はそれをどう理解していたのだろうか、などとまで、私はかんがえてしまった。

軍国主義への批判

いまひとつ、異色の弔辞がある。２「無題（小野塚喜平次への弔辞）」である。小野塚は南原が敬愛しぬいてきた恩師であった。東京帝国大学法科大学において南原は小野塚の政治学と政治学史の講義を聞き、学問とは何であるかを学んだ。小野塚は政治学を純粋に客観的な一箇の経験科学とするために努力して、近代科学としての政治学の創始者となった。かれは自己には峻厳であったが、他者には寛容で、門下にはかれ自身とはちがったタイプの学者が多くふくまれた。かれが、哲学的志向がつよかった南原を後継者にえらんだのも、その一例である。小野塚は、貴族院議員としては憲政の発達に貢献し、一九二八年から三四年にかけては東京帝国大学の総長職にあって、社会思想、国家思想が混乱する時代に大学の権威を主張し、高めた。小野塚の経歴、人柄、功績と同時代史をややくわしく叙述したあと、南原はかれの晩年をつぎのように描写する。

「いまは晩年、総長御退官後は外面的にはさり気なく、かつての日のごとくいつも法学部研究室に毎日見えてはおられましたが、その胸中、世に行われる暴力の強制と真理の蹂躙に対する激しき忿怒、国家の前途を思うての烈々たる憂国の至情、けだし堪え難きものがあったと察せられるのであります。洵に、有史以来の危局に臨み、わが国家社会に先生の如き真理を愛し、国を憂うる士の、ただ黙して見守っていられるということだけで、どれほど国の力と重きがありますことか」。

小野塚の葬儀は敗戦の年の前年、一九四四年一二月五日におこなわれた。南原は、門下生代表として、帝国学士院長、文部大臣、東大総長につづいて、この弔辞をよんだ。恩師の逝去と国家の危機にたいして、南原の悲痛と憤怒のボルテージは高まりきっている。それにしても、葬儀の席でとはいえ、公人たちがつどうところで、自爆戦争に突進する軍国の世相を「暴力の強制」、「真理の蹂躙」とは、よく端的にいいきったものである。当時、ほかの場面でこの発言がおこなわれたとしたら、特高警察の取調べの対象とされるのは避けられなかったのではないか。このあと、小野塚が夫人にさきだたれたことをいたわり、かれがその悲しみによく耐えたことをたたえてから、南原は、弔辞をつぎのように結んだ。

「寔に我等菲才いうに足らずといえども、ただこの上は、先生の足跡を辿りつつ、そのなし遂げられた偉大な事業を継承し、それぞれの分野において拮据黽勉《びんべん》、先生の御精神に従って、正義のため、祖国のため研鑽の誠を尽すでありましょう。冀くは、先生が不滅の霊、われらの上に真理の光となって止まり、断えずわれら一同の行路を導き給わんことを」。

格調の高い、パセティックな文章を快くよみすすんできて、最後のセンテンスに私は愕いて立ち止まってしまった。私はキリスト教徒ではないが、死者の霊魂についてのキリスト教徒の発想は知りぬいているつもりである。最後のセンテンスをささえる感覚はキリスト教徒のものではない。原田の霊魂は強引に天上に送りこんだのに、小野塚の霊魂はこの世に強引にひきとめるのか。勝手なひとだな。上げたり、下げたりなどというフレーズがおもいうかび、それはこのさいかならずしも適切でないとおもいつつ、不謹慎なことだが、私は笑ってしまった。この弔辞の末尾における死者の霊魂についての感覚は、柳田民俗学の世界のそれにちかい。南原の無教会主義キリスト教の信仰はどのような性格のものであったのだろうか。それを南原が矢内原忠雄と田中耕太郎のためにかいた弔辞からさらにかんがえてみたい。

矢内原忠雄への弔辞

矢内原忠雄君——告別追悼式において友人代表として述べたもの

長い間の同僚であり、また戦後は図らずも相共に大学行政の掌に当り、何よりも学生時代から同じ信仰の友人である矢内原君について、追悼の言葉を述べるようになったことを深く哀しみとします。

顧みれば、君が一生把持して変らなかった内面的人格の自由とヒューマニズムの精神に目覚めたのは、新渡戸稲造先生が校長であった旧一高時代であり、それはいつ思い出しても、懐かしいわれわれの精神的故郷であります。ことに君は先生に最も近く立っていた一人であり、後年、大学において先生が担任されていた植民政策の講座を受け嗣ぐようになったのも、奇《く》しき運命と申さねばなりませぬ。

だが、君の学問的業績は、ただに人道主義にとどまらず、それに新しく科学的基礎づけを試みた点にあると思います。当時多くの新進の経済学者がそうであったように、それはマルクス主義との対決・交渉をふまえての研究でありました。名著『帝国主義下の台湾』が、昭和の初め、「疾風狂乱」の時代において、早くも当局の忌諱にふれるところとなったことは、君の将来に何かを暗示するごとくでありました。

他方に新渡戸先生と並んで、否、それ以上に、君に決定的な最も大きい感化と影響を与えたのは、わが国無教会主義の創始者内村鑑三先生でありました。君が精神の革命と生の転換を遂げたのは、実に先生を通してであります。この点において、君の処女作が『基督者の信仰』(大正十年発行)であったことは、注意されてよいでありましょう。この信仰と知識の関係は、論理的体系化こそなけれ、君の人格と生の体験の中に統一融合されていました。

昭和十二年十二月、君が大学を辞職するに至った事情については、世上さまざまに伝えられているけれども、もし学問と思想の問題だけであったならば、時の大学総長と文政当局は君を擁護する力――少くとも意志――がありました。しかし、問題は実に信仰にあったのであります。最後に君の辞職を決定せしめたものは、内村同門の先輩にして親友藤井武氏の追悼記念会における演説中の「日本国を葬る」の一句でありました。いずくんぞ知らん、これこそは正義と理想が地を払ったわが国の政治に対する怒りと、祖国の復活に寄せた君の祈りにほかならなかったのであります。

大学を去ってから戦時中、いかなる意味においても時局に協力せず、空襲下にも国民服とゲートルを着けなかったと言われているのは、おそらく君だけではなかったでしょうか。君は歌人ではなかったが、そのころ作り、そして戦後或る誌上に発表された「私の歌」というのがあります。その中に、

冬枯れの多摩の川原に居つくして入日見つむる我身となりぬ

自ら註釈して「これは自分の境遇の変化を悲しむ、あわれな歌のつもりではない」とは言っていますが、何か寂しく人の心に沁み徹るものがあります。

君はそれから、ひたすら聖書の研究と福音の伝道に従事し、聖書の解説書をつぎつぎに著すとともに、君の宗教的個人雑誌『嘉信』（月刊）を戦時中ほとんど発行しつづけた。その間にも学問を忘れず、「土曜学校」を開いて、少数の若い人たちと読書研究もつづけました。この夏の初め、ある席上で君から初めて聞いたことでありますが、あるときは本郷通りにささやかでも書店を開いて、そこではコーヒーも飲めるようにし、

学生の読書相談に応じようかと、本気に考えたこともあったという。それほど終始、学問と学生を愛した君であった。

その君が大学を去って八年、ふたたび大学に復り来たろうとは、誰か想い到ったことでありましょう。君の個人的生涯の上には幾たびか摂理的な事件が起りました。だが、このたびはそれが祖国の崩壊という国民の上に臨んだ摂理的事件と深く結ばれていました。

復職後の君は教育と研究のほかに、大学行政の多くの部門に関与されました。祖国再建と並んで大学復興のために、学内にはあまりに多くの重要な仕事が待っていました。そして、君はそれを企画し、遂行するに適した才幹と熱情をそなえていました。他のことはここに言わずとして、とくに戦後新たに設置した教養学部長に白羽の矢を君に立てたのは、私としては、そこにかつて新渡戸稲造先生が校長であった旧一高との関係を考えたためでありました。それによって、君には非常に多くの御苦労をかけたけれども、新制東京大学の基礎である教養学部の現体制を築き上げたのは、まさしく君の高い識見と部内諸教官の協力の賜物として、大学は永く記録してよいでありましょう。

かような多忙な公的生活の間にも、他方、君は幾巻かの『聖書講義』を刊行するとともに、毎週日曜の集会と、毎年の地方伝道とを欠いたことはなかった。このことは君が東大在職中つづけられました。君にとっては学問も職業も一切が神の栄光のためであり、その意味において君は一個の学者たり教授たる以上に、神の預言者・伝道者たらんことを欲した。そして、もし、それが許されなければ、いつでも職を辞する覚悟でありました。

総長に選ばれてから六年間、学内外における困難な諸問題の中に、よく学問の府としての大学の権威を高め、また学問の自由と大学の自治を守り得たことは、君の偉大な功績と言わなければなりませぬ。その間に処して、「何ひとつ心配も恐れもなかった」と退職に際しての君の言は、君の自信と面目を言い表して躍如たるものがあります。

任期満ちて大学退職後の四年は、本来の使命とする聖書の研究と伝道の生活に専念し、そのために地方講演の労を厭わず、また、しばしば警世の文章も書いた。かようにして、福音と真理のために労し、闘ってきた君の健康も昨年以来変調を見るようになりました。それでも、なお時を惜しむかのように、精力的な活動をつづけている間に、いよいよ本年夏入院治療することとなった。何ものにも恐れを知らなかった君の生涯に出会った最大の敵と自ら称した病と苦闘しつつ、秋から冬に入りました。

その間にも自ら編輯した『嘉信』十月号は、あたかも処女作『基督者の信仰』に対応する、君が最後の著述と言ってよいでありましょう。その中の「病床苦吟」と題する一連の詩は、君が生涯の過去のいずれの時期にもまさって、ヨブの告白をも想わしめる信仰の証示として、また詩篇を思わせる美しい作品として残るでありましょう。

君の病気が不治の病と初めて聞かされたとき、四年前私が旅先で倒れたときに君に驚きと心配をかけたという、おそらくはそれ以上に、私には大きな心の衝撃でありました。そして、われわれ友人たちの間に、君の苦しみの幾分でも分かち得るものならば、と語り合ったことであります。われわれの心は皆痛んだ。また、日夜看とりされている健気な夫人の姿を見ては、われわれの胸迫る思いがしたことであります。

去る十三日、危険が伝えられて病院に駆けつけたとき、北本院長は「せめてクリスマスまででも御介抱申し上げたい」ということであった。以来幾たびか危機が訪れはしたけれども、ちょうどそのクリスマスの日に、君の魂は最後の輝きの後に、静かに天上に移されました——もはやいかなる強敵の攻撃の矢もとどかぬ遥かなる永遠の国に。

君は生前、しばしば自ら書きもし、語りもしました。「われわれの国籍が天に移され、生命《いのち》の書《ふみ》にわが名が記されること——それこそが人生最高の目的と最大の幸福である」と。私もその最大の幸福と目的を目ざして、君の範に倣い、死に至るまでわれわれの信仰に忠信であらんことを願うものであります。

終りに当り、彼のために長い間全力をそそいで尽くして頂いた伝研所長・院長、その他若い医師や看護婦の方々に、友人一同を代表して、心からなる感謝とお礼を申し上げます。

矢内原忠雄小論

これはよい弔辞である。自分の好みを入れていうことであるが、南原がかいた弔辞のうちで、これは1「三谷隆正君——誄辞」とならんで、一、二位をあらそうよい文章作品である。弔辞の冒頭にあるように、南原と矢内原とは、わずかに前後して第一高等学校、東京帝国大学に学び、高校生時代にともに内村門下に入って、無教会主義キリスト教の信仰をもつ友人であり、東京帝国大学・東京大学で所属学部こそ法学部と経済学部とちがったが長期にわたって教授として同僚であり、また、あいついで総長職をつとめた。かれらのライフ・コースのかさなりかたと友情が、南原の弔辞における矢内原にかんする理解をゆきとどかせて、この二人の大学者の人物と仕事をあおぎみつづけてきた私はそれをよんで快い。この弔辞を、先行する章でつかった五つのトピックスによって分析する。

第一、死と死者について。

一九六一年夏、矢内原は入院治療することになり、秋から冬にかけて不治の病いと苦闘したが、かれはそれを神への信仰を証明する機会ととらえてひるまなかった。一二月二五日、クリスマスの日に矢内原は死去する。南原は「君の魂」は「天上に」、「永遠の国に」移されたという。矢内原もかねてから、人生の最高の目的、最大の幸福は、「われわれの国籍が天に移され、生命《いのち》の書《ふみ》に名が記されること」とかいていた。「生命の書」（新共同訳では「命の書」）は、『新約聖書』の「ヨハネ黙示録」第二〇章第一二節などに出てくる言葉である。この黙示録は最後の審判において世界の人びとが滅亡する情景をヴィジュアルに描くが、そのさい「命の書」に名を記された人びとのみが救済されて永遠の生命をあたえられるとしていた。これらの記述を矢内原は象徴や比喩として理解していたが、永遠の生命それ自体にはつよい希望をもっていた。南原は矢内原のこの信仰の模範にならうという。

さきに「天の国」の概念の解説で部分的にふれたことであるが、一般的にいって、キリスト教の本質は三位一体の神と人間の関係にもとめられ、神による人間の罪の赦しにみいだされる。それは、ひとが悔い改め、イエスの復活を信じることにより、死後、永遠の生命をあたえられることである。このかぎりで死者、死後にかんする思想は、三位一体の神の思想についで、キリスト教信仰の重要な領野である。南原は、この矢内原への弔辞において、正統派のキリスト教信仰に属する死者観を示している。しかし、かれには、すでにみた原田への弔辞や小野塚への弔辞にみいだされる、自殺者への同情による造物主としての神の絶対的権威への否認、死者の霊魂が現世にとどまって愛した生者を守護するという原日本的発想もあった。死者と死後にかんする思想では、南原の信仰はかならずしも純粋なキリスト教信仰のみにつきるとはいいがたく、それとは異質の矛盾する思想が混沌とまじりあっていたのである。

第二、伝記的要素について。

この弔辞は全体が矢内原の短い伝記としてよまれることができ、簡素な叙述ながら要点をつくして完璧な出来栄えである。あえて図式的にいえば、この小伝を構成するキイ・ワードは「基督者」と「経済学者」である。矢内原は第一高等学校に入学して校長・新渡戸稲造をつうじてキリスト教にふれ、内村鑑三の礼拝集会への出席をゆるされて、無教会主義キリスト教の信仰をもつようになった。また、東京帝国大学法科大学に入学して聴いた講義のなかでは、新渡戸の植民政策論と吉野作造の政治史によってもっともつよい影響をうけたと自らいっている[9]。キリスト教徒であることと経済学者であることとは矢内原の精神においては明確に関係づけられており、第一に重要なのはキリスト教徒として無教会主義キリスト教を伝道することであり、第二に重要なのが経済学者として大学で植民政策の研究と教育に従事することであった。矢内原は伝道が許されないならば、教授の地位を捨てる決意をつねにもっていた[10]。

東京帝国大学を卒業後、三年ほど民間企業ではたらいたのち、矢内原は新設された東京帝国大学経済学部に呼びもどされ、新渡戸の講座を継承した。植民政策の研究・教育において、矢内原は日本の侵略政策にはげしい批判をおこない、なかでも名著『帝国主義下の台湾』の刊行は、ときの政治権力にとり脅威となった[11]。台湾総督府は、同書を発行禁止、したがって内地からの移入禁止とした。また、かれは満州事変、満州国建国、日支事変を不正義とみなし、やがて、キリスト者として日本の政治の頽廃を告発し、兄弟子・藤井武の追悼の集まりで「日本国を葬って下さい」という激烈な一句を吐き、それによってついに東京帝国大学を辞職するにいたった[12]。このとき、かれを非愛国者であるとそしって、その追放を強力に推進したのは、親軍部の教授たちであった[13]。戦時下、かれは職を失いながら、聖書の研究と伝道にうちこみ、学問への志をもちつづけた。敗戦後、かれは東京帝国大学に復帰する。かれは大学復興につとめ、教養学部長として教養学部の新体制を築く責任者となり、ついで総長として学問の自由と大学の自治を守ることに力を尽くした。しかも、その間、多忙な公務のかたわら、かれは毎週日曜の集会における聖書講義と毎年の地方伝道を欠かしたことがなかった。この伝道への献身は総長退任後、死の年までつづいた。

矢内原の信仰の本質

第三、人格描写について。

矢内原の人格の中核部分はかれの無教会主義キリスト教の信仰である。南原は、矢内原の最初の著作『基督者の信仰』に言及して、そこに矢内原の信仰の本質が端的にあらわれていることを示唆しているが、これは矢内原の著作群をよく知りぬいたうえでの例示であり、これをあげておけばあとは知るひとぞ知るという手法である。わずかにコメントをつけておけば、高校生時代から大学生時代にかけて矢内原の信仰は次第に形成されてゆくのだが、その第一段階は濃厚な罪の意識へのとらわれであり、第二段階はキリストの「神性、贖罪、復活、再臨」の確信と、神による罪の赦しの信仰である。矢内原は、『基督者の信仰』のなかで、この信仰の性格を説明して、「基督教の根本は実に父子の関係に基くのである」といった[14]。矢内原伊作は『矢内原忠雄伝』のなかで、矢内原が父母への思慕がきわめてあついひとであり、それがかれらの死後、神とキリストへの思慕に昇華したという解釈を示している[15]。

また、南原は、大学を追われた時代、矢内原がよんだ短歌を紹介し、「何か寂しく人の心に沁み徹るもの」があるといっている。これは、矢内原の人格特性のもっとも主要なもの、その感情生活の第一義的局面を的確にとりだしている。矢内原は、意志のひと、理性のひとであり、その意志の剛さ、理性の勁さはすでにみた信仰生活、学究生活において充分に示されているが、同時にかれは巨大な感情量を内面にたたえたひとであり、その感情の基調は悲哀、かなしみであった。後年、矢内原は『余の尊敬する人物』のなかで、新渡戸をかたって、つぎのように述べたが、それはそのまま自らを語るものでもあった。「先生の最も好んだ季節は秋であり、秋にあつて最も好んだものは月であり、月に対して最も感じたものは悲哀でありました。先生自身の縦の生活の内容は『かなしみ』でありました。『かなしみ』は人の霊魂が神を求める声であります」[16]。

さきにキリスト教の根本は「父子の関係」であるといい、ここでは「縦の生活」で人は神を求めるといっている。この「父子の関係」、「縦の生活」は、同一の事柄をいずれも比喩的にいったものだろう。前出の伝記を味読していると、矢内原が垂直的関係を本源的人間関係としてつよく意識するひとであり、それがかれを両親にたいする孝子、新渡戸・内村にたいする忠実な弟子、神とキリストにたいする真摯な信徒にしたことが実感される。対照的にいえば、本源的人間関係を我と友、男と女など横の関係としてつよく意識するひとは、キリスト教信仰に入りにくいのではないか。かれは罪の意識の解消を、キリスト教にではなく精神分析にもとめることになる。ここからキリスト教の教勢が極端にふるわない現代日本の社会心理を論じてみたい誘惑を感じるが、いまは措くことにする。

現代史の預言者

第四、現代史について。

南原が矢内原の思想と学問に焦点をあわせてその生涯をかたれば、それはそのまま同時代の精神史、政治史にならざるをえない。それは戦前史と戦後史に区分されるが、くわしく述べられるのは、かれらに苦闘をしいた前者である。弔辞が叙述する順序でいえば、その時代的特性は、(1)大正期の人格主義とヒューマニズム、(2)昭和初期のマルクス主義の優勢、矢内原は植民政策論にマルクス理論を積極的に導入した。(3)帝国主義の侵略と植民地支配、(4)民主主義の抑圧、矢内原は『帝国主義下の台湾』にはじまる著作群で日本の植民政策を批判し、台湾議会、朝鮮議会の設置を要求したが、植民地総督府はかれの著作を禁書として応じた。(5)キリスト教弾圧、(6)学問の自由、大学の自治の侵害、そのために権力がつかった主要な法規範は「治安維持法」と「出版法」であった。

そうして敗戦となり、矢内原は大学に復帰する。南原は、その敗戦を「祖国の崩壊という国民の上に臨んだ摂理的事件」という。「摂理」という言葉は聖書にはみあたらないが、キリスト教でひろくつかわれている言葉で、『聖書辞典』によれば、「それは能わざるところなく、しかも、現在的に働いている神の力である。この力によって、神は、天と地とその被造物を御手をもってするように保ち、また支配したまい……」と規定されている。聖書では、それは「神のみこころ」。「神のみわざ」、または「神の経倫」などと表現されている[17]。南原は、神が日本を敗戦に導いたと理解している。矢内原自身は、日本の敗戦を自らの学問的予測の正しさを証明したものとしてまずとらえていたが、その学問への刺戟・着想をあたえたのは、かれのばあいはキリスト教信仰であったといういいかたで、神による審判と歴史の動きを結びつけている。

第五、預言者論について。

矢内原は、ひとりの学者・教授である以上に、神の預言者・伝道者であることを望んだと、南原はいう。キリスト者としての矢内原の本質をとらえるために預言者という言葉・概念はもっとも適切である。しかし、日本のキリスト教界はその言葉を時代批判において常用しなくなって久しく、日本の知識人論一般においてもその言葉は時代錯誤的なものとして忘れられている。矢内原自身が預言者についてかたった言葉をわずかに引用しておきたい。かれの著作『余の尊敬する人物』は、最初にエレミヤをとりあげている。エレミヤは、旧約聖書の登場人物たちのひとりで、ユダヤが独立王国であった紀元前七世紀半頃に生まれた預言者であった。その生涯は要約していうと、神の言葉＝真理をかたって王国の現状を審き、キリスト教の信仰によって国民の再起をねがったが、その預言はききいれられず、敗北に終始したのである。

「エレミヤ」の章のさいごに矢内原はかいている。「真理を愛して、真理の戦いに倒れたる汝エレミヤよ。汝の生涯は敗北の生涯であつた。汝は国民に踏みつけられ、婦女たちに嘲笑されつつ悲哀の生涯を閉ぢた。併し、汝によつて真理は今日に維持せられたのだ。而して真理と共に、汝は永遠に勝つたのだ。（中略）エレミヤを非愛国者として誣告し中傷し迫害したる偽預言者、偽政治家らよ。彼の言に聴き従わず、彼をして悲憤の涙を飲ましめたる国民よ。汝らこそ真理を蔑し、正義を破壊し、国に滅亡を招いたのである。／何人が真の愛国者であつたか、偽愛国者であつたかは、後の歴史にて明かであります。」[18]――『余の尊敬する人物』の刊行は、一九四〇年五月三〇日のことであった。日本の敗戦は、それから五年二カ月半のちにやってきた。

田中耕太郎への弔辞

田中耕太郎への弔辞は南原が生涯にかいた二二篇の弔辞のうち最後のものである。まず、それを例によってフル・テキストで示そう。

田中耕太郎君――弔辞

謹んで日本学士院会員田中耕太郎博士の御霊前に申し上げます。

君は私と相前後して、旧制一高・東京帝国大学を卒業されましたが、我等共通の友人で既に世を去った某君の嘗て言われたように、君はその生涯において実に人生の最高峰を次々に歩まれました。即ち文部大臣として、次に最高裁判所長官として、また国際司法裁判所の戦後わが国最初の代表者として、殊に大戦後我邦社会思想混乱の時期において、君はいささかも所信を曲げず、その任務を全うされたことは、世に知らるるところであります。

然し、惟うに君の本領は生涯を通して一人の学究・真理の探究者であったと思います。東京大学在学中を通じて、主として商法学を講じ、我邦斯界の権威であられますが、君は同時に法哲学に興味をもち、夙に昭和七年より続いて発表された『世界法の理論』三巻は我邦最初の斯の方面における君の力作と言うべきであります。君はこの問題を生涯の課題とし、その諸研究や論文を編集して『続世界法の理論』二巻として発刊されたのは、一昨年のことと記憶します。

君が夙に昭和十六年、勅旨を以て帝国学士院会員を仰せ付けられ、また同三十三年文化勲章を授与されたことは、故あることと申さねばなりません。

君はまた、教養豊かにして、若きときより音楽・文学を好み、しかも同時に君が敬虔なカトリック信徒であることを忘れてはならぬと思います。君の世界法理論の核心も実にこのカトリシズムの普遍主義にあると申して誤りないでありましょう。君は実に天性純粋、信頼深く、友情に富み、内外に多くの友人をもたれたことと想われます。これらの点において、日本婦人として温雅、しかも聡明且つ篤信の峰子夫人の常に偕に在られたことを、どんなにか君は感謝されていることでありましょう。

われわれは、かかる君を会員として有することを本院の誇りとし、君の将来に期待すること多大なものがありました。しかるに、何と申しても、九年の長きにわたる外国生活において、外人同僚との会議・交遊等は君に多大の労苦を与えたと想われます。現にその間入院治療されたことがあり、任務を了えて帰国後、年を追うて本院の例会にも欠席勝ちとなり、最近一、二年の御病臥の間、ひたすらわれわれは御快癒を念じておりましたのに、遂に去る三月一日、俄かに逝去されましたことは、本院の一大損失たると同時に、私一個としても旧き友人に先立たれ、哀しみに堪えませぬ。

ここに、君の輝かしい業績を讃え、並びに君が在りし日の面影を偲びつつ、会員一同を代表して恭しく弔詞を献げると共に、私としては今暫くのお別れの言葉と致します。

昭和四九年三月四日

日本学士院長　南原繁[19]

南原と田中のライフ・コースも、さきにみた南原と矢内原のライフ・コースと同じようにかさなるところが多い。南原と田中はいずれも一八九〇年生れで、第一高等学校、東京帝国大学法科大学を卒業している。卒業年次は南原が一年早かった。二人とも母校法学部に助教授として採用され、教授に昇進し、あいついで法学部長をつとめた。また、期間の長短の差はあるが、かれらはともに内村門下に入り、無教会主義キリスト教を信仰している。敗戦後、田中は文部大臣、最高裁判所長官、南原は東京大学総長、日本学士院院長と異なる職業経歴をあゆむが、のちに述べるように、かれらの活動には多くの接点があった。しかし、さきにみた南原が矢内原のためにかいた弔辞と対比して、この田中のためにかいた弔辞は、少なくとも私にとっては、読後の印象がひどくちがう。これについて、三点ほどいってみる。

なぜ「某君」といったのか

第一。この弔辞を一読したとき、私がひどい違和感をおぼえたのは「我等共通の友人で既に世を去った某君の嘗て言われたように、君はその生涯において実に人生の最高峰を次々に歩まれました」というセンテンスにたいしてであった。私の感想を率直にいえばつぎのとおりである。ここで発言者を「某君」と匿名の存在になぜするのか。それは、かれの発言が、かれ自身のものであることを人びとに知られることが、かれにとって好ましくないという判断をうかがわせる。一般的にいえば、その発言が発言者の悪意にもとづくものであるとおもわれるか、発言者にとって不名誉なものであるとおもわれるばあいに、このような表現が選択される。ここでは前者のばあいとして、このかぎりでは、つづく「人生の最高峰」は反語的な意味をもつことになってしまう。つまり、大臣や長官を「人生の最高峰」とみるひとはいようし、田中もそうおもっているかもしれないが、「某君」は、そして南原も、そうはおもわないというわけである。現在の官僚崇拝、権威主義的風潮のなかでは理解しがたいことかもしれないが、南原の世代の大学人たちに、たかが大臣と、行政官の長を見下す気分があったのはたしかである。その背景には、かれらが軍国主義の時代に軍人出身の荒木貞夫文部大臣などと学問の自由、大学の自治をめぐって抗争してきた経験があった。また、南原個人には、『聞き書　南原繁回顧録』で語られているように、総長時代に最高裁判所長官や文部大臣に就任してほしいと勧誘されたがそれを断った経験もあった[20]。その気分の一端がもれたのだろうか。しかし、他方では、私はまさかという想いも捨てきれない。南原ほどの人物がそのようにはしたない表現で死者にたいして礼を失することはかんがえられない。問題は、「某君」という言葉にまつわる語感が南原と私とでちがうということだけではないか。このとき、八四歳の南原は、単純に somebody, someone の意味で「某君」といったのではないか。しかし、老いが不用意な表現をとらせた可能性は。……私は、最終的な判断をくだすことができない。

ただし、南原は、これにひきつづいて、田中が文部大臣や最高裁判所長官などとして、「大戦後我邦社会思想混乱の時期において」、「いささかも所信を曲げず、その任務を全うされた」と、田中の業績を賞賛している。田中が文部大臣であったのは一九四六年から四七年にかけてであり、最高裁判所長官であったのは五〇年から六〇年にかけてであり、国際司法裁判所の判事であったのは六〇年から七〇年にかけてである。この三つの職位にあった田中の仕事にたいする南原の評価が全体として妥当であるかどうかを判定する能力を、私はもちあわせない。ただし、いくらか専門的に研究してきた「教育基本法」に関連するところのみでいえば、文部大臣としての田中がおこなった最大の貢献は「教育基本法」の制定において強力なリーダー・シップを発揮したことであり、それは「社会思想混乱の時期」に、教育の自治の思想と民主主義、平和主義の「所信」の貫徹であったことはたしかである。

「世界法の理論」

第二。「然し、惟うに君の本領は生涯を通して一人の学究・真理の探求者であったと思います」。第三パラグラフで一転して、南原は、学究としての田中を正面から論じる。君の本領は学究であるという云いかたには、やはり、世俗の思考は大臣・長官を「人生の最高峰」とみるかもしれないが、大学という学問共同体に属するわれわれは学究であることこそが天職として至高の価値をもつ、それに比較すれば大臣、長官はなにほどのものかという気分がにじむようである。田中は商法学界の権威であるが、法哲学にも関心をもち、その領域に属する『世界法の理論』がかれの代表作であり、その理論こそがかれのライフ・ワークであった。私は、社会学の研究者であり、法学にかんしてはまったくの非専門家でしかなく、「教育基本法」の社会史を研究する必要から田中の主要業績に目をとおしたにすぎないが、この南原の評価には全面的に同意する。ただし、南原にはそれをいま少しくわしく論じてもらいたかったとおもう。世界法についてわずかな説明をつけておく。近代以降、法の多くは国家によって形成され、その主権がおよぶ範囲で実施された。しかし、国境を越えて経済、政治、社会生活がひろがると、それらを規律する法が国際的につくられ、実施されることになる。その国境を越えておこなわれる法を、田中は、世界法とよんだ。

第三パラグラフのみならず、弔辞の全体をみれば、すでにみた矢内原への弔辞とこの田中への弔辞は、分量が大きく違っている。四〇〇字詰原稿用紙に換算して、前者は約九枚、三六〇〇字あまり、後者は約三枚、一二〇〇字たらず、である。前者は、南原が友人代表として死者へのおもいのたけを述べつくしたものであるが、後者は、かれが日本学士院院長として死者に儀礼にかなう形式で弔意を述べたものと感じられる。田中の葬儀では、最高裁判所長官・村上朝一、友人代表・横田喜三郎、門弟代表・鈴木竹雄と南原の四人が弔辞をよんでいるが、それぞれの弔辞の内容で重複が最小限におさえられているので[21]、事前に役割分担の打ち合わせがおこなわれたのかもしれない。しかし、それにしても、横田の弔辞は南原のそれの倍以上の分量があるので、南原もいま少し長い弔辞を出すことはできたのではないか。南原がそれをあえてしなかったのは、矢内原への弔辞のばあいと比較して、心がさめていたせいもあるとおもわれる。

語られなかったこと三つ

第三。弔辞の短さに言及した以上、この弔辞でとりあげられなかった事柄にふれねばなるまい。田中の生涯にとっては重要な意味をもつ出来事であり、そのかぎりでは田中への弔辞においてとりあげられるべきである、あるいはとりあげられてもよいものであるが、南原がとりあげなかったものがある。私がみるところ、その主要な出来事はつぎの三つである。

(1)時期の早い順にいうと、まず、信仰生活における田中の内村からの訣別がある。田中の後年の回顧によれば、かれは二七、八歳から三五歳くらいまでのあいだ、内村のつよい影響下にあって無教会主義キリスト教の信仰をもっていた。内村は「徹底した、聖書に基く信仰」を主張し、田中は「これこそ純粋なキリスト教でないか」とおもっていた。あわせて、田中は、内村の徹底した反戦主義、平和主義にも共鳴していた。その田中が内村から訣別するにいたる最初のきっかけは、田中が内村の怒りを買って出入りを禁じられたことであった。内村門下の田中の友人のひとり、独身のI君が既婚のK夫人と恋愛をした。K夫人の結婚生活はそれ以前から事実上破綻していた。K夫人の夫は二人の恋愛に理解を示し、正式に離婚をしてくれて、二人は結婚をした。田中は二人と親しくしていたので、まだ、独身であったが媒酌の役をつとめた。ところが、内村は、聖書の教えに反するという理由で二人の恋愛と結婚につよく反対し、二人と田中を破門したのである。

私のような俗人には笑い話にしかならないようにおもえる出来事であるが、田中青年はおおいに悩んだ。愛しあう二人が結婚したのは、キリスト教の信仰と背反するとおもえない。われわれの破門は腑に落ちない。もし、われわれに罪があるなら、内村はわれわれを指導して正しい道にたちかえらせるべきで、破門という措置をとるべきではない。田中は内村にそういった率直な感想をかきおくり、それが愛憎の振幅がひと並みはずれて大きい内村を激怒させた。この事件はさらに田中を無教会主義キリスト教そのものへの疑問にみちびいた。無教会主義キリスト教では、聖書の解釈権は信徒たちのひとりひとりがもっていると、内村はかねてから主張していた。その点では、先生と弟子たちは対等のはずである。それなのに、内村はかれの結婚観をI君、K夫人、田中に押しつけようとする。そのやりかた自体が無教会主義の原則に反している。田中は内村流の方法で内村そのひとをとっちめている印象である。そのうえで、かれは、無教会主義キリスト教は、聖書の解釈を信徒たちのひとりひとりの良心的判断にゆだねているが、それらの判断から独立した客観的真理があるのではないか、とかんがえるにいたった。これがかれをやがてカトリシズムに接近させることになった。一九二六年、田中はカトリック教会の洗礼をうける。その後、内村とその門下の一部はカトリック教会を烈しく攻撃するようになった[22]。

田中の学問的生涯にとってはかれのカトリシズムへの入信は大きい意味をもっていた。かれの言葉によれば、その改宗はかれに「客観的に存在する倫理的価値」としての「自然法」を認識させた[23]。それまでに従事してきた商法の研究と、新しく視界に入ってきた自然法の研究が、かれに世界法の理論への着想をうながしたのである。世界法は主権概念と民族概念から解放されて、人類の共同体とそれを支配する自然法に基礎づけられる。[24] 南原はこのいきさつをよく識っており、「君の世界法理論の核心」は「カトリシズムの普遍主義」にあると端的にいっている。しかし、それはそれとして、田中の内村からの離反は、南原にとって飲みくだすのに苦いものであったのではないか。私の表現力では図式的にいうほかないが、南原は内村と情理双方で、あるいは人格と信仰の双方で結びついている。その情の結びつき、あるいは人格の結びつきによって、南原は田中の改宗を受容しきれなかったにちがいない。南原は田中への弔辞においても、この件については沈黙していた。

大学の自治をめぐって

(2) 一九二〇年代から敗戦までの期間、東京帝国大学法学部において、田中は大学の自治と自由のために、実に果敢に、しかし粘り強く戦った。南原は同僚としてその経過をつぶさに眺め、田中とときに共闘し、ときに別の行動をとったが、弔辞のなかではこれにまったくふれていない。これについては、友人代表の横田喜三郎がとりあげるので、南原はそれにふれず、戦後の田中の行動を論じるという役割分担があったのかもしれない。横田はつぎのようにかいた。「終戦と同時に、あなたは文部省学校教育局長になられました。学問一途のあなたにしては、予想しなかった転向のように見えますが、おそらくそれは外見だけでありましょう。あなたは、戦争前から戦争中にかけて、大学の自治と自由を守るために、血みどろの戦いを戦われたのですが、その体験から、真に大学の自治と自由を確保するには、文部省そのもの、その学校教育方針そのものを改革することが必要であると痛感されたのではないかと思います」[25]

私はこの横田の推測に同意する。しかし、それならば、南原は、文部大臣としての田中を論じるにあたり、やはり、かれの「血みどろの戦い」に、なんらかの形式で言及するべきではなかったか。その戦いの主要な局面は三つあった。『聞き書　南原繁回顧録』のなかの用語でいえばそれらは「総長官選問題」、「平賀粛学」、そして「安井事件」である。総長官選問題は、陸軍大将・荒木貞夫が文部大臣となり、大学が総長を選挙で決定しているのは、天皇の任命大権の干犯であり、これを認めては文部大臣として輔弼の責任がはたせないと主張したところからはじまった。東京帝国大学をはじめとする全帝国大学はこれに抵抗して、総長の選挙制度を実質的に守ったが、この抵抗の中心人物のひとりは田中であり、南原は田中にかげながら助力した[26]。

これにたいして、平賀粛学と安井事件では南原は田中と対抗する行動をとった。これについては、南原と田中はたがいの学問と人格を尊敬しあっていたが、相手と人柄があわないと感じていたようである。平賀粛学は経済学部でおこった事件であり、安井事件は法学部でおこったそれであるので、後者をとりあげよう。安井郁助教授は時流に迎合する人物で、マルクス主義から国粋主義へ、ソ連びいきからナチス礼讃へとゆれ動き、論文らしい論文をかかず、学外で軍人たちとの交流に熱心で、横田主任教授の悪口をいい歩いていた。（安井は戦後は原水禁運動のスターになる。こんな男を指導者にあおがなければならなかった戦後日本の平和運動の不見識と不幸！）安井の教授昇任の時期になっても、横田は、かれは教授に不適格であるとして、その昇任の提案を教授会でしなかった。それにしびれをきらした学部長が横田をさしおいて安井の昇任を提案し、その取り扱いに反対して、田中と横田が辞表を出した。かれらは、軍部と文部省が安井を昇任させるように学部にたいして圧力をかけてきているとみていた。この圧力の存在については、丸山真男、辻清明は事実であったとみているようだが、南原はそれを否定している。南原は、安井の時流迎合は苦々しくおもっていたが、田中の反対は感情論に走りすぎると同調せず、最終決着は安井の昇任、田中たちの辞表の撤回となった。丸山は、田中がこのとき、南原をはじめとする同僚たちに裏切られたとつよく感じ、それが戦後の文部省への転出の「根底にひそんでいた気持」であるとみている[27]。

弔辞の背後のドラマ

(3)すでに述べたように、文部大臣としての田中の最大の貢献は、「教育基本法」の制定において強力なリーダー・シップを発揮したことであった。同法が成立したのは田中が文部大臣を辞めた直後であるが、実質的には田中の思想のつよい影響下に同法は形成されている。しかし、法の制定の手続きとしては、内閣総理大臣が所轄する教育刷新委員会が設置され、そこで教育にかんする重要事項の調査審議がおこなわれることになり、その仕事のひとつとして、「教育基本法」の法案の作成が入った。この委員会は安倍能成委員長、南原副委員長で発足し、一年あまりのちに委員長は南原に交代している。文部省は大臣官房に審議室を設置し、その参与として東京大学法学部教授・田中二郎をむかえ、同委員会に全面的に協力させた。南原は、のちに書いた「日本における教育改革」のなかで、教育刷新委員会が「教育基本法」の法案を作成したことを強調した。それは手続き面からみれば正しい判断である。また、南原には「教育基本法」の原案がＧＨＱから日本に押しつけられたという憶説を否定したいという動機もはたらいていた[28]。しかし、中谷彪編著『資料　教育基本法の成立過程』によって、委員会の議事録をくわしく検討すると、法案の原型は田中文部大臣の指導のもとに審議室でつくられており、委員会はその大部分については微修正しつつ、仕上げをおこなったことが判明する[29]。

ただし、「教育基本法」第一〇条の制度的保障については、田中の当初からの構想が教育刷新委員会において南原の強い反対意見によって敗れるという経過があったのは記しておきたい。

第一〇条（教育行政）教育は、不当な支配に服することなく、国民全体に対し直接に責任を負って行われるべきである。

教育行政は、この自覚のもとに、教育の目的を遂行するに必要な諸条件の整備確立を目標として行われなければならない。

前半の条文は、その思想的源泉が大学の自治の理念にあり、軍部、内務省、文部省の権力と対決して大学の自治を守った田中の経験によって裏付けられていることはいうまでもない。田中は大学の自治を広く教育の自治に一般化するべきだとかんがえていた。かれは、『新憲法の文化』などのなかで、戦前期、地方で若輩の内務官僚が老練の学校教師たちに権力者としてのぞんだ事例を、あってはならぬこととしてくり返し語った。また、文部省は教育者が運営するべきであって、行政官にまかせるべきではない、とかんがえていた。[30] 三権分立で司法権は立法権、行政権から独立しているが、教育権は第四権として司法権とならぶ独立の地位をもつべきだという法学的構想をたてるところまで、田中は進んだ。[31] くわしくいうゆとりはないが、かれは、地方教育行政の独立を保障する制度として、全国を数学区にわけ、各区の帝国大学の総長を学区長官にして、その下に教育者出身の補佐官を配置し、その地方の初等・中等教育を所管させるという改革案をつくった。これは、文字通り、教育者による教育行政管理をめざすものであった。ＧＨＱはこれを一度は支持したが、官学の支配をきらう向きがあり、のちに来日したアメリカからの第一次教育使節団はミッション・リポートで教育行政の独立のために教育委員会制度を提案した。こちらは教育行政の素人管理（layman control）である。南原は、教育刷新委員会で田中案をつよく批判し、前出のリポートの考えかたが採用され、一九四八年、教育委員会法が制定された[32]。田中は六一年の著作『教育基本法の理論』で、教育委員会制度のその後の経過にふれ、わずかに無念さをにじませているが、南原の名に言及していない[33]。

田中は、文部大臣を退任後、参議院議員となり、同院文教委員長として、「教育委員会法」の法案の審議にしたがうことになった。かれが、参議院議員に立候補するために必要な書類をつくっていたとき、かれの大臣時代に秘書官をつとめた相良惟一がそばにいた。相良はのちに学界に転じて、京都大学教授となったひとである。かれは田中にいった。「先生、参議院にお立ちになるのですか、私はもちろん賛成ですけれども、先生は大学に戻られないのですか」。田中は答えた。「あまり、ぼくに大学へ戻ってほしくない人がいる。たとえば、N君なんかそうなんだよ。」――Nは南原を意味していたと相良はかんがえている[34]。一二〇〇字たらずの弔辞の背後にかくれているドラマは語りつくされそうにない。

注

1　内村鑑三「一八八九年（明治二二年）八月二〇日付、ストラザースほか宛（英文）」『内村鑑三全集36』岩波書店、一九八三年、三一八ページ。
2　加藤節『南原繁――近代日本と知識人』岩波新書、一九九七年、一四七ページ。
3　福田歓一「南原先生の遺されたもの」丸山真男、福田編『聞き書　南原繁回顧録』東京大学出版会、一九九〇年、四七七ページ。

4　共同訳聖書実行委員会『聖書　新共同訳――旧約聖書続編つき』日本聖書協会、一九八七年。

5　久米博『キリスト教――その思想と歴史』新曜社、一九九三年、五八ページ。

6　熊野義孝「終末」、相浦忠雄ほか編『聖書辞典』日本基督教団出版局、一九七九年、五一一―五一四ページ。

7　内村鑑三『キリスト教問答』角川文庫、一九五七年、一三、二七―三四ページ。

8　日本基督教団信仰職制委員会編『死と葬儀』同教団出版局、一九九六年、二六一―二六二ページ。

9　矢内原忠雄（聞く人、大塚久雄）「私の歩んできた道」『矢内原忠雄全集』（以下『全集』と略記）第二十六巻、岩波書店、一九六五年、一九ページ。

10　矢内原忠雄「戦の跡」同右、一一七ページ。

11　台湾総督府は『帝国主義下の台湾』を発行禁止（したがって内地からの移入禁止）とした。その公式文書はつぎに紹介されている。若松正丈「解説」同編『矢内原忠雄「帝国主義下の台湾」精読』岩波現代文庫、二〇〇一年、三七〇―三七二ページ。

12　矢内原忠雄「私の歩んできた道」『全集』第二十六巻、前出、三九、四七、四八、四九ページなど。

13　この経過はつぎの文章にもっともくわしい。大内兵衛「矢内原教授辞職のいきさつ」『全集』第十七巻、月報17、岩波書店、一九六四年、五―一一ページ。

14　矢内原忠雄「基督者の信仰」『全集』第十四巻、一九六四年、二八ページ。

15　矢内原伊作『矢内原忠雄伝』みすず書房、一九九八年、四三、一八一ページなど。

16　矢内原忠雄「余の尊敬する人物」『全集』第二十四巻、一九六五年、一四六ページ。

17　無署名「摂理」『聖書事典』前出、五五〇―五五一ページ。

18　矢内原忠雄「余の尊敬する人物」『全集』第二十四巻、前出、四五ページ。

19　『田中耕太郎君――弔詞』には、管見のかぎりで、三つのテキストがある。表1に示した『「南原繁著作集」第十巻』所収のもの、および『聞き書　南原繁回顧録』三六五―三六六ページ所収のもの、鈴木竹雄編『田中耕太郎―人と業績』有斐閣、一九七七年、五〇七―五〇八ページ所収のもの、である。これらのうち、第一のものはタイトルなどは前述のとおりで、「日本学士院長南原繁」の署名が省略されている。第二のものはタイトルは「田中耕太郎君への弔辞」となっており、日付と署名が文末に入っており、第三のものは署名はタイトル「弔詞」の下に、日付は文末に入っている。私としては、どれが本物であるか見分けることができない。弔辞の文章から判断して、これは日本学士院長としてかかれたものとかんがえ、さしあたり二番目のものをつかうことにする。

20 「学問と現実」『聞き書　南原繁回顧録』前出、三六四ページ。

21 〔弔辞〕『田中耕太郎――人と業績』前出、五〇二―五一一ページ。

22 柳澤健『田中耕太郎述　生きて来た道』東京・世界の日本社、一九五〇年、三一―四八ページ。

23 田中耕太郎「法学」朝日新聞社編『わが道Ⅲ』同社、一九七一年、九二ページ。

24 同右、九六ページ。

25 横田喜三郎「弔辞」『田中耕太郎――人と業績』前出、五〇三―五〇六ページ。

26 『聞き書　南原繁回顧録』前出、一九二―一九八ページ。

27 同右、二一五―二二四ページ。

28 南原繁「日本における教育改革」『著作集』第八巻、一九七三年、二一二―二一六ページ。

29 中谷彪編著『資料　教育基本法の成立過程』タイムス、一九八五年、一四―五五ページ、一一八―二〇三ページ。

30 田中耕太郎・石井照久『新憲法と文化・新憲法と労働』国立書院、一九四八年、一〇五―一一二ページ。

31 田中耕太郎「司法権と教育権の独立」『田中耕太郎著作集第五巻』春秋社、一九六四年、四〇七―四三八ページ。

32 相良惟一「田中先生の文部省・参議院時代」『田中耕太郎――人と業績』前出、一一二―一一三ページ。

33 田中耕太郎『教育基本法の理論』有斐閣、一九六一年、八五二―八五七ページ。

34 「座談会　田中耕太郎先生を偲ぶ　Ⅱ人と生活」『田中耕太郎――人と業績』前出、六一三ページ。

第五章　文学者の弔辞

近代文学同人から故原民喜へ

原子爆弾による被爆体験

二〇世紀に生きた日本人にとって、かれらの歴史体験の主要なひとつとして、戦争体験がある。その戦争体験の構造をかんがえると、まず、それは戦争による被害体験と加害体験にわかれる。それら二とおりの体験は具体的にはさまざまな局面をもっているが、被害体験のばあい、その代表例として一九四五年八月六日の広島市、同月九日の長崎市における原子爆弾による被爆体験がふくまれる。それぞれにおける人的被害は、広島市で死者七万八一五〇、重傷者九四三八、軽傷者二万七九九七、行方不明一万三九八三、計一二万九五五八、長崎市で死者二万三七五三、重軽傷者四万九九三、行方不明一九二七、計六万六六七三、であった。ほかに、広島市で約一八万人が、また長崎市では約九万人が住宅など生活手段を焼かれて失った[1]。さきの数字は四五年一一月の行政機構の発表によるものであるが、行方不明は実際にはほとんどが死者であろう。また、負傷者のなかにはその後死亡したものも少なくなかったはずである。二発の原子爆弾による死者は一二万人を超えたとおもわれる。原子爆弾による被爆体験は大量殺戮の被害体験である。

一九四五年八月からすでに半世紀以上が経過した。そのあいだに、このような被爆体験をもった国民はほかにいない。これまでのところ、歴史上、原子爆弾による被爆体験をもっているのは日本人のみである。いくらか厳密にいえば、ここで日本人といっているのは当時日本に居住していた人びとというほどの意味であり、日本国籍をもっていた、あるいはもっている人びとにかぎられない。原子爆弾の被爆者には在日韓国人などの外国人がふくまれている。また、原子爆弾による被爆体験は、広義にとれば、核兵器の実験場における兵士や市民の被爆までがふくまれる。しかし、ここでいう日本人のみがもつ被爆体験とは、戦時下に交戦相手国の空軍による爆撃で市街地に原子爆弾が投下され、大量の市民が殺戮された体験である。

広島市が編集した『広島市市勢要覧』から、被爆時の状況の描写を紹介する。

「昭和二十年八月六日午前八時十五分頃広島市の中央高度千五、六百米附近でマグネシウム爆弾様の青白い閃光を発しポンと軽く爆発した後爆弾は赤く太い火柱を引いて六、七秒間急速に落下五百七十米上空（細工町島病院附近）で大炸裂した。この炸裂は強烈極まるもので赤青色或いは茶褐色味を帯びた火焔を四散し轟音と猛烈なる熱光線を放射した。更にこの大爆発によって生じた火焔は火柱状となって爆心地上にふきつけ地上の物体を燃焦し、爆風はこれらの物体を吹飛した。亦爆心地に小さな太陽ともいうべきものが出来た。それは当時火の球と呼ばれ直径約百五十米中心は華氏約二万度という強熱の赤い塊であった。亦この強熱は一尺厚みのコンクリートの背後に五百乃至千哩の大風を起し全市を潰滅と灰燼に帰せしめた。風圧の波は時速も被害の及ぶ強烈な放射熱であった。爆弾落下後炸裂迄の時間的差異は約百秒、その際の輻射熱感の持続時間は二秒前後と考えられる。爆風圧は炸裂後相当の秒時がある。これは距離によって異るが大体音波と同じ時差である。爆発後五分乃至十分後に市の北部地方に大驟雨が襲来した」2

原民喜の自死

敗戦後、日本文学には、この原子爆弾による被爆体験を素材や主題とした作品群が出現し、それは原爆文学などと呼ばれることもあった。書き手の作家たちや詩人たちの多くは、広島市で被爆した人びとや被災直後に広島にやってきた人びとであった。かれらは敗戦直後から制作活動をはじめ、その主要な作品は一九五〇年代の半ばあたりまでに発表されている。それから約半世紀が経過した現在からふり返って、その作品の芸術的完成度のきわだつ高さに注目し、かれらから代表的存在をひとり選ぶとすれば、私は原民喜を選ぶ。原は一九四七年、代表作「夏の花」を発表し、これと、同年発表の「廃墟から」、四九年発表の「壊滅の序曲」が連作となった。かれは、その後も五一年まで旺盛な製作活動をつづけたが、同年三月一三日、東京において、西荻窪駅と吉祥寺駅のあいだで鉄道自殺をとげた。享年四六。原のこの自死とかれの文学的達成は、のちにみるように深く関連している。

原民喜の告別式は、三月一六日午後一時から阿佐谷の佐々木基一宅でおこなわれた。佐々木は、原にさきだって亡くなっていた原夫人・貞恵の弟であり、原の義弟にあたる。式は故人の生前の宗教にたいする態度から判断して、神主も僧侶も牧師もいない、いわば自由式でおこなわれた。そして、そういう式なりの厳粛整然とした雰囲気がただよっていた。式は『三田文学』、『近代文学』同人葬というべきものであった。両誌は当時の最有力の文学同人誌で、原は両誌の同人で、それらを作品の主要発表舞台としていた。式の最初、葬儀委員長格の佐藤春夫が、原の自死の報せをうけた直後に詠んだ歌一首をもって霊前の呼びかけをした。ついで山本健吉が「夏の花」

の一節を朗読した。遺族、親族が最後の別離を告げる礼拝のあと、三田文学会の弔詞を柴田錬三郎が、「近代文学同人」の弔詞を埴谷雄高が捧読した。そのあと、弔電の捧読、藤島宇内による原の詩作品と自作の追悼詩の朗詠、列席者の告別の礼拝、告別式全体は午後四時におわっている[3]。

「近代文学同人」の弔詞の全文はつぎのとおりであった。

「弔詞

原民喜さん　あなたがいまこの地上を去るにあたって私達は私達の心をこめた一つの挨拶を送りたいと思ひます。あなたは死によつて生きてゐた作家でした。私達はあなたの作品によつて病のためみまかつた奥さんへの深く悲しい哀惜　さらにまた　数万のひとが白熱の閃光に焼かれたあの広島の恐るべき日への限りもない慟哭を知らされたのでした。あなたの悲しみはあまりに深く　あなたの訴えはあまりに胸に迫るので私達は　あなたの悲しみをわが悲しみとし　あなたの訴へをわが訴へとしてしながらも　殆ど声をあげてあなたに応ずることが出来ないくらゐでした。私達は黙つて　あなたの作品を読み、あなたを見守つたものでした。あなたの作品は　この地上に生きるものの悲しみの果てを繊細に描き出してゐます。そして　生のいとほしさ　優しさ　よろこび　などが　そのあなたの陰影の深い悲しみの果てからゆらめきでてくることは芸術のみのもつ深い不思議であつて　私達はそのあなたの作品を数すくない宝玉として愛着してきたのでした。さて私達のいまの悲しみは　そのやうなあなたの感受性の鋭い駆使者であるあなたが　いまはないことです。あの白熱した閃光が天の一角から地上へ走つた日から　私達の胸奥深く訴へつづけてきたあなたがいまはないのです。あなたは闘ひ疲れたのでせうか。人間の心をこめた訴へと痛憤をもはやうけいれぬや

うな恐ろしい　厚い　暗い影が　いままた　ただに広島のみならず　地球のあらゆる面へ拡がってきている
かに見えるとき　あなたを見送らねばならぬことは　私達の最も深い悲しみとするところです。
昭和二十六年三月十六日　近代文学同人」[4]（『近代文学』第五〇号、一九五一年八月号、六六ページ）

死によって生きる

「あなたは死によって生きていた作家でした」

この文章は原の作家としての本質をもっとも凝縮して表現している。原の代表作は、妻・貞恵の病いと死をえがいた「苦しく美しき夏」にはじまる「美しき死の岸に」の連作と、広島における市民たちの原子爆弾による被爆と死苦をえがいた「夏の花」三部作である。これらの作品に原の作家としての本質がもっともよく表現されているのであるが、それは抽象化していえば、生きるということの極限的なかたちを死との関係においてつかみだす資質とでもいおうか。原はこの能力をその作家的閲覧の最初から示しており、そこにつらなってゆく感性は幼年時代からかれにそなわっていたとおもわれる。

原民喜は、一九三五年、最初の短篇集『焔』を白水社から刊行した。その後、かれは、三六年、三一歳ごろから、四四年、三九歳ごろまで、『三田文学』を主要な発表舞台として、短編小説をきれめなく発表しつづけた。かれはそれらの作品の約半数によって二冊の短篇集『幼年画』と『死と夢』をつくる計画を一九四四年ごろたてた。しかし、この計画はかれの生前には実現せず、かれの死後、一九六三年、『原民喜作品集』全二巻が角川書店から刊行されたとき、その第一巻で実現している。なお、厳密にいうと、『幼年画』のばあい、四四年に計画したものにかれが自死直前に手を入れて、戦後に執筆した一篇が末尾にくわえられている[5]。

『幼年画』は九つの短篇を集めているが、すべて原民喜自身の幼年時代の体験にもとづいてかかれた私小説である。そのうち三篇が、子ども時代の原とおぼしき主人公、雄二の死にかんする体験を主要な題材としている。

「鳳仙花」では、雄二自身がまだ学齢に達しておらず、ときに母親の背におぶわれている幼児であるが、近所に従妹で乳児の勢子がいた。物語は雄二が伯父の家にいって、勢子を泣かして逃げ出すことをくり返しているところからはじまる。かれは自分より小さい女の子がめずらしくて仕方がないのだ。それにつづいて、雄二がもつ空を飛ぶ鳶や鴉が海に墜ちて死ぬイメージとか、かれの家の庭の鯉が五、六匹いたちに襲われて死に、腹を返して浮いていた記憶がかたられる。末尾近く、勢子の兄が雄二の母のところに走ってきて、彼女がひきつけて白眼をむいていると告げる。つぎの日、夕方、母が雄二の姉・菊子に「早く行って勢子さんの顔みておきなさい。もう駄目らしいのです」と小声でいっているのを、かれも聞いた。夕食のあと、勢子が死んだという連絡が入った。母、兄、姉は出かけていったが、父は雄二を膝にだいて、「小さいものは行くのじゃない」といった。

「勢子の葬式は翌日の夕方だった。菊子は昨夜、帰って来てからも、『可哀相に』と云って泣いてゐた。『生きてる時とそっくりの顔で、小さな手組み合はせてるの』と菊子は切なさうな顔で話した。『勢子さんはもうゐない』と母は何気なく雄二に話した。雄二は不思議に自分がとがめられてゐるやうな気持だった」。このあと、勢子の葬列といきなりの稲妻、雷鳴の描写、「『憶えておけ！』といふ声が耳にきこえるようだった」という文章で、作品は結ばれている[6]。

「朝の礫」はくわしい紹介はひかえるが、雄二の弟・四郎の死をえがいている。このときは雄二は小学校に通っており、父の悲しみがつよく印象に残った。

ちなみにいえば、原民喜は一九〇五年一一月一五日生れ、一九一二年小学校入学であるから、「鳳仙花」の出来事がおこったのは、一九一〇年前後かとおもわれる。わが国の乳児死亡率で現在入手しうるもっとも古いものは一九二〇年のそれで、一六五・七‰である。つまり、誕生した子ども一〇〇〇人のうち、生後一年以内に約一六六人が死んでいる。二〇〇〇年の乳児死亡率は三・一‰である。現在から比較すると、一九二〇年では、乳児死亡率は約五五倍であった。また、くわしい数値の紹介は省略するが、二〇〇〇年の五歳未満児の死亡率にたいして、一九三〇年のそれは、男子で約四七倍、女子で約五二倍である（厚生省人口問題研究所編集『人口統計資料集　一九九〇―九一』）[7]。かつての子どもたちの生は、現在よりはるかに大きい死の確率をふくんでいたといわねばならない。

「小地獄」は、雄二が体験した不気味なもの、死と死後の世界のイメージをならべている。飯焚きの老婆の口のなかでは、お歯黒をつけた歯が黒い虫がむじゃむじゃ蠢いているようにみえ、かれは大声で泣いた。母になだめられて、老婆の口をもう一度みると、舌が黒い虫のなかの小さな赤い蛇のようにうごいていた。女中は雄二をおぶって、地獄極楽の見世物をみにいった。かれは入り口を入ったところで大きな青鬼をみただけで足が慄えだし、帰ろうと女中に訴えたが、彼女の手はかれの躯をしめつけて、先に進んだ。三途の河へつれてゆかれ、かれは女中の背で泣きわめいたが、彼女はわざと強情になって、かれに地獄の情景をみることを強いた。煮えあふれる涙のなかで、かれはもうなにもみえなかった。小屋から出ても、嗚咽の痙攣はつづき、なにもかもが小屋に入るまえと変っているようであった。

雄二は蒟蒻屋のまえに立っていた。釜のなかの煮えたぎった湯に放りこまれた蒟蒻は「あーん、あーん」とかわいそうな声で泣く。ゆであがった蒟蒻は桶につめられているが、かれにはそれが蒟蒻の死骸がいっぱいつめられているとみえる。しまいには、かれ自身が、「あーん、あーん」と泣いて逃げ出してしまった。雄二は、寝起きに大人の酒宴の様子をみて、赤鬼、青鬼のイメージを連想する。夜の庭を見下ろすと、小さな川ができていて、そこを生首が浮び流れてゆき、かれをにらんだり、笑いかけたりする。かれはそれを見たくなく、目を閉じて、「早くランプをつけて明るくしてくれえ」と泣き悶えていた[8]。現実と幻想のなかで、雄二はたえず、不気味なもの、死と死後のイメージに怯えつづけていた。

死の世界への惑溺

『死と夢』は一〇篇の短篇をあつめているが、そのうちの九篇までが死後の生をいきる死者を登場させている。「玻璃」は死者の俊が夜の街を歩きまわっている話である。かれは八年まえに死んでいる。かれが出会う生きている人びとは年をとり変化しているが、かれ自身は死んだときから年をとっていない。この作品では生者はまぢかにいる死者に気がつくことはないが、死者同士は互いを見わけて、対話をすることができる[9]。「行列」は死んだ文彦が自宅に入ってゆき、自分の蒼ざめた死に顔をみるところからはじまる。やがて家族、親族がかれを棺桶に入れ、人夫がそれを担いで葬列が進みはじめる。文彦はかれの葬式を止めさせようとするが、人びとはかれにとりあおうとしない。母親はかれをみて「可哀相に、まだ迷ってるのかい」といって念仏を唱え、級友はかれをみて幽霊だとはやしたてる。文彦は次第に絶望感をつよめながら、火葬場に歩いていった[10]。

ほかの作品でも物語づくりの趣向はさまざまであるが、大別して、死者同士の交わりをえがくか、死者と生者の交わりをえがいている。後のばあいは、死者の観点から語られているものと生者の観点から語られているものとがある。しかし、いずれのばあいも、『幼年画』の作品世界においてのように、死と死者、死後の世界が恐ろしいもの、不気味なものとしてえがかれていない。あえていえば『死と夢』の作品世界では、作家は死者にたいして親近感をもち、さらに進んでは死者になりきって、その作品世界を構築しているようにみえる。

『死と夢』一〇篇のなかで死者が登場しないのは「溺没」だけである。郷里をはなれて都会でくらしている大学生らしい猛夫は、生きてゆく目的も、意志も喪っている。かれは「彼の頭上を省線は横切り、無用の頭蓋を粉砕してしまう」という鉄道自殺のイメージにとりつかれており、それを決行する時期をまっているのだ。求愛していた女性からは婉曲な拒絶の手紙がとどいていた。夜の街をすさんだ気持でさまよった長い時間。作品の結末はつぎのとおりである。

「夕ぐれであった。それはまるで夢のつづきに似てゐたが、夢ほどの興奮もなかった。質屋で服を金に替へ、彼は省線に乗った。ある駅で降りた。駅前の居酒屋で長い間何かを待った。／誰かやって来たやうであった。そこで彼は立上がった。／彼は酒屋を出て、踏切の方へ歩いて行った。今、電車は杜絶えて、あたりは森としてゐた。やがて、微かに軌道が唸りはじめた。響はすぐに増してきた」[11]

「溺没」は一九三九年九月に発表されている。原は、それから一一年半後の五一年三月一三日、この結末の手順をほぼそのままくりかえして、自死した。かれは自らの生涯を閉じる自死のイメージを早くからもっていたとおもわれる。

『幼年画』の主人公は死の気配に感性でするどく反応する子どもである。『死と夢』の作家は、その子どもが成長して、死の世界に惑溺している成人である。この作品集はよんで楽しいものではない。そこに収められたすべての作品は、死へのあこがれ、自己破壊へのつよい衝動を感得させる。このような作品に表現される内面をかかえつつ、原民喜はどうやってかれの生を可能にしていたのであろうか。

「美しき死の岸に」

「私達はあなたの作品によって病のためみまかった奥さんへの深く悲しい哀惜　さらにまた　数万のひとが白熱の閃光によって焼かれたあの広島の恐るべき日への限りもない慟哭を知らされたのでした」

時間をさかのぼっていうのだが、原民喜は中学校五年生のときから本格的に文学に親しみ、詩作をはじめた。つづいて慶應義塾大学文学部予科に入学、のち英文科に進んでいる。予科時代に俳句をはじめ、短篇小説をかきだしている。学生時代、かれはマルクス主義の文献に接し、左翼運動に関心を深め、そこからはなれると、酒と女にいれあげ、ダンスに熱中した。このあたり、大正期末、昭和期初めのモダン・ボーイ、慶応ボーイの通俗的典型以外なにものでもない。しかし、大学を卒業した一九三二年、二七歳のおり、本牧の娼婦を大金で身受けして同棲をはじめ、一カ月で女に裏切られたり、旧友のひとり、長光太宅でカルモチン自殺をはかったが、薬の服用量が多すぎて未遂におわったりというあたりは、並ではない荒れかたであった。「原民喜年譜」のその年の記述のさいごには「人間に絶望し、警戒心と猜疑心がつのる」[12]と記されている。

この原が健康に生きる力をとりもどしたのは、翌三三年、二八歳で永井貞恵と結婚することによってである。

貞恵とのあいだの夫婦関係はかれの心理と生活を完全に安定させた。このいきさつについては、原は美しい文章をいくつも残している。「苦しく美しき夏」から二例のみをあげる。

「妻はいつも彼の乱れがちの神経を穏かに揺り鎮め、内攻する心理を解きほぐさうとした。どうかすると妻の眼のなかには彼の神経の火がそのまま宿ってゐるやうに想へることもある。彼は不思議さうにその眸に視入った。と忽ち、もっと無心なものが、もっと豊かなものが妻の眸のなかに笑ひながら溢れてゐた」[13]

「幾日も雨の訪れない息苦しさがあるとき彼をぐったりさせてゐた。／『少し外へ出てみませうか』／妻は夜更に彼を外に誘った。（中略）暫く妻と一緒にそこに佇んでゐると、やはり戸外の夜の空気が少しづつ彼を鎮めてゐた。再び家に戻って来ると、さきほどと違った、かすかな爽やかさが身につけ加へられてゐた。……かういふ一寸した気分の転換を彼の妻はよく心得てゐるのだ。それで、彼は母親にあやされる、あの子供の気持になってゐることがよくある」[14]

第一の引用文は、妻が夫の神経を揺り鎮め心理を解きほぐすと、夫は妻の眼のなかに自らがあるがままに受け入れられているのを認めたうえで、そこに「もっと無心のもの」、「もっと豊かなもの」があふれてくるのを見る。つまり詩人は妻との関係のなかでよりすぐれた自己表現を体験しているのだ。第二の引用文でも、妻は夫の息苦しさを鎮め、気分転換をはかって成功している。そのとき、詩人と妻の関係は、あやす母親とあやされる子どもの関係である。

原夫婦の結婚生活の最初から、妻は夫の文学の可能性を絶対的に信じていた。その確信は、かれの作品の芸術的価値を理解したうえでのものであるよりは、かれを愛していることによる無条件の信頼であった。彼女はさりげない会話や日常の振舞いのひとつひとつで、夫をその文学の発展の方向にむかわせようとした。かれは若い女がかれによせてくれる夢の素直さに驚き、その親切に甘えた。しかし、かれには彼女の信頼に応える自信があったわけではない。それどころか、かれの内部には不安と焦燥がうずまいていた。文学はかれの少年時代からの宿願であったが、かれはまだ見るべき成果をほとんどあげていなかった。それでも、かれは、結婚した年の夏の終りごろから少しずつ作品をかきはじめた。

原夫婦のユニークなつながりかたについては、多くの文学者が証言をのこしている。貞恵は原が作家として世に出る機会をつかむことができるように、先輩の文学者の家を夫をつれて訪問するのを常とした。しかし、玄関口で挨拶をするのも、その家の主人と会話をかわすのももっぱら妻の役割で、夫は妻のかたわらに黙ってひかえており、彼女の言葉にうなづいてみせるだけである。妻は夫の執筆の遅さや苦労をしずかに語った。まれに原が意思表示をするときには、かれは貞恵にそれをささやき、彼女がそれをあらためて語るのであった。原夫婦のはじめての訪問をうけたおりの印象を佐藤春夫はつぎのようにかいている。

「彼は彼女を誘って来たのではなく、むしろ彼女に伴はれて、それも小学生が母につれられて学校の先生の前に叱られに出たかのやうに見えた」[15]

また、伊藤整は原夫婦の三、四回の訪問からうけた印象をつぎのようにかいた。

「夫人は原君にとつて実にいい奥さんであつたと思ふ。明るくて、出しやばらず、弟を扱ふやうに原君をやさしく扱つてゐた」16

原のくわしい伝記はないので、これらをふくんだいくつかの断片的事実に想像と解釈をくわえていうのだが、原は、貞恵との関係のなかで破滅にひた走る衝動を鎮められ、ときほぐされ、それを「幼年画」や「死と夢」の作品世界に昇華することができたのだろう。かれらの関係は、一般的な言葉でいえば、(1)夫と妻、(2)男と女、(3)母と子、(4)姉と弟のそれぞれの関係の性質をあわせもっていた。フェミニズムが元気がよい時代にこのような夫婦関係を中立的な態度でみてもらうことは難しいが、原のようなタイプの詩人は貞恵のようなタイプの女性にめぐりあわないかぎり、生きのびることも、書くこともできなかったのは確かであろう。男と女の幸福な組み合わせは、その不幸な組み合わせと同様に、いろいろあるのだとしかいいようがない。

象徴的殉死

貞恵は一九三九年九月に発病して、四四年九月に死去した。病名は作品中の記述から判断すれば、結核と糖尿病であったらしい。原の幸福な結婚生活は一一年半でおわった。かれは再び破滅への衝動に身をゆだねるしかない。それはどのようなかたちでかれをとらえたか。

戦前期、原がもっとも旺盛な創作力を発揮したのは、結婚後二年がたったころから妻の発病までのあいだである。「死と夢」所収の九篇はすべてそのあいだに発表された。そのさいごの「溺没」は、妻の発病した月に発表されている。「原民喜年譜」をながめていると、これらの事実は、原が破滅への衝動を妻との関係のみを条件として文学的に昇華することができたことと、妻の発病にその死の合図を無意識のうちによみとりその条件が失われることを予感して昇華の作業を打ち切ったことなどを、私に想像させるのである。

それでも五年におよぶ貞恵の闘病期間、彼女は原をなだめ、慰め、励ましつづけた。自らの病気の進行に心を暗くしながら、それをかくして、ときにユーモラスに、ときに華やかに夫のために演技する妻の所作を、いくつも原はかきとめている。貞恵は最初は大学病院に入院し、のち自宅で療養するようになった。「美しき死の岸に」にみいだされる、そのころの生活についての回想。

「妻が病床にゐるといふことだけが、現在彼の生きてゐる世界のなかに、とにかく拠りどころを与へてゐるやうだった」[17]

しかし、貞恵の死はやってきた。原は妻の枕頭にすわったまま、死苦のなかで彼女がうめくのを聞き、そのうめき声がとだえるのを聞きとどけた。

「死の中の風景」では、妻の死の直後、かれはかれ自身を「この世に置き去りにされてゐる」[18]と感じる。彼女の葬儀のあと、かれはひとり部屋に閉じこもり、悶絶しそうになるほど身を硬ばらせて、かんがえつづけた。

「彼にとって、一つの生涯は既に終ったといってよかった。妻の臨終を見た彼には自分の臨終も同時に見とどけたやうなものだった。（中略）彼は妻の骨を空間に描いてみた。かれの死後の骨とても恐らくはあの骨と似かよってゐるだらう。さうして、あの暗がりのなかに、いづれは彼の骨も収まるにちがひない。さう思ふと、微かに、やすらかな気持になれるのだった」[19]

原は貞恵の死をみて、気分のうえでは自らも死んだとおもっている。死んでしまった愛した妻と死後の自分がいっしょに葬られるイメージが、わずかにかれを落ち着かせる。さきの著作で、私は、この原の心理を「象徴的殉死」と呼んだ[20]。象徴的殉死をとげたあと、原はどのように生きることになったか。

「もし妻と死別れたら、一年間だけ生き残らう。悲しい美しい一冊の詩集を書き残すために」[21]

結婚したばかりのころ、貞恵は死のことを夢見るように語ることがあった。原は若い妻の顔をながめながら、ふと、まもなく彼女に死なれてしまうのではないかと怯えた。そのとき、その突飛な想念が胸のなかに浮かび上がり、たぎった。一年間だけ生き残るとは、一年後の死、おそらくは自死を意味する。現実に妻に死なれたあと、原は妻あての手記をかきつづけた。それは「一冊の詩集」にあたるものだったのであろうか。そうして、かれは、一年後に生命を絶って、現実の殉死をとげるつもりだったのであろうか。しかし、その一年がたたぬうちに、原民喜は広島市において原子爆弾により被爆したのである。

「夏の花」

「夏の花」三部作は「壊滅の序曲」「夏の花」「廃墟から」によって構成されている。「壊滅の序曲」は、原民喜とおぼしき主人公・正三が妻の遺骨を墓に入れるために郷里の広島市に帰ってきて、長兄・順一の家でくらしながらながめた、かれと順一の家族、次兄・清二の家族、姉の康子、兄たちがいとなむ小企業ではたらく人びと、地域の人びとなどの人間模様をえがいている。時は三月から八月にかけてで米軍機による空襲が次第に頻繁になり、市民と家屋の疎開があわただしく進められているころで、作品の末尾は「原子爆弾がこの街を訪れるまでには、まだ四十時間あまりあった」[22]としめくくられている。

「夏の花」の主人公は私となっており、これも原民喜とみてよい。タイトルの由来は、作品の冒頭で私が花を買って妻の墓を訪れるのだが、その花が「黄色の小瓣の可憐な野趣を帯び、いかにも夏の花らしかった」[23]というところによる。その二日後、私は原子爆弾に襲われる。作品の本体は、原子爆弾が爆発した直後から翌日にかけての広島市の「新地獄」の描写である。多くの市民が熱風と焔によって灼かれ、傷つき死んでいる。これは全体として小説であるが、ところどころ叙述が散文詩、象徴詩とみなせるものになっている。散文の密度とテンポでは、人類史上、最初の地獄図絵はとらえきれないと、作家がなかば無意識に判断し、その方法を選択したのだろう。

「廃墟から」の主人公は「夏の花」にひきつづき私とされている。この作品では私と次兄の家族が原子爆弾に被災したあと逃れていった村落での生活をえがいている。私は敗戦の報せをその村で聞いた。周囲には多くの負傷者がおり、死んでゆく者も多い。私の体にもさまざまな不調がおこっており、下痢がつづいていた。食料は不足して、被災者たちは飢えに苦しんだ。ここでは作風が人間模様を散文でえがくものにもどっている。

三つの作品に共通していることのひとつは、作家が現実を注視し記録することへの真摯さである。「壊滅の序曲」では、戦争成金となった長兄夫婦がぜいたくな暮らしをしながら、いさかいがたえない。主人公は「戦争の虚偽がすべての人間の精神を破壊してゆく」とかんがえる。戦時下の危機的状況のなかで、かれ自身をふくめて人びとは変ってゆく。「ぎりぎりのところをみとどけなければならぬ」[24]——これが、そのころのかれの自然に浮ぶテーマであった。しかし、原子爆弾によって被災したあと、かれがみとどけることになったものは、そのころのかれの想像を絶するものであった。

「夏の花」では、私は被爆直後に破壊された家屋から逃れ出て、煙と焔が吹きまくる道を走り、川岸までやってきて腰を下ろす。

「長い間脅かされてゐたものが、遂に来たるべきものが、来たのだった。さばさばした気持で、私は自分が生きながらへてゐることを顧みた。かねて、二つに一つは助からないかもしれないと思ってゐたのだが、今、ふと己が生きてゐることと、その意味が、はっと私を弾いた。／このことを書きのこさねばならない、と、私は心に呟いた」[25]

「廃墟から」では、夜明けの夢で崩壊直後の家屋があらわれ、そのあと、私が、そこにあった書物も紙も机も灰になってしまったとかんがえながら、内心の昂揚を感じたという描写がある。「何か書いて力一杯ぶつかってみたかった」[26]。それにさきだって、その何かとは、病いによる妻の死と原子爆弾による市民たちの死をかさねて、死者を追悼する悲歌であることが示唆されている。

さて「夏の花」と「廃墟から」の作品世界では、多勢の死者と生者が登場する。生者は死にゆく人びとと生きのこる人びとである。死者と生者が登場するというかぎりでは、これらの作品世界は「死と夢」の作品世界と共通する。原民喜は、原子爆弾が投下された直後の広島市で自らの幻想世界が一気にリアリティを獲得して突然に出現したのをみたのである。しかし、「夏の花」や「廃墟から」と「死と夢」では、重大な差異がひとつある。幻想世界では死者たちも死にゆく人びともきれいな存在で、死後の世界は自然をふくんでこの世と変らない。しかし、「夏の花」の世界では死体や負傷者は赤くあるいは黒く焼けただれ、かれらをふくんだ世界は自然の調子を喪った無機物の集合であった。凄惨な描写を二例あげる。

幻想世界から現実世界へ

「男であるのか、女であるのか、殆ど区別もつかない程、顔がくちゃくちゃに腫れ上って、随って眼は糸のように細まり、唇は思ひきり爛れ、それに、痛々しい肢体を露出させ、虫の息で彼等は横はってゐるのであった。私達がその前を通って行くに随ってその奇怪な人々は細い優しい声で呼びかけた。『水を少し飲ませて下さい』とか、『助けて下さい』とか、殆どみんなが訴へごとを持ってゐるのだった」[27]

「ギラギラノ破片ヤ
灰白色ノ燃エガラガ
ヒロビロトシタ　パノラマノヤウニ
アカクヤケタダレタ　ニンゲンノ死体ノキメウナリズム

スベテアッタコトカ　アリエタコトナノカ
パット剥ギトッテシマッタ　アトノセカイ
テンプクシタ電車ノワキノ
馬ノ胴ナンカノ　フクラミカタハ
プスプストケムル電線ノニホヒ」[28]

原民喜にとって、「死と夢」の幻想世界を「夏の花」の現実世界に変態させたのは、なにか。それは原子爆弾の爆発であり、それをもたらしたアメリカ空軍の爆撃機、B29からの原子爆弾の投下であり、その爆撃をふくんだ日本とアメリカ合衆国のあいだでたたかわれた太平洋戦争であり、さらにその戦争をふくんだ当時の国際政治であり、一言で抽象化すれば歴史ということになる。今日の国際政治学の研究は、アメリカが広島市と長崎市に原子爆弾を投下した真の意図は、日本の降伏を早める軍事的目的よりは、ソ連の対日参戦をはばみ、戦後世界での対ソ主導権を確保し、「パクス・アメリカーナ」への道をより確実にする政治的目的にあったことを、多くの証拠にもとづき、あきらかにしている。[29]

原民喜は、母か姉のような存在である妻に庇護されて精神の平安を保ちながら、死にあこがれる自己の内面を「死と夢」などに形象化しているマイナー・ポエットであった。かれは妻と死別し、自己の死もみとどけた気分になり、広島にやってきて、戦争、政治、歴史の巨大な一撃に出会う。それまでにも戦争にたいしては、詩人らしい批判的意見をもっていたが、その巨大な一撃はかれの想像力を大きく超えていた。

「夏の花」の三部作で、原は、その原子爆弾による被爆体験をもたらした戦争、政治、歴史の一端をとらえようと、手さぐりしている。たとえば「壊滅の序曲」では、正三が「この街をめぐる、或る大きなものの構図」をおもいうかべるところがある。

「正三の眼には、いつも見馴れてゐる日本地図が浮んだ。広袤はてしない太平洋のはてに、はじめ日本列島は小さな点々として映る。マリアナ基地を飛立ったB29の編隊が、雲の裏を縫って星のやうに流れてゆく。日本列島がぐんとこちらに引寄せられる。八丈島の上で二つに岐れた編隊の一つは、まっすぐ富士山の方に向ひ、他は、熊野灘に添って紀伊水道の方へ進む。が、その編隊から、いま一機がふはりと離れると、室戸岬を越えて、ぐんぐん土佐湾に向ってゆく。……青い平原の上に泡立ち群がる山脈が見えてくるが、その峰を飛越えると、鏡のやうに静まった瀬戸内海だ。一機はその鏡面に散布する島々を点検しながら、悠然と広島湾上を舞ってゐる。強すぎる真昼の光線で、中国山脈も湾口に臨む一塊の都市も薄紫の朧である。……が、そのうちに、宇品港の輪郭がはっきりと見え、そこから広島市の全貌が一目に瞰下される」30

以下、広島市の市街の描写がつづき、B29一機が飛び去って、このパラグラフがおわっている。これは原の作品ではめずらしい文章である。かれは不断はかれとおぼしき登場人物がみた景色、その視界におさまる景色しか描かない。しかし、そのような描写のみによっては、戦争や政治、歴史の全体像はとらえきれないとかんがえ、想像力に大きく依存するこのパラグラフをかいたのではないか。

さきの引用文は想像力を地理的空間にそってはたらかせている。これにたいして「廃墟から」には、想像力を歴史的時間にそってはたらかせるつぎのような文章が末尾ちかくにみいだされる。

「しかし、焼跡には気の早い人間がもう粗末ながらバラックを建てはじめてゐました。軍都として栄えた、この街が、今後どんな姿で更生するだらうかと、槇氏は想像してみるのでした。すると緑樹にとり囲まれた、平和な、街の姿がぼんやりと浮ぶのでした」[31]

未来のイメージがぼんやりしているのは仕方がない。しかし、過去のイメージは？「軍都として栄えた」と正確な規定を記しておきながら、それにもとづき原が想像力をはたらかせなかったのを、私は惜しむ。これについては、のちに再度、言及する。

東アジアのなかの日本

「人間の心をこめた訴えと痛憤をもはやうけいれぬような恐ろしい　厚い　暗い影が　いままた　ただに広島のみならず　地球のあらゆる面へ拡がってきているかに見えるとき　あなたを見送らねばならぬことは私達の最も悲しみとするところです」

弔辞の末尾のこの文章は、その執筆者たちの同時代史の認識を示している。この認識において歴史は一九四五年八月六日の広島を起点としている。それから六年ちかくがたち、原民喜は自裁した。そのあいだに全面核戦争の不安は地球全体をおおった。この政治状況が打開される見通しはまったくない。そのときに広島の死者たちへの慟哭をつうじて、核兵器の使用を告発するあなたを見送らねばならないのは悲しいことだ。この文章では、歴史は四五年八月六日から未来にむかって流れ、そのなかで日本人は被爆体験をもつ被害者である。

これは一九五一年三月という時点における「近代文学同人」たちの歴史認識である。多分、当時の日本における知識人たちで反権力志向がつよい人びとの多くは、このような歴史認識をもっていたのではないか。しかし、アジアの知識人たちのなかには、これと鋭く対立する歴史認識がみいだされることを、われわれは知らねばならない。中国の方励之（ファン・リージ）の「日本人の潜在的戦争観について」という小論文を紹介、検討してみよう。この日本語訳は、一九八七年八月号の『中央公論』に発表された。

方は一九三六年生れ、中国の代表的な天体物理学者であり、八〇年代は北京天文台に勤務していた。かれは学生たちに思想の自由が尊重されるべきだと説き、知識人の復権を主張してきた。民主化をもとめる学生のデモがはげしくなると、方はその言動によって学生を扇動したとみなされ、一九八七年一月、中国共産党を除名され、中国科学技術大学副学長を解任されている。これは、中国の反権力的知識人の受難として、世界に知られることになった。

前掲の小論文のタイトルは、訳者の大里浩秋氏がつけたものらしい。原題は「遊嵐山後記」で、原論文はアメリカ合衆国で発行されている華字月刊誌『中国之春』一九八七年三月号に掲載されている。同紙の編集者まえがきによれば、この文章には周恩来を批判しているように解される部分があり、そのため中国の国内で発表されることができなかったということである。しかし、大里氏は、文中に表明されている日本人観が率直すぎて日中関係に緊張を生じさせるという懸念も、発表のさしひかえの一因だったのではないかと推測している[32]。

この論文は、本論ともいうべき「嵐山に遊びし後に記す」と補論から構成されているが、のちに示すように二つの部分は論理的につよく結びついている。本論は、筆者が一九八一年秋に来日し、京都の嵐山を訪れ、その景色の美しさを眺めたあと、嵐山美術館で太平洋戦争での日本軍の武器、鎮魂碑、戦争写真などの展示をみたおりの感想、状況分析を述べたものである。

中国各地における日本軍の勝利を記録する大型の戦争写真が百枚以上かざられており、そのかたわらに「我々は祖国を愛す――日本軍友会」という赤字でかいたスローガンがはられていた。それをみて怒り心頭に発した方はかく。そのとき、もし手に爆弾をかかえていたら、私は怒り狂ってこの展示会場をかならず爆破しただろう。また、太平洋戦争の初期には、日本は中国だけでなく多くの地方で戦闘に勝利をおさめているのに、展示されているのは中国での作戦の写真ばかりであった。方は、その事実についてつぎのようにかく。

「この点は日本のある人々が第二次世界大戦を評価、分析する際、潜在的には、日本がアメリカに発動した戦争は戦略的に誤っていたが、中国を攻撃したのは正しい決定だったと考えていることを反映している」[33]展示会の結びの言葉には、日本軍の戦功、大和魂の精神が賛美されていた。美しい嵐山は殺気がひそむ嵐山でもあった。

「補記」は、方が、広島市の平和記念資料館を訪れたおりの印象記である。そこではイヤホーンによる解説が日本語、英語、フランス語、および中国語でおこなわれており、方は、それを聞いて、広島市民がうけた被害の大きさに愕く。このような人殺しは、加害者が人間性を喪失しているところからくる災禍であるとかれはいいきっている。解説の最後に、戦争の名義で大規模な人殺しをしてはならないとかいてあった。中国人として、方はそれを受けいれられないという。それは誤った意見ではない。しかし、それは、ある日本人にとってはいうべきことではないし、とりわけ、かれらが中国人にたいしていうべきことではない。それにつづくつぎの文章をよんで、私は呻いた。

「広島は、明治以後次第に戦争基地に変わっていった。そこには瀬戸内海最大の軍港と軍艦製造廠があり、そこはまた日本海軍の司令基地の一つだった。しかも、最初の海軍司令部を東京から広島に移したのは、中日甲午（日清戦争）の海戦を準備するためだった。ここは戦場が近いがゆえに、前線基地と呼ばれた。戦争の名義で人殺しをする、とくに中国人を殺すことは、他でもなく、この地からスタートしたのである。これが一九四五年八月六日以前の広島の一面の歴史である。だから、広島の潰滅は、仏教用語を使うならば、悪に悪報あり（悪事を働けば悪い報いがある）なのだ」[34]

このあと、方は、悪報中におかれた無実の市民を悼んで、情理かねそなえた文章をつづけている。しかし、被害者としての広島市は、それにさきだって、加害者であったという指摘は重い。私は、方のこの論文をよむまで、寡聞にして原爆被災地の広島を論じて、このような指摘をおこなった例を知らなかった。明治期以降、アジア諸国とその民衆との歴史的関係において、日本および日本人はまぎれもなく加害者であったという認識は、もちろんもちあわせていたが、戦争における日本人の加害体験と被害体験をむすびつける論理を知らなかった。

さきに引用した「近代文学同人」による原民喜への弔辞の結びの文章は、歴史を一九四五年八月六日の広島を起点としてかんがえ、その歴史のなかで日本人は被爆体験をもつ唯一の国民として被害者である。これにたいして、方は、八月六日以前の広島の加害の歴史をかんがえよ、そこは司令基地、前進基地であり、そこから送り出され、指揮された日本軍は多くの中国人を殺したという。そして八月六日以前の歴史と八月六日以後の歴史をつないでみせたのである。

戦争体験の構造

一九八〇年代後半、私は『エコノミスト』(毎日新聞社)の書評委員をつとめていた。私の委員としての仕事は、同誌書評欄でとりあげる社会学および社会分野の書物の選定、それぞれの書物の書評をおねがいする候補者をあげること、および、半年に一度「論壇の潮流」という欄で、その期間の社会学などの分野の目ぼしい作品を紹介・批評することであった。八七年後半期、私は、日本人論、日本社会論を観察の焦点として「論壇の潮流」をかき、そこで外国人が執筆した七篇と日本人が執筆した七篇を論評した。外国人の作品では、前出の方の「日本人の潜在的戦争観について」を中心に据えながら、この作品は「私の価値意識、思考様式に激しい衝撃を与えた。これを読んだ後、私は、社会と歴史に対する視野に、ひとつ、新しい広がりが加わったのを感じた」[35]とかいた。

この文章が『エコノミスト』誌に発表された直後、筑波大学大学院の私が担当するゼミナールで、報告者が休んで私が代役に立つことになり、私はこれを素材にして報告をおこなうことにした。私が指導教官をつとめていた韓国からの留学生、韓榮惠(ハン・ヨンヘ)氏(現在、韓神大学准教授)は、ゼミナールにさきだってテキストを一読して、学内の同国人の留学生たちに連絡してなるべく多くのかれらを出席させ、討論に参加させたいので、ゼミナールの開始を一時間だけおくらせてほしいと希望した。私は応諾し、数人の新顔をまじえてゼミナールはひらかれた。韓氏の夫君である、日本の労働政策を専攻している丁振聲(チョンジンソン)氏(現在、韓国放送通信大学教授)も飛び入りしてきた。

日本の侵略戦争と植民地支配の責任をめぐり論議は白熱したが、韓氏をはじめとする留学生の論客たちの主張は、当然のことながら、日本人の多数部分がその責任について無知、鈍感であることを告発するものであった。韓氏は、息の長い思考と議論のできるひとで、充分に礼儀正しい喋りかたをするけれども、相手の論理の傷口に塩をすりこんで責めるような苛烈な論争術にも長けている。彼女は、広島が被害者であるまえに加害者であった、悪は悪によって報いをうけたのだという方の指摘によって、私が愕き、呻いたとかいた箇所をさして、いいきった。

こんな指摘は、韓国の知識人たち、学生たちのあいだでは常識に属します。珍しくもなんともありません。先生ほどのかたが、この程度の指摘にショックをうける。それをかんがえると、日本人のふつうの人びとの大多数が、日本の過去の侵略戦争と植民地支配をつうじての加害の責任を正しく認識することを期待しても、絶望するしかありませんね。

成田からソウルまでジェット機は九〇分たらずで飛ぶ。韓氏の日本語はみごとなもので、彼女は日本語でかんがえながら日本語で喋ったりかいたりすることができ、その日本語の表現力は並みの大学生のそれをはるかに上まわる。しかし、われわれは、加害者としての日本の過去の認識において、なんと遠くにへだたっていることか。だから、日本人は歴史における自己認識のために、韓国という鏡、中国という鏡、シンガポールという鏡……、東アジアという鏡に自らの顔をうつしてみなければならない。二〇年あまり、筑波大学大学院で東アジアからの多くの優秀な留学生たちと接しながら、私はそれを学んだ[36]。

原民喜の弔詞にかんする論議にもどる。その弔詞に入れられなかった伝記的事実を一点あげて、小論をしめくくりたい。

原民喜はさきにも記したように、一九〇五年一一月一五日に誕生している。これはあらためていうまでもなく、日露戦争が日本の勝利におわった年である。その年の前半には、一月旅順開城、三月奉天会戦、六月日本海海戦と勝利がつづき、九月に日露講和条約が調印されている。原の生家は広島市にあり、父親・信吉は陸海軍、官庁用達を職業としていた。かれは、新しい息子に「戦争に勝って民が喜ぶ」という意味をこめて「民喜」と命名したといわれる[37]。その後、日本列島に生れた男の子たちの多くが、戦争や勝利に関連する文字をふくむ名前をあたえられたはずである。原民喜は四〇歳のおり、広島市にもどって原子爆弾に被爆し、「夏の花」三部作や「原爆以後」の連作をかいた。それらの作品をつうじて、かれが戦争をどのように否定的に描いたかはすでにみたとおりである。戦争に勝って民が喜ぶという意味の名をもちながら、かれは戦争を憎み、悲しむ民であった。

章の冒頭で、二〇世紀を生きた日本人の戦争体験は加害体験と被害体験にわかれるといった。正確にいえば、日本人は戦前期に成人していた人びとと限定することもできよう。原民喜の名前には、あえていえば、その加害体験のかすかな残響が聞きとれる。かれの文学は、もちろんその被害体験の極北の芸術的表現である。このたがいに矛盾する意味をもつ名前と行為の結びつきは、客観的にみれば歴史の皮肉であり、主観的にみれば歴史の悲劇である。原民喜の戦争体験ですら、一方的に被害体験のみであるとみるべきではない。

注

1　中村隆英・宮崎正康編『史料・太平洋戦争被害調査報告』東京大学出版会、一九九五年、四一四ページ。
2　同右、同ページ。
3　平田次三郎「告別式の記」『近代文学』第五〇号、一九五一年八月号、六六ページ。
4　「弔詞」同右、同ページ。
5　島田昭男ほか「解題」『原民喜全集』(以下、全集と略記)第一巻、芳賀書店、一九六五年、六三七ページ。
6　原民喜「鳳仙花」同右、一五三—一六一ページ。

7 厚生省人口問題研究所編集『人口統計資料集　一九九〇〜九一』同研究所、一九九一年、五七、五九ページ。
8 原「小地獄」『全集』第一巻、前出、一三一―一三六ページ。
9 原「玻璃」同右、二二三―二二七ページ。
10 原「行列」同右、二三八―二五〇ページ。
11 原「溺没」同右、三〇四―三〇九ページ。
12 「原民喜年譜」『全集』第二巻、一九六五年、六三五ページ。
13 原「苦しく美しき夏」同右、二五五ページ。
14 同右、二五六―二五七ページ。
15 佐藤春夫「原民喜詩集叙文」『全集』第一巻、六一〇ページ。
16 伊藤整「原民喜の思い出」『近代文学』第五〇号、八三ページ。
17 原「美しき死の岸に」『全集』第二巻、二八八ページ。
18 原「死の中の風景」同右、三〇一ページ。
19 同右、三〇八ページ。
20 副田義也「死者とのつながり」副田編『死の社会学』岩波書店、二〇〇一年、三三二ページ。
21 原「遙かな旅」『全集』第二巻、三九四ページ。
22 原「壊滅の序曲」同右、四九ページ。
23 原「夏の花」同右、五〇ページ。
24 「壊滅の序曲」同右、一八ページ。
25 「夏の花」同右、五四ページ。
26 原「廃墟から」同右、七五ページ。

27　「夏の花」同右、五七ページ。
28　同右、六四ページ。
29　進藤榮一「原爆はなぜ投下されたのか――原典から読み解く――」進藤『分割された領土――もうひとつの戦後史――』岩波現代文庫、二〇〇二年、一四七―一四八ページ。
30　「壊滅の序曲」『全集』第二巻、三八ページ。
31　「廃墟から」同右、八三―八四ページ。
32　大里浩秋「方励之氏の所感について」『中央公論』中央公論、一九八七年八月号、一七二―一七三ページ。
33　方励之「日本人の潜在的戦争観について」同右、一七五ページ。
34　同右、一七八ページ。
35　副田義也「論壇の潮流・社会」『週刊エコノミスト』12月22日号、毎日新聞社、二九ページ。
36　副田義也「日本人の自己認識をめざして（二）」『社会学ジャーナル』第二二号、筑波大学社会学研究室、一九九七年、五七ページ。
37　本多秋五「火焔の子」『全集第一巻』五八〇ページ。

終章　もう一度、弔辞とはなにか

歴史における死者との対話

ここまでの作業は私をどのような認識に導くか。各章で個別にあきらかにしたことを一々くり返さない。それらの章をとおしてみるとき、共通してみいだされる認識をまとめておく。

弔辞には対故人型の弔辞と対会衆型の弔辞があるといった。しかし、われわれが検討した主要な弔辞の実例はすべて対故人型に属していた。その弔辞はまさに生者が死者に語る言葉である。生者はまず弔辞の読み手であり、かれは、死者が弔辞を聞き、理解し、それに反応するものとかんがえている。弔辞は生者と死者とのコミュニケーションの機会であるといえる。

とりあげられた弔辞のすべてで死者は霊魂であるとされた。用語に一々あたるなら、岸、浅沼、松下はいずれも「霊」と呼ばれ、矢内原は「魂」と呼ばれ、原はそのような呼び名はないが、「地上を去る」とか「見送る」といわれているので、死者としての実体はあると想定されているとかんがえられる。霊魂のいる場所は、松下は「天上」、矢内原は「天国」、原は「地上」でないどこか、岸と浅沼のばあいにははっきりしない。それにしても保守主義者の政治家も社会主義者の政治家も、大企業の経営者もキリスト教知識人も、反権力的な文学者も、死者が霊魂として存在していると信じるところでは一致している。かれらの政治、経済、宗教などのイデオロギーは多様に分岐し、しばしば葛藤するが、かれらの死者観はほぼ同質である。それは柳田民俗学がいう日本の土俗的信仰の死者観、霊魂観の性格を多かれ少なかれもつようである。

弔辞の意味内容は、(1)死者観、死別の見方、(2)伝記的要素、(3)人物描写、性格描写、(4)現代史的要素、(5)政治家論、経営者論、宗教家論、文学者論などと区分される。これらの区分は、岸信介にたいする中曽根康弘の弔辞の分析でまずみいだされ、つづいてとりあげたほかの弔辞のばあいでもほぼ利用されることができると気付かれた。したがって、これは応用範囲がかなり広い分析枠組であろう。ただし、私が本書執筆のために収集した弔辞のなかには、この区分による分析をまったくうけつけないものも少なからずある。

さて、弔辞の前記の五つの要素は、経験的に抽出されたものであるが、その論理的連関をかんがえると、死者の個人史に属する(1)、(2)、(3)、(5)と、かれが生きた現代史の(4)に二分することができる。あるいは、死者の個人史は(1)、(2)、(3)にとどめて、それと現代史の(4)をつなぐ接点が(5)であるとみてもよい。このようにかんがえてくると、弔辞とは死者が歴史のなかでどう生きてきたかを語る文章作品であるということになる。

なぜ、われわれは死者に語る弔辞のなかで、かれが歴史のなかでどのように生きてきたかを語るのか。弔辞は死者にたいする賞讃や感謝、別離の挨拶や加護の希求であるとはすでにいった。それらの心情の表現はすでにみた弔辞の実例のなかにも多くみられるが、それらの根底に、死者を歴史に結びつけることによってかれが死を受容することを願う心情がこめられているのである。ひとは無限や永遠の観念を知りつつ、有限の存在として死なねばならない。その死は恐ろしいもの、悲しいもの、悔しいものである。かれにその死を受容させるために、生き残った者の弔辞は、死者が終わりのない歴史のなかで生きて、その歴史に自己の存在証明を刻んだことを述べなければならないのである。有限の人間は、かれの有限性ゆえの死を、無限の歴史とのつながりによって受容するのである。

とりあげられた弔辞の実例のなかで、歴史はつねに重層的に語られていた。岸が生きた歴史は国家官僚が戦前・戦後の日本を統治した歴史であり、自由民主党政権史であり、日米安全保障条約による日米関係史であった。浅沼が生きた歴史は戦前・戦後の日本の社会主義運動の歴史であり、分裂と統一をくりかえす日本社会党の党史であった。松下が生きた歴史は巨大企業・松下電器の社史であり、高度成長期に高揚した戦後日本の経済史であった。矢内原が生きた歴史は、無教会主義キリスト教の歴史であり、植民政策の研究史であり、大学の自治をめぐる権力との抗争史であった。原が生きた歴史は、死を主題にした文学作品の制作史であり、かれはその末尾ちかくで、広島における原子爆弾による被爆体験という歴史的事件を記録することになって、政治と戦争の文学史に位置づけられた。死者たちに献げられた弔辞を研究する本書を執筆することで、期せずして私は原子爆弾による被爆体験にいたる日本の戦前史と、そこからはじまる戦後史をたどりなおすことになったのである。

論理的にかんがえてみよう。

日本文化における対故人型の弔辞において、死者は、死んでいるという属性をのぞけば生者の変わらぬ感性や能力などをもつ存在であった。かれは自意識と生前の記憶をもちあわせており、母国語を聞き、理解することができる存在である。そうであってこそ、対故人型の弔辞は成立するのである。そこで、われわれは自らがそのような死者になったと想像してみよう。不条理な死という出来事がおこって、私は死者となった。しかし、死んだという属性以外では、私は生者と変わらない。そのとき、私はなにをもっとも必要とするか。私はこの不可逆的な死を受容し、納得することをもっとも必要とする。対故人型の弔辞のもっとも重要な機能は死者のこの必要を充足するところにある。そのために、弔辞は死者の個人史とかれが生きた現代史を並べて語り、故人が歴史のなかに生きつづけることを保証して、かれに自らの死を受容させようとするのである。

さらに対故人型の弔辞は死者だけのためのものではない。弔辞は生き残った者たちのためのものである。すでに弔辞はそれをよむ者の自己表現であるとはいった。ここでは、生き残った者とは弔辞をよむ人のみならず、葬儀に参列してそれを聞く人びと、ひろくは社会であるとかんがえよう。かれらが死者の死を取り返しのつかない喪失、損失であると感じるとき、弔辞は死者が歴史のなかに生きつづけると語ることで、かれらがその死に耐えることを援助する。また、かれらはその歴史に参加することで、死者と歴史を共有することができ、歴史において死者とコミュニケーションをつづけることができるともかんがえられよう。それもかれらが死者の死を受容することを援助するだろう。ここまで論じてきて、弔辞はそれをよむ者の自己表現であるという判断の全容があらわれてきた。

対故人型の弔辞は、生者と死者が歴史を共有することができる、歴史において対話をつづけることができると約束している。私はそこに弔辞という文章作品のもっとも深い意味を読みとる。本書における私の仕事は、戦後日本の政治、経済、宗教と教育、文学の四領域において、その約束が達成された実例の提示であったと約言される。そうして、その仕事が終ったいまわかることなのだが、私は、生者のひとりとして、そこで弔辞を贈られた人びとに私なりの弔辞の語りなおしをし、かれらと歴史を共有し、歴史において対話したのであった。

日常生活の弔辞文化

本書がうけると予想される批判的言説のひとつは、エリティズムへの偏向であろう。ここでとりあげた弔辞の実例はすべて、贈られた死者も贈った生者も各界の選良たちである。それらの実例によって、現代の日本人たちの弔辞を代表させることができるのか。平均的な市民たち、一般的な庶民たちは、どのような弔辞を贈られ、贈っているのだろうか。私は、それらの疑問と批判を当然のこととしてうけいれる。それらに最終的に回答するためには、市民レヴェル、庶民レヴェルの葬儀における弔辞を多数収集し、分析・研究してみなければならない。それは、本書で私がやってみた仕事とはまったくちがった別の仕事である。

それを認めたうえで、ここでは、その別の仕事の結論の近似値となることが期待される試論をひとつ提示しておきたい。

大都市の比較的規模が大きい書店にいってみると、実用書というコーナーがある。われわれ専門研究者はあまりのぞかない場所であるが、『赤ちゃんの名前のつけ方』、『家庭の医学』、『茶の湯入門』、『やさしい着付けと帯結び』、『犬・猫の飼い方』、『水彩画入門』、『将棋をはじめる』など、日常生活のなかでの多様な生活活動、生活課題についての手引き書、指導書が並んでいる。それらのなかで、類書が目立って多いのが結納と結婚式にかんするものと、葬儀と法事にかんするものである。両者をあわせた冠婚葬祭というジャンルのものもある。私の手許には、葬儀と法事にかんする実用書として、アト・ランダムに買い求めたものだが、つぎの五点がある。

(1)小松美保子『もう困らない　葬儀・法事の挨拶と文例』(一九九五年、日本法令)

(2)実業之日本社編『葬儀・法事のマナーとスピーチ』(一九九五年、同社)
(3)岩下宣子『葬儀・法要あいさつ事典』(二〇〇〇年、日本文芸社)
(4)主婦の友社編『心をこめて、礼儀正しく　通夜・葬儀・法要のあいさつと手紙』(二〇〇一年、同社)
(5)下山丈三『弔辞「葬儀での挨拶」告別式・追悼会・法要・慰霊祭』(二〇〇二年、金園社)

これら五点はすべて、弔辞の書き方についての手引きと弔辞の実例をふくんでいる。また、五点のうち刊行年がもっとも早いものは(1)の小松著と(2)の実業之日本社編著でいずれも一九九五年刊であるが、前者は二〇〇二年で一七刷り、後者は二〇〇二年で七刷りが出ており、この種の実用書は、着実に版を重ねて売れてゆくものであるらしいとおもわれる。しかも五点を通読してみると、最初の四冊は弔辞にかんして説くところとその範例が非常によく似ており、市民たち、庶民たちの日常生活の文化のなかに広い範囲で利用されている弔辞文化が存在することが示唆される。五点目は、他書とちがって一冊がまるごと弔辞の書きかたの手引きと弔辞の範例であり、その手引きで自由な表現をよしとする傾向がつよく、また範例にやや古風な文学趣味の表現が目立つが、全体としては共通の弔辞文化のなかに収まっている。

したがって、これらの実用書からあるべき弔辞の特性を抽出してみれば、それは市民たち、庶民たちの弔辞の平均像、一般像の近似値になると推測される。その特性はつぎの六つに整理される。

第一。小松によれば、弔辞は「死者を弔う言葉」、「故人に永遠の別れを告げる挨拶」である。いずれの実用書も、弔辞についてはこのような理解を当然としている。プロテスタント・キリスト教において対故人型の弔辞が禁止されるばあいがあることや、外国の葬儀で弔辞の慣行がないばあいがあることにふれた例はみない。実用書の世界は国内志向が徹底しており、比較文化の観点は一切ない。

第二。弔辞の内容については、岩下著はつぎの四つに区分する。(1)訃報に接したときの悲しみ、驚き、(2)故人の人柄や経歴、功績、エピソード、(3)残された者としての現在の心境、今後の決意、冥福を祈る言葉、(4)別れの言葉。ほかの実用書も、項目数はこれより多かったり、少なかったり、まちまちであるが、具体的内容でみると、いずれもこれと大同小異である。なお、岩下は、「故人の経歴や功績」について、社葬、団体葬などではふれるが、「とくにとりあげるべきものがあれば別ですが、必ずしも盛り込む必要はありません」といっている。ここが、すでにみた選良たちへの弔辞との大きな差異であろう。範例をみると、事故死をした小学生に担任教員が語りかける弔辞や老人クラブのゲートボール仲間のあいだでの弔辞もあるのだから、岩下の言い分はもっともであろう。

第三。どの実用書も弔辞における「言葉のマナー」にふれている。主なものが二つある。(1)忌み言葉を避ける、死亡、死ぬ、生きているなど生死を直接的にあらわす言葉を避け、逝去、他界、永眠など、あるいはご生前、お元気なころと、いいかえる。この言いかえの例は沢山あげられている。重ね言葉、繰り返しの意味をもつ言葉は、不幸がつづくことを連想させるため、避けて、言いかえをする。たとえば、「返す返すも残念」は「ほんとうに残念」に、「皆々様」は「おおぜいの皆様」にかえる、など。(2)宗教によって死をあらわす言葉がちがうので、葬儀がどの宗教によっておこなわれているかによって、適切な使い分けをする。仏式なら、往生、成仏、冥土へ旅立つ、神式ならみまかる、帰幽する、黄泉の国へ旅立つ、キリスト教式なら、天に召される、神のみもとに帰る、など。この使い分けは、日本人は弔辞を述べるさいに、自らの宗教信仰によって語るのではなく、死者の家族が葬儀のために選んだ宗教の教義に合わせて語ることを意味している。かれらにとって宗教は、信仰の対象でなく、社交の道具である。

表2　弔辞の分類（主婦の友社編『心をこめて　礼儀正しく　通夜・葬儀・法要のあいさつと手紙』2001年、より）

語り手	故人	性別	享年	死因
友人	友人	男	六〇代	病死
同僚	同僚	男	四〇代	病死
同僚	同僚	女	三〇代	急死
部下	上司	男	五〇代	急死
上司	部下	男	二〇代	病死
教え子	恩師	女	六〇代	病死
教師		男	中学生	事故死
大学の後輩	先輩	男	四〇代	急死
大学の先輩	後輩	男	五〇代	急死
親友	親友	女	二〇代	不慮の死
幼なじみ	幼なじみ		六〇代	病死
サークルの仲間	代表者	男	六〇代	事故死
習い事の友人	友人	女	三〇代	不慮の死
老人クラブ会長	会員	男	八〇代	病死
甥	伯父		八〇代	病死
社長	社員	男	三〇代	殉職
社員	社長		四〇代	急死
友人	友人	男	四〇代	自殺

第四。弔辞の範例は、語り手の属性と故人の属性をそれぞれ分類して組み合わせ、示されている。故人の属性は、語り手にとって何であるか。性別、年齢、死因などである。主婦の友社編著のばあいを例示する。

それぞれのケースについて、文例がかかげられ、留意点が簡潔に述べられている。たとえば、殉職者への弔辞では、「あきらかに会社に責任がある場合は、お詫びや補償、対策について誠意をもって言及します。ただし、具体的な方法については、必要に応じて弁護士に相談するなどして慎重に表現を練り、軽々しく発言するのは控えます」とある。また、自殺者への弔辞では「死因にふれたり、軽々しく憶測するなどは禁物です。また、『自分かってに』、『弱すぎ』など死者を責めるような感情的な表現は控えます。逆に自殺を肯定したり、賛美するのも厳禁です」とある。

第五。総じていえば、実用書で推奨されている弔辞は、「死者を弔う言葉」、「故人に永遠の別れを告げる挨拶」であるという「タテマエ」にもかかわらず、エリートたちの弔辞のばあいより、生き残った人びと、遺家族や葬儀への参列者への配慮がつよいように感じられる。すでにみた忌み言葉や前項で例示した殉職者や自殺者への弔辞についての注意でそれが感じられる。あるいは、弔辞の読み手に選ばれただけで名誉なことであるから、生前の故人と自分の関係を強調しすぎて列席者に不快感をあたえないように、というような注意もあった。

第六。どの実用書も、弔辞の長さについてきびしい注文をつけている。すなわち、字数にして一〇〇〇字くらいまで、時間にして三分から四分ていどに収めるべきであるというのである。各範例には、一分三〇秒とか三分とか、読みあげるための所要時間が附記されていることが多かった。これは葬儀場がつかえる時間が制約されているためであろう。

私の弔辞体験

私が弔辞につよい学問的関心をもったのは、一九八四年九月一七日以来のことであった。その日、当時、筑波大学の助教授であった年少の友人・吉田恭爾の葬儀がおこなわれ、私はその席で、本書の分類でいえば、対故人型の弔辞をよんだのである。その行為は私自身にとって、まったくおもいがけないものであった。この体験をつうじて、私は自分のなかのまったく知らなかった私に出会い、それを理解しようとして、弔辞についてかんがえはじめたのである。これについて、まずわずかに説明させてもらいたい。

本文中でくりかえし言及したように、私はクリスチャン・ホームで生まれ、育った。父親は、プロテスタントのキリスト教、西部バプテスト派の牧師であり、母親は東部バプテスト派の牧師の娘であった。両親の信仰は、聖書の教えを絶対とする明治期の素朴なピューリタニズムのそれであった。かれらは予定説をも当然としていた。私自身はキリスト教の神の存在を信じたことがない。当時は国民学校といった小学校二年生の冬、私は、母に、自然科学の知識にもとづいてかんがえるならば神の存在はありえないとおもうと語った。また、それにややおくれて、ひとが死んだあと、その霊魂が存在しつづけるということもありえないとかんがえるようになっていた。

こうして私は両親のキリスト教信仰をまったくうけいれなかったのだが、そこから派生する価値意識のいくつかによってはつよい影響をうけた。そのひとつはプロテスタントのキリスト教でいう偶像崇拝の禁止である。私はいまでも神社仏閣に立ちよって頭を下げることができない。両親はその禁止の一環として、葬儀における対故人型の弔辞をあってはならぬものとし、かれらの教会では対会衆型の弔辞しか許さなかった。成人したのち、私は、まれにではあるが知人の葬儀で弔辞をたのまれることがあり、そのおりには対会衆型の弔辞でよければと、引き受けていた。両親の教会での弔辞の慣行と、死後の霊魂の存在を認めない自分の価値意識が無理なく調和していたのである。

さて、吉田恭爾は私にとってかけがえのない存在であった。さきにかれを年少の友人であったといったが、俗世間的ないいかたをすれば、かれは私の一番弟子であり、野心がうずく研究生活における無二の忠実なパートナーであり、心をすりへらす学会活動ではもっとも頼りにする僚友であった。その男が死んだ。当然、私はかれの葬儀で弔辞をよまねばならない。

葬儀の準備などで雑事が多く、弔辞をかく時間は、葬儀前日の夜までとれなかった。しかし、私は故人の生涯とその人柄の美質は知りぬいており、かれをなつかしむ気持はだれにも劣らぬつもりであった。私はペンをとれば、たちまちに一篇の対会衆型の弔辞をかきあげるつもりであった。ところが、いざかき出そうとしたら、かけない。

表現するべきものはいっぱいあるのに、それがあふれる出口がかたく閉ざされている感じである。私はそれまでにそのようなかけない状態を経験したことがなかった。結局、その夜は弔辞を一行もかくことができなかった。

葬儀は翌日の午後に予定されていた。翌日、早起きして、弔辞をかこうとしたが、手がまったく動かず、一時間ほどがすぎた。自分がかきたいことと、かこうとしていることがちがうのだ。かきたいようにかいてみよう、とおもった。

「吉田恭爾さん、まったくおもいがけないときに、おもいがけないかたちでお別れすることになりました。機会をあたえられまして、友人を代表して、お別れの言葉を申しあげます。」

型どおりの対故人型の弔辞の書き出しが記された。つづいて、二時間ほどで四〇〇字詰め一〇枚ほどの弔辞が一気にかきおろされた。私には自分の想いを述べつくした満足感があった。

私は、私の意識のなかに死者となった吉田恭爾についてたがいに矛盾する二つの想いがあることを認めざるをえなかった。あえて図式的にいえば、ひとつは理性的判断で、それは死者の本質は不在であり、死後かれの霊魂は存在しないとみている。私は存在しないものに語りかけることはできない。かれのための弔辞は対会衆型の弔辞であるほかない。いまひとつは感性的判断で、それは死者がなんらかのかたちで存在するとみており、その存在は一般的ないいかたでは霊魂と呼ばれる。私はその存在するものに語りかけたいとつよく願っている。かれのための弔辞は対故人型の弔辞としてあらわれた。ここでいう理性—感性という対概念はいちおうのもので、それらのみで充分に正確な表現だとはおもえなかった。理性的判断といったものが心の表層部分にあり、感性的判断といったものが心の深層部分にひそんでいたという表現もありうるとはおもったが、表層―深層という対概念も結局は比喩以上のものではないようにおもわれた。

内省してみると、死者の本質は不在であるという考えかたは、自然科学が代表する近代啓蒙主義の産物である。これにたいして、死者がなんらかのかたちで存在するという考えかたは、伝統的な日本文化の死者観が内面化されたものであろう。後者の考えかたが私の内部に存在しているのに、私は長いあいだ気がつかなかった。私のなかに私が知らない私がいた。その私が知らなかった私を理解しようとして、私は「死者とのつながり」という論文を執筆し、日本文化における死者とのつながりの歴史的変遷を整理した。この論文は私の編著『死の社会学』(岩波書店、二〇〇一年)に収録されている(本書第一章)。

死者の本質は不在であるという理性的判断と死者はなんらかのかたちで存在するという感性的判断とを両立させるためのひとつの工夫は、死者は生者の記憶のなかにいるという考えかたであろう。死者は死ぬことによって、その肉体も意識も亡んだ。かれの本質は不在である。しかし、かれを知る人びとが生きているかぎり、かれらはかれの記憶をもちつづけることができる。死者は生者の記憶のなかに存在しつづけるのである。現代のわれわれが死者の記憶とみているものは、古代・中世の人びとにとっての死者の霊魂にかぎりなく近いのではないか。ここから、生きている人間が死者にしてやれるもっとも大切なことは、死んだ人間をおぼえていてやることだという考えかたが出てくる。

私が死者となった吉田恭爾のためにしてやれることは、心からの感謝をこめて、かれのことをおぼえていてやることだけである。私はそうやってこの二〇年を過ごしてきた。この小著を私の思い出のなかの吉田恭爾にささげる。君に出会ったことは私のこの上ない幸運であり、君に先立たれたことは私のこの上ない悲運であった。逆縁の辛さは老いてますますつよく感じられるのだが。われわれがともに激しく生きた日々をくわしく述べるのは、二〇年まえの君への弔辞に記したように、私が引退したあとの仕事になるだろう。だから、その回想を君に贈るのはいま少し先のことになる。

新書版のあとがき

おもいがけない仕事をしてしまったという感想がある。まず、なによりも、本書は、着想から執筆完了までが私の作品としては異例の短さであった。本文中でふれた私の編著『死の社会学』が刊行されたのは二〇〇一年二月で、その後まもなく、筑摩書房ちくま新書編集部の湯原法史氏が私を研究室にたずねてこられ、前掲の書物であつかった主題のどれかひとつをとりあげて、考察を深めてみないかと誘ってくださった。その年一杯で構想をある程度固めて、執筆に入ったのは二〇〇二年に入って早々で、それから一年あまりで執筆が終っている。同時並行で三、四冊の執筆を進め、いずれも着想以来一〇年以上、執筆期間は三、四年から五、六年がふつうである私にとって、このような仕事のしかたは最初の体験であった。

宗教社会学の領域への越境もおもいがけないことであった。ここは専門社会学者の論議に深入りする場所でないことは承知しているが、わずかにいうと、死の社会学の理論体系を構想して、自己と他者の死を社会的行為としてとらえ、ついで文化、集団、制度、全体社会との関連で死をかんがえてみた。そのさい、死の文化として、遺言、弔辞、あの世の観念、墓の様式などを例示したのだが、いずれも社会的行為論のレヴェルで発想して、宗教社会学との関連にはさして注意をはらっていなかった。弔辞の定義は「死を見送るさいの行為規範のひとつである」といって、すませていた。しかし、本書の執筆にとりかかると、私はたちまち宗教的雰囲気が濃密な世界にとりこまれてしまった。そのときになって、はじめて、私は、自分が宗教社会学のトレーニングをまったく受けていないのに気づく始末であった。

吉川幸次郎と桑原武夫の共著『新唐詩選続編』(岩波新書、一九五四年)において、桑原はつぎのようなことをかいている。かねてから若い人にいっていることであるが、一篇の評論をかくことはいわばひとつの戦いである。長期にわたる蓄積と準備をへて正々堂々と戦うのを本道とすべきことはいうまでもないが、不意に状況がかわり戦闘を余儀なくされるようなばあいにも、一応の戦いができないようでは武人とはいえない。そのあと謙遜の言葉がつづいているが、桑原のいいたいことは、唐詩を論じる仕事はかれにとって後者の戦いのようなものであり、そのようなものとして評価してもらいたいということであったろう。桑原は西洋学研究の大家であるが、中国文学にかんしては非専門家である。そのかれが、中国文学研究の大家、吉川と唐詩を主題に共著を執筆するにさいして、これはまことに巧妙・適切なエクスキューズであった。

私は、もちろん、桑原のような大学者ではなく、ひとりの平均的な社会学研究者であるにすぎない。しかし、この桑原のエクスキューズにはここに借用したい誘惑をつよく感じる。かれがいう二つの戦いは、イメージで語りなおせば、ひとつは平原に大軍を展開して敵の大軍と全軍をあげておこなう会戦であり、いまひとつは山路を小部隊で進軍中に敵の部隊の奇襲をうけて咄嗟におこなう応戦である。冒頭に紹介した事情により、まさに、本書は奇襲にたいする応戦である。私は、弔辞をはじめて研究したのであり、宗教社会学のトレーニングもうけていない。私が本書を執筆した動機は、弔辞の研究が私に面白そうにおもえたこと、および、これまでだれもやってみなかったことだけによっている。奇襲にたいして、私は勇敢に応戦した。自らの専門分野の研究で蓄積されてきたが未使用のままの材料、専門分野以外の領域にかんする興味本位の読書でたまたま記憶に残っていた材料をつかい、なりふりかまわず、この書物をかきすすめた。その結果はどうであったか。私の小部隊は勝利をおさめたのか、敗走したのか。その勝敗の判定は読者にゆだねる。

謝辞を申し述べる。本文中に引用させていただいたすべての文献の著者の方々の学恩に深く感謝する。本書の草稿は、最初、注をつけ、それらの文献の引用ページを明示する学術論文にふさわしい形式で執筆された。そののち、新書版の著作ではそれらの注をつける形式はふつう採用されないということで、編集部との相談の結果、現行の形式に改められた。（補注。本巻に所収される機会に、新書版で削られた注のすべてが復活されている。）私が主催する日曜ゼミナールの成員である遠藤恵子（城西国際大学）、加藤朋江（城西国際大学）、株本千鶴（椙山女学園大学）、鍾家新（明治大学）、時岡新（筑波大学）の五氏にも深く感謝する。私は、本書の各章をかきあげるたびに、それを日曜ゼミナールに持参して朗読させてもらい、諸氏の批判・質問に応じて、多少の手直しをおこなった。副田研究室の秘書・陶山節子氏にも深く感謝する。同氏には、多くの資料の追加収集と、私の手書き原稿のパソコン入力を全面的にうけもっていただいた。また、湯原氏にはこの仕事をするきっかけをあたえてくださったことについて、筑摩書房ちくま新書編集部・伊藤大五郎氏には本書の制作段階の編集実務を担当してくださったことについて、そうしてお二人には新書のための文体のありかたを種々教示されたことについて、あつくお礼を申し上げる。みなさま、ありがとうございました。

二〇〇三年一〇月一七日

副田　義也

3
自死遺児について・再考

（二〇一三年一月　岩波書店『福祉社会学の挑戦』）

はじめに

自死遺児とは、両親の一方が自死して、あとに残された子どもをいう。自死遺児家庭の大多数は、自死遺児をふくむ母子家庭、父子家庭であるが、壮年期の自死者は女性より男性で多いので、自死遺児家庭では母子家庭が父子家庭より多い。また、痛ましいケースであるが、ひとり親家庭の親が自死して孤児となった自死遺児の例もみている。自死遺児と自死遺児家庭は、あしなが育英会の運動をつうじて注目されるようになった。同会は、病気遺児、災害遺児、自死遺児の高校生、大学生、専門学校生、大学院生などに奨学金を提供して進学を援助し、機関誌の刊行、夏季のつどいの開催、神戸のレインボーハウスの活動などによって教育や心のケアをおこなっているユニークな教育団体である。ここでいう病気遺児とは病気で親の一方あるいは双方が死亡したあとに残された子どもであり、災害遺児とは交通事故をのぞく災害によって親の一方あるいは双方が死亡したあとに残された子どもである。あしなが育英会は一九八八年に創立され、二〇〇一年までの一四年間に、一万二九二〇人の遺児たちに総額約一一四億四五〇〇万円の奨学金を貸与して、進学を援助してきた。社会運動家、教育運動家である玉井義臣が会長として同会を率い、私は理事のひとりとして同会の運営に参画し、各種の調査活動の実務を担当し、啓蒙活動、キャンペインなどにも参加してきた。

自死遺児と自死遺児家庭の存在を新しい社会問題、教育問題のひとつであるとみて、物心両面でのかれらの救済の方法を模索する過程で、なかばは体験的に判断して、主要な研究課題がさしあたり三つ浮上してきている。すなわち、(1)現在、わが国で自死遺児、自死遺児家庭はどれくらいの数量で存在するのか。(2)それらの自死遺児、自死遺児家庭は、どのような生活問題、心理的困難をかかえているのか。(3)自死遺児、自死遺児家庭の救済の重要な一環として自助活動はどのように展開しているか。私は、二〇〇〇年に「自死遺児について」(以下、第一論文と略記する)という論文を執筆・発表し、それらの課題の(1)と(2)について多少の解明をおこなった[1]。本稿では、その後の調査・研究がもたらしたデータ、知見によって、(1)と(2)にかんする解明にいくらかの補足と修正をおこない、第一論文ではまったくふれなかった(3)についても、仮説構成風に試論を提示しておきたい。

さて、自死遺児としてどのような年齢帯の人びとをかんがえるか。これまでのところ、私たちは、自死遺児の年齢を推計の都合上一八歳未満としたり、二〇歳未満としてきた。それらの年齢の上限は、あしなが育英会が各種の遺児の高校生たち、大学生たちに奨学金を貸与することを主要任務のひとつとしていることによっている。高校生相当の年齢階層以下の自死遺児数を推計するのであれば一八歳未満をつかうし、大学生相当の年齢階層以下の自死遺児数を推計するのであれば二二歳未満をつかうこともかんがえられる。しかし、総じていえば、自死遺児の調査・研究に従事しながら、私たちは、その年齢の上限を次第に高くかんがえるようになってきた。それは、親が自死したことによって残された子どもに生じる心理的影響が、子どものライフ・コースのずっと後の段階まで存在しつづけることが知られてきたことによる。親の自死による死別体験がもたらした心理的外傷が、その子が三〇代になっても、四〇代になっても回復しないという事例はめずらしくない。また、あしなが育英会が主要任務のひとつを遺児たちへの奨学金の貸与としながら、阪神淡路大震災以降、震災遺児たちの心のいやしへの取組みをきっかけに、心のケアをも主要任務のひとつとみるようになってきたことにもよっている。ただし、そうはいっても、運動の実務のための自死遺児数の推計では、便宜上、その年齢の上限をさきに例示したもののいずれかにさだめなければならない。そのうえで、自死遺児のとくに心理的困難はその年齢の範囲を越えてみいだされることに注意を喚起しておきたい。

1 年間に出現する自死遺児数の推計

現在、わが国で自死遺児がどれほど存在しているかを推計する作業のてはじめに、一九九九年の一年間において一八歳未満の子どもをもつ可能性がある男性または女性が自死した結果、新しい自死遺児がどれほど生じたかを推計してみよう。時期を一九九九年に限定するのは、本稿を執筆している二〇〇二年二月初旬において、日本国に在住する日本人の自殺者数にかんする最新のデータが、厚生労働省大臣官房統計情報部編『人口動態統計・下巻』の一九九九年版によるものであるからである。また、子どもを一八歳未満と限定するのは、資料のひとつとしてつかう同統計情報部編『国民生活基礎調査』(各年版)の「世帯主の年齢階級別にみた児童数」が児童を一八歳未満としているからである。のちに自死遺児を二〇歳未満とかんがえるときには、推計値を修正してつかうことにする。また、一八歳未満の子どもをもつ可能性がある男性または女性の年齢帯は、二五歳以上五九歳以下と想定する。もちろん、現実には二五歳未満や六〇歳以上で一八歳未満の子どもをもつ人びともいるが、それは前出の資料などによって推計では無視してさしつかえがない少数であると判断することにする。

さて、前出の『人口動態統計・下巻』(一九九九年版)によると、一九九九年中に、日本社会において二五歳以上五九歳未満の男性で自殺によって死亡した者は一万四〇八八人で、これを五歳刻みの年齢階層でみると、表1のとおりである。たとえば、二〇代後半の男性は一三三二人が自死している。さらに前出の『国民生活基礎調査』(一九九九年版)によれば、世帯主の年齢階級別にみた児童数が五歳刻みの年齢階層で計算されることができ、

表1　1999年に父を自殺で亡くした子の推計

父の年齢	25～29歳	30～34歳	35～39歳	40～44歳	45～49歳	50～54歳	55～59歳	計
自殺者数	1,332	1,263	1,370	1,526	2,410	3,030	3,157	14,088
平均児童数	0.41	0.88	1.32	1.45	0.93	0.35	0.12	-
遺児推計数	546	1,111	1,808	2,213	2,241	1,061	379	9,359

それも表1のとおりである。この世帯主は事実上、ほとんど男性であろう。これによると、二〇代後半の男性は、ひとり当り〇・四一人の子どもをもっている。このデータを組み合わせると、二〇代後半の父親が自死した結果、生じる自死遺児数は、1,332 × 0.41 = 546人と推計される。以下、同様にして、すべての年齢階層で父親が自死して生じる自死遺児数を推計し、その合計を求めると、九三五九人となる。

女性のばあいも同じ手続きで推計をおこなう。ただし、女性がもつ児童数を女性の年齢階層別にみたデータはない。『人口動態統計・中巻』の各年版によれば、夫婦の平均年齢差は一九八〇年以降三歳未満で推移し、九〇年代に入ってからは縮小の一途をたどって、九七年には一・九歳にいたっている。したがって、さきにつかった世帯主の年齢階級別にみた児童数のデータをそのままつかうことにする。これによれば、一九九九年中に日本社会において、母親が自死して生じた自死遺児数は、表2に示すとおりで、二八一八人となる。

父親の自死による自死遺児数九三五九人、母親の自死による自死遺児数二八一九人、両者の合計、一万二一七八人。この数字は、さきにもいったように、一八歳未満の児童にかんするものである。これから二〇歳未満の自死遺児数をもとめようとすれば、つぎのように推計することができる。

12178 × 20 ÷ 18 = 13531人

この推計方法の基本的発想は、かつて私たちが交通遺児や病気遺児の年間の発生数を推計

表2　1999年に母を自殺で亡くした子の推計

母の年齢	25〜29歳	30〜34歳	35〜39歳	40〜44歳	45〜49歳	50〜54歳	55〜59歳	計
自殺者数	512	524	418	394	680	820	875	4,223
平均児童数	0.41	0.88	1.32	1.45	0.93	0.35	0.12	-
遺児推計数	210	461	552	571	632	287	105	2,818

注1)「自殺者数」は、厚生労働省大臣官房統計情報部編『平成11年人口動態統計・下巻』p.324による。

注2)「平均児童数」は、厚生労働省大臣官房統計情報部編『平成11年国民生活基礎調査』p.138「世帯主の年齢階級別にみた児童数」による。女性の年齢階級別にみた児童数のデータはないが、夫婦の年齢差の平均が1965年から97年にかけて3歳未満で推移し、最近は1.9歳にまで落ち込んでいるので、女性のばあいも「世帯主の年齢階級別にみた児童数」をもちいた。

するのにつかったものである。それを第一論文で自死遺児の年間の発生数を推計するさいにもそのまままさしあたって転用した。しかし、自死遺児のばあい、より正確な推計値をもとめようとすれば、成人男女における交通事故死、病死にはなくて自死にある特殊な条件をさらに勘案した修正が必要である。それは、成人男女で自死する者の比率は、配偶者をもつ人びとにおいてより配偶者をもっていない人びとでたかいという事実である。さきの推計はこの事実を無視しており、その結果、自死遺児数を過大にみているはずである。

性・年齢（五歳階級）・配偶関係別にみた自殺による死亡者数のデータで、現在利用しうる最新のものは一九九五年のもので、これは表3と表5に示す。同年の全国民の性・年齢（五歳階級）・配偶関係別のデータは、表4と表6に示す。これらが示す事実が一九九九年にもあると想定して以下を述べる。これらの表によると、たとえば、二五歳以上五九歳以下の男性の自死者の配偶関係別にみた構成比は、「有配偶」四九・九%、「未婚」三三・四%、「死別」一・一%、「離別」一三・七%、である。これにたいして、同一の年齢幅の全国民では、「有配偶」七六・四%、「未婚」二〇・七%、「死別」〇・七%、「離別」二・二%、である。これらを対比すれば、国民が一般的に自死する確率にたいして「有配偶」のそれは、49.9 ÷ 76.4 × 100 = 65.3%と低く、「未婚」のそれは、33.4 ÷ 20.7 × 100 = 161.4%と高い。つまり、国民一般が自死する確率にたいして、「有配偶」のそ

表３　性・年齢（５歳階級）・配偶関係別自殺死亡数—男性、1995 年

		25～29歳	30～34歳	35～39歳	40～44歳	45～49歳	50～54歳	55～59歳	計
有配偶		99	210	320	578	938	1,169	1,079	4,393
		11.3	25.7	37.6	49.6	56.5	63.9	67.5	49.9
未婚		730	520	412	405	407	283	177	2,934
		83.4	63.6	48.5	34.7	24.5	15.5	11.1	33.4
死別		-	2	4	15	34	51	78	184
			0.2	0.5	1.3	2.0	2.8	4.9	2.1
離別		40	81	105	158	265	308	245	1,202
		4.6	9.9	12.4	13.6	16.0	16.8	15.3	13.7
不詳		6	4	9	10	15	19	19	82
		0.7	0.5	1.1	0.9	0.9	1.0	1.2	0.9
計		875	817	850	1,166	1,659	1,830	1,598	8,795
		100.0	100.0	100.0	100.0	100.0	100.0	100.0	100.0

注 1）厚生省大臣官房統計情報部『自殺死亡統計』p.83
　百分率は副田が算出した。表５も同じ。

表４　性・年齢（５歳階級）・配偶関係別世帯員数—男性、1995 年

（単位 1000 人）

	25～29歳	30～34歳	35～39歳	40～44歳	45～49歳	50～54歳	55～59歳	計
有配偶	1,212	2,316	2,852	3,631	4,322	3,855	3,477	21,665
	32.1	63.7	78.3	83.1	87.4	91.1	92.4	76.4
未婚	2,536	1,273	720	612	436	195	99	5,871
	67.2	35.0	19.8	14.0	8.8	4.6	2.6	20.7
死別	4	2	7	17	34	58	87	209
	0.1	0.1	0.2	0.4	0.7	1.4	2.3	0.7
離別	23	42	65	108	155	124	101	618
	0.6	1.2	1.8	2.5	3.1	2.9	2.7	2.2
計	3,775	3,633	3,644	4,368	4,947	4,232	3,764	28,363
	100.0	100.0	100.0	100.0	100.0	100.0	100.0	100.0

注 1）厚生省大臣官房統計情報部『平成７年国民生活基礎調査』pp.98-99
　表６も同じ。

表5　性・年齢（5歳階級）・配偶関係別自殺死亡数―女性、1995年

		25～29歳	30～34歳	35～39歳	40～44歳	45～49歳	50～54歳	55～59歳	計
有配偶		78	170	196	226	386	509	434	1,999
		23.9	50.0	62.4	57.7	68.0	71.8	68.9	60.9
未婚		230	127	76	78	76	67	44	698
		70.3	37.4	24.2	19.9	13.4	9.4	7.0	21.3
死別		4	1	1	7	28	47	98	186
		1.2	0.3	0.3	1.8	4.9	6.6	15.6	5.7
離別		15	42	40	78	75	83	50	383
		4.6	12.4	12.7	19.9	13.2	11.7	7.9	11.7
不詳		-	-	1	3	3	3	4	14
				0.3	0.8	0.5	0.4	0.6	0.4
計		327	340	314	392	568	709	630	3,280
		100.0	100.0	100.0	100.0	100.0	100.0	100.0	100.0

表6　性・年齢（5歳階級）・配偶関係別世帯員数―女性、1995年

（単位1000人）

	25～29歳	30～34歳	35～39歳	40～44歳	45～49歳	50～54歳	55～59歳	計
有配偶	1,915	2,930	3,217	3,894	4,329	3,776	3,282	23,343
	49.7	79.0	86.3	87.3	86.8	85.4	82.2	80.1
未婚	1,861	660	339	263	243	170	140	3,676
	48.3	17.8	9.1	5.9	4.9	3.8	3.5	12.6
死別	6	11	23	65	123	242	387	857
	0.2	0.3	0.6	1.5	2.5	5.5	9.7	2.9
離別	68	107	147	241	293	232	183	1,271
	1.8	2.9	3.9	5.4	5.9	5.2	4.6	4.4
計	3,850	3,708	3,726	4,463	4,988	4,420	3,992	29,147
	100.0	100.0	100.0	100.0	100.0	100.0	100.0	100.0

れは〇・六五倍、「未婚」のそれは一・六一倍である。これが、「死別」では約三倍、「離別」では約六倍になる。未婚の母あるいは父という例外はあるが、それは統計的には無視しうるものとして、「未婚」には子どもがいないとかんがえると、さきの推計方法は自死遺児をより多くみつもることになる。たとえば、二〇代後半の男性の自死者では「未婚」は八三・四％、これをのぞいた「有配偶」ほかは一六・六％である。ところが、二〇代後半の世帯主がもつ子どもの平均数、〇・四一人というデータは「未婚」が六七・二％、これをのぞいた「有配偶」ほかは三二・八％という全国民の現実からつくられている。これによって生じる推計値の過剰をどう修正するか。

「有配偶」と「死別」、「離別」、「不詳」の男性は同じ平均数の子どもをもつと仮定する。これは乱暴な仮定である。現実には後三者の平均数の子どもは前者のそれより小さいと推測されるのだが、その全国データはないので、この仮定をつかわざるをえない。その平均数をxとすると、表1の二〇代後半の父の自死による自死遺児数五四六人はつぎのように修正される。

546 × (11.3x + 4.6x + 0.7x) ÷ (32.1x + 0.1x + 0.6x) = 546 × 16.6 ÷ 32.8 = 276 人

この作業を表1の七つの年齢階層のすべてでおこない、各修正値の計をもとめると、六八八九人となる。これは表1の計の七三・六％にあたる。また、表2の七つの年齢階層においても、同じ手続きによって修正値を算出し、その計をもとめると、二三六〇人となる。これは表2の計の八三・七％にあたる。二つの修正された計の合計は九二四九人となる。これは一八歳未満の自死遺児の修正された推計値であるから、二〇／一八を乗じて二〇歳未満の自死遺児の修正された推計値をもとめると、一万二七六人となる。一九九九年に新しく生じた自死遺児は一万二七六人、一日につき二八人あまりの子どもが自死遺児になっている訳である。

2　自死遺児の全数の推計

以上の作業を前提にして、現代の日本社会にどれほどの自死遺児が存在しているかをかんがえたい。第一論文では一九九八年の自死遺児の全数を推計しているが、そこでつかった方法と同じ方法をまずとってみる。すなわち、さきに一九九九年の父の自死による自死遺児数と母の自死による自死遺児数を表1、表2によって推計したのと同じ方法で一九八〇年から九八年までの一九年間の各年における両様の一八歳未満の自死遺児数(＝A、D)を推計した。このさい、資料としてつかう『国民生活基礎調査』およびその前身としての『厚生行政基礎調査』にデータ作成の方法が一貫しないという難点があり、それに一定の工夫によって対応したが、それらは第一論文でくわしく述べたので、ここではくり返さない。

ついで、各年の一八歳未満の自死遺児数から二〇歳未満の自死遺児数(＝B、E)を算出した。

この二〇歳未満の自死遺児が零歳から一九歳までの二〇段階に等しい数で存在すると仮定する。そうすると、ある年に出現した自死遺児は、その二〇分の一が翌年には二〇歳になって成人し、子どもでなくなり、さらに二〇分の一が翌々年になると二〇歳になって成人し、子どもでなくなり、この過程が二〇年間くり返されると、すべて成人することになる。この考えかたによれば、一九九九年には、一九年まえの一九八〇年の自死遺児の五％が一九歳で存在しており、以降、毎年に出現した自死遺児が年が改まるごとに五％が増加してきて、前年の一九九八年に出現した自死遺児は九五％が一歳から一九歳までの一九段階に各五％ずつ存在していることになる。

こうかんがえられた、各年に出現した自死遺児数のうち、一九九九年に自死遺児として、つまり一九歳以下の子どもとして残った者の比率（＝C）をもとめる。

一九八〇年から九九年までの二〇年間、毎年出現した自死遺児数（＝B、E）と、それぞれが九九年に自死遺児として残る比率（＝C）を乗じた積を合計すると、同年に存在する自死遺児数の推計値が表7、表8のようにえられる。

父の自死による自死遺児数	九万二〇一二人
母の自死による自死遺児数	三万三五二八人
全自死遺児数	一二万五五四〇人

しかし、前節でデータにもとづきいったように、これらの数字は、自死者においては一般国民においてより「未婚」の比率が相対的に高いことによって、実際より大きくなっているとみられる。ただし、それを修正する手がかりとしては、いまのところ、さきに利用した一九九五年の性・年齢（五歳階級）・配偶関係別の自殺死亡者と全国民のデータ、および、それに五年さきだつ一九九〇年のデータしかない。ところで、一九九五年のデータで、一九九九年に出現した自死遺児の推計値を修正すると、父の自死による自死遺児は九三五九人が六八八八人に修正され、後者は前者の七三・六％であり、母の自死による自死遺児は二八一九人が二三六〇人に修正され、後者は前者の八三・七％であるとさきにいった。同じ方法で、一九九五年のデータで前出の一九九五年に出現した自死遺児の推計値を修正してみた。また一九九〇年のデータで、同年に出現した自死遺児の推計値と一九八五年に

表7　1999年に存在する父の自死による自死遺児数

年	当該年に出現した父の自死による自死遺児数＝A	A ÷ 18 × 20 ＝ B	Bのうち1999年に自死遺児として残るものの比率＝C	B × C
1980	9,060	10,067	5/100	503
81	9,036	10,040	10/100	1,004
82	9,596	10,663	15/100	1,599
83	12,105	13,450	20/100	2,690
84	11,433	12,703	25/100	3,176
85	10,410	11,566	30/100	3,470
86	10,797	11,996	35/100	4,199
87	9,824	10,915	40/100	4,366
88	8,441	9,379	45/100	4,220
89	7,383	8,203	50/100	4,101
90	6,471	7,190	55/100	3,954
91	6,525	7,250	60/100	4,350
92	6,788	7,543	65/100	4,903
93	6,610	7,345	70/100	5,141
94	6,474	7,193	75/100	5,395
95	6,598	7,329	80/100	5,863
96	6,418	7,131	85/100	6,061
97	6,625	7,361	90/100	6,625
98	9,465	10,516	95/100	9,991
99	9,359	10,399	100/100	10,399
計	-	-	-	92,010

出現した自死遺児の推計値を修正してみた。計算の過程の紹介は省略するが、念のためにそこでつかわれた統計表をみたい方は、本稿の初出誌で表10から表19までをみられたい。結果は表9のとおりになった。

この表が示す四時点における両様の自死遺児の推計値にたいする修正値の構成比が、父の自死による自死遺児では七一％台から七三％台のあいだに、母の自死による自死遺児では八三％台から八四％台のあいだに、つまり、きわめて狭い範囲に、あるいは安定した状態に、おさまっているのに注目したい。これは、概括的にいって、表7、

表８　1999年に存在する母の自死による自死遺児数

年	当該年に出現した母の自死による自死遺児数＝D	D ÷ 18 × 20 ＝ E	Eのうち1999年に自死遺児として残るものの比率＝C	E × C
1980	4,039	4,488	5/100	224
81	3,931	4,368	10/100	437
82	3,990	4,434	15/100	665
83	4,096	4,552	20/100	910
84	4,067	4,519	25/100	1,130
85	3,986	4,429	30/100	1,329
86	4,327	4,807	35/100	1,683
87	3,725	4,139	40/100	1,656
88	3,364	3,737	45/100	1,682
89	3,322	3,691	50/100	1,846
90	2,887	3,207	55/100	1,764
91	2,706	3,007	60/100	1,804
92	2,562	2,847	65/100	1,850
93	2,393	2,659	70/100	1,861
94	2,244	2,494	75/100	1,870
95	2,391	2,657	80/100	2,125
96	2,241	2,490	85/100	2,117
97	2,340	2,600	90/100	2,340
98	2,940	3,267	95/100	3,103
99	2,819	3,132	100/100	3,132
計	-	-	-	33,528

表９　自死遺児の推計値と修正値

年	1985	1990	1995	1999
父の自死による自死遺児の推計値＝A	10,410	6,471	6,598	9,359
父の自死による自死遺児の修正値＝A’	7,503	4,614	4,835	6,888
A’／A × 100	72.1%	71.3%	73.3%	73.6%
母の自死による自死遺児の推計値＝D	3,986	2,887	2,392	2,819
母の自死による自死遺児の修正値＝D’	3,346	2,432	2,018	2,360
D’／D × 100	83.9%	84.2%	84.4%	83.7%

表8でみた両様の自死遺児の推計値を、父の自死による自死遺児のばあいではその七割、母の自死による自死遺児のばあいではその八割に修正しておけば妥当であることをつよく示唆している。もちろん、できれば、自殺死亡者の性別、年齢別（五歳階級）・配偶関係別のデータがあと二時点でほしい。過去にさかのぼるなら八五年のデータ、近い将来では、こちらは多分可能であろうが二〇〇〇年のデータ。

さしあたっては、表7、表8が示す、一九九九年に存在する自死遺児の推計値をつぎのように修正する。

父の自死による自死遺児数　約六万四四〇〇人（92012 × 70 ÷ 100）
母の自死による自死遺児数　約二万六八〇〇人（33528 × 80 ÷ 100）
全自死遺児数　約九万一二〇〇人

3　社会問題としての自死遺児

自死遺児および自死遺児家庭の存在を新しい社会問題、教育問題のひとつとみるとき、その問題の構造を分析すると、そこには、ほかの災害遺児、病気遺児、交通遺児などそれぞれの遺児家庭に共通してみいだされる問題と自死遺児、自死遺児家庭に特有の独自の問題とがふくまれている。共通の問題としては、親と死別したことによる悲しみの感情、母子家庭にひろくみいだされる経済的困窮、ひとり親家庭ゆえの生業労働と家事労働の両立の困難、親子双方の心理的不安定などがある。それらについては、ほかの遺児と遺児家庭を素材にしてであるが、先行研究が充分とまではいえないものの、一定程度は蓄積されている。しかし、自死遺児と自死遺児家庭に特有の独自の問題については、わが国ではみるべき先行研究は、私の第一論文が発表されるまで皆無であった。

その論文で、私は、私が直接に聞いた自死遺児の自分史語り三例と、同僚たちが聞いた自死遺児の自分史語り数例の報告を素材にして、仮説構成風にその独自の問題の特性をつぎの四つに整理した。すなわち、(1)親が自死した事実の認識は遺児に心理的衝撃と心理的後遺症を生じさせるが、その本質は親から遺棄され、愛と保護を一方的に打ち切られたショックである。(2)親は自死するまえに自死を阻止してほしいというシグナルをくり返し出しており、そのため自死がおこると、残された家族はその自死を防げなかったという後悔、罪悪感に苦しむ。(3)現代日本において自死は忌わしい死、恥ずかしい死であり、そのため自死遺児、自死遺児家庭は親の自死についてつよい恥辱感を味わっている。(4)自死遺児を苦しめる恐怖感として、残された親も死んでしまい自分は孤児になってしまうのではないかという想念と、自分も自死するべき運命にあるのではないかという想念がある。

四つの特性のくわしい説明は第一論文でみられたい。現在、私は、その後の検討にもとづき、(3)について大幅の修正の必要を認めるにいたっている。現代日本において自死が忌わしい、恥ずかしい死であるとする価値意識が有力であるのは事実である。その影響下にあって、多くの自死遺児、自死遺児家庭が親の自死の事実を家庭外の人びとにかくし、話さず、ときには家庭内で家族同士ですら話題にしないのも事実である。これについては、のちにまたふれる。しかし、親の自死の事実をかくす、あるいは口にしない動機が恥辱感であるという判断は撤回したい。その動機はきわめて多元的であり、その主要なものはのちにふれるが、そこには、レア・ケース以外では恥辱感はふくまれない。親の自死を恥ずかしいとする遺児たちは一定数いるが、その恥ずかしいという感情はむしろ羞恥心にちかく、恥辱感といいかえられるのは不適切である。

さて、第一論文を発表したのち、自死遺児と自死遺児家庭の問題をかんがえるために利用されるべき有力な情報が二つ出現した。そのひとつは、自死遺児文集編集委員会、あしなが育英会編『自殺って言えない—自死で遺された子ども・妻の文集』(二〇〇〇年四月)である[2]。そこには、自死遺児の大学生九人、高校生三人、自死遺児家庭の母親五人が自死による父親あるいは夫との死別体験とその後のライフ・コースをかたるレポートをよせている。いまひとつは、あしなが育英会が私に委託しておこなった、二〇〇一年の夏のつどいに参加した遺児奨学生を対象とした死別体験とライフ・コースにかんする調査結果をふくむ、自死遺児奨学生九五人分(高校生七八人、大学生一七人)のデータである[3]。こちらは現在、私と同僚による分析作業がはじまったところである。以下では、第一の情報を中心に、第二の情報の一部をもつかって、自死遺児と自死遺児家庭に特有の独自の問題を、第一論文のばあいより、いっそう具体的、全体的に叙述してみたい。自死遺児家庭の成員のライフ・コースを時系列で追って、五つのトピックスを設定してみる。

第一。まず、親の自死にさきだって、家族内にその自死の予感がわずかにあらわれ、それが次第に凶々しく成長してゆく時期がある。多くのばあい、自死する親は鬱病をわずらっており、その治療のため通院しているか、入退院をくり返している。しかし、治療効果があがらず、病人は生活活動が不活発で、無気力となり、その状態に配偶者や子どもは気持を暗くし、子どもはときには不甲斐ない、情けないとみる親の姿に反発する。他方で自死の原因となる事業のゆきづまり、借金とそのとりたてなどの経済的原因、アルコール依存、家族関係の緊張などが深刻化してゆく。自死に向かう親は、その自死を阻止してほしいとサインを出すようになり、有力なサインのひとつは自殺未遂である。家族は、そのサインを解読すれば、自死を防止するために全力をあげる。それは家族に大きい緊張を持続的にしいて、かれらの生活自体が崩壊に瀕する。自死の直前の期間には、自死する親は、日常生活にみられぬ異常な行動、たとえば極度の無表情、魂が抜けたみたいな振舞い、あるいは家族に親愛感を示し別れを告げる行為などをみせる。後者は自死の阻止をねがうサインのひとつとも解される。

第二。そして親が自死する。遺された子どもと配偶者にとってそれは強烈な心理的衝撃である。報告されているかぎりでいえば、その衝撃に凄惨の印象をつよくあたえるのは、自殺現場の目撃である。その目撃や自死の報知を聞いたあと、自死遺児たちの多くは一種の非現実感におそわれており、ドラマのなかの出来事のようだった、自分の身の上におこったこととはおもえなかったなどという。それにつづいた出来事の多くが遺児の記憶から脱落していることがある。これらは強烈なショックをともなう現実の心理的拒否であろう。そのあとに生じる心理として比較的多く言及されているのは、(1)後悔、(2)不安、(3)恨み、(4)悲しみなどである。後悔は、まず、自死を阻止してほしいというシグナルに気付きながら、その阻止に失敗したという後悔であり、ついで、そのシグナルに気付かなかったという後悔であり、さらには、鬱病などで苦しんでいる親に反感をもったことへの後悔である。それらの後悔は、私のせいで親が自死してしまった、私が親を殺したと極限化して、つよい罪悪感となり、遺児たちを苦しめるのである。不安は、父親の自死につづいて残された母親も自死し、自分は家庭を失った孤児になってしまうのではないかという不安、自分自身もやがては自死することになるのではないかという不安である。母親が自死するのではという不安は、父親の納棺や葬儀のおりに母親が悲しみのあまり、夫の跡を追いたい、死んでしまいたいなどと口走るのを遺児が聞くと、いっそうかきたてられるようである。自分自身の自死の不安は、遺児が自死した親は鬱病に苦しんでいて、それが自死の原因にもなったことを知っており、その体質が自分に遺伝しているから、自分もやがては自死するのではないかとかんがえて、生じている。恨みは、親の自死を親の身勝手な行為とかんがえ、あるいは親の裏切りとかんがえ、親が子にあたえるべき愛情と保護を一方的、暴力的に打ち切ったところに向けられる。そのさい、周囲の両親がいる子どもと比較して、どうして自分だけがこんなひどい目にあうのかと苛だつ例や、その報復のように非行に走る例もある。悲しみは、愛していた対象を失ったさいに生じる一般的心理であるが、自死遺児たちの報告によれば、親の自死の直後には悲しみを感じなかったという者が少なくない。自死遺児の悲しみは、一定の時間が経過してから生じ、長くつづくようである。しかし、これについては、自死遺児にかんする一般論として主張するだけの準備はない。

第三。自死遺児たちにとって、親の自死とそれにつづく心理的苦悩の日日の体験は、語るのにひどく辛い話題である。かれらはそれを語ることについて、たがいに矛盾する両義的な動機をもっている。それは、もっとも要約していえば、話したくない—話したい、である。先行するのは話したくないという気持であり、話せないとも意識される。したがって、かれらはその話題について他者にたいして沈黙を守る。他者は家族の外部にいる人びと、友人、知人、教師などであるが、ときには、家族のなかでもその話題が長いあいだ避けられている。子どもが幼いうちに親が自死して、残された親はその事実について語らず、あるいは語れず、子どもはそれを不審におもいながら、あるいは事実を薄々とは察しながら、それを口にしないでいるという事例もある。かれらは、なぜ、話さないのか。それは、なによりも、他者に存在する自死を忌わしい死、恥ずかしい死とみる偏見のせいである。この他者は、世間、社会、他人、人々として意識されている。自分が自死遺児であるということを他者に知られ、それによって自他のあいだの普通の人間関係が失われること、自分が特別視されることを、自死遺児たちは恐れている。

しかし、他方で、自死遺児たちは、親の自死とそれにともなう自分や残された親の心理的苦悩について語りたいのである。その死別体験に言葉で表現をあたえ、それによってその体験をいくらかなりと客観視することができるようになり、そのくり返しによって、その体験から心が解放されてゆくことをかれらは望んでいる。その死別体験を語らないでいることは、それを心のなかに閉じこめておくことであり、それは逆に心がその体験に束縛されつづけることでもある。また、その死別体験を他者に語って、他者に理解してもらうことをも自死遺児たちは望んでいる。心が深く傷ついている者にとって、他者がそれを正しく理解し、ともに苦しんでくれるのを感知することは、心のいやしに通じる。これはキリスト教神学やその影響下にある文芸学、心理学などで、共苦関係と呼ばれる[4]。これにたいして、他者が心の傷を興味本位にながめ、共に苦しむことなくあたえる同情を、心が深く傷ついている者はひどく嫌う。自死遺児のばあいでも、同情を嫌うことが死別体験について沈黙を守る有力な動機のひとつである。

第四。そこで、自死遺児たちの心をいやす自助活動について述べることにする。あしなが育英会は、つどいと呼ばれる奨学生の集会を夏季に開催し、それを重要な教育活動のひとつに位置づけている。大学奨学生は主として一年生が参加者となり、山中湖畔で五泊六日、高校奨学生は各学年が参加者となり全国各地の九会場で三泊四日、それぞれ合宿して共同学習活動をおこなう。大学奨学生のつどいには上級生がリーダーとして参加するが、かれらは一年生のときつどいに参加して、この集会が好きになったリピーターである。また、高校奨学生のつどいには、大学奨学生のつどいに参加した一年生がリーダーとして参加する。つどいの活動のひとつに、参加者が班と呼ばれる小集団にわかれておこなう、自分史語りがある。病気遺児、災害遺児、自死遺児たちが、リーダーが示す自分史語りのモデルにならって、各人の親との死別体験をふくんだライフ・コース、心理の推移を語りあうのである。それは、多くの遺児たちにとって、それまで心のなかに封印してきた自分史をはじめて物語る機会となる。かれらがその最初の行為に踏み切るのは、聞き手がリーダーも班員も、みな親との死別とそれにともなう心理的苦悩を体験してきており、この聞き手なら、それぞれの体験にもとづき、自分のことを正しく理解してくれるだろうと期待するからである。もちろん、その場でも、自分史を語ることがまったくできない、あるいはわずかしかできない遺児はいる。かれらは、したいようにしてよい、無理をしないでよいと対応される。自死遺児たちの多くも、この自分史語りのなかで、親の自死とそれにつづく自分と家族の生活と心理をはじめて物語ることができたと報告している。

この遺児たちの自分さがし、あるいは心のいやしの試みとして、自分史語りをつかうことは、あしなが育英会の前身、交通遺児育英会の夏のつどいのなかではじまり、あしなが育英会にうけつがれてきた。両育英会の運動史を研究してみると、それは最初、自分さがしとしてはじまり、次第にいやしの効果をもつことが認識されていった経過がわかる。それについてくわしくいうことは別の機会にゆずるが、その後、同会は、アメリカ合衆国でも死別遺児の心理的治療施設において、同種の自分史語りをつかった療法がおこなわれていたことを知った[5]。また、自死による死別体験をもった遺家族が自助グループをつくり、おこなう活動の主要なひとつがやはり自分史語りである[6]。自死遺児の心理的苦悩からの回復のためにかれらの自助活動が有効であるという判断は内外の実践例によって支持されているとみえる。

ここで浮上する新しい課題のひとつは、自死遺児たちの心理的救済のために、この自助活動以外に有効な方法はないかということである。自死遺児たちのために、現在の学校の教師や児童相談所の相談員、カウンセラーなどはなにをするべきかと質問をされることがある。私は、学校教育、児童福祉、母子福祉などの領域で多少の研究をしてきたものだが、この質問に充分な回答をすることができない。教師たちの大多数がこのような問題に対処するための専門的訓練をうけてきていないのは確かである。児童福祉、母子福祉の専門職がこの問題に効果的に対処した事例は寡聞にして知らないが、これは事例を御存知の方があれば、ぜひ御教示をうけたいとおもっている。

第五。自死遺児の現在にとって自死は両義的である。それは、かけがえのない親の自死としてはすでに起った独自の死であり、人びとの自死としてはこれまでに起った、またこれからおこる一般の死である。親の自死についての自死遺児の心理的反応ではすでに叙述した後悔、不安、恨み、悲しみなどがあり、それらは現在にもつづくが、それらと共存して、ばあいによってはそれらを乗り越えて手に入れる、親の自死にたいする容認、寛容、理解がある。自死にいたった親の精神的苦悩を知りぬいているので、親が選んだ自死は「それはそれで立派な死であると認めたい」という遺児がいる。あるいは、社会は自死にたいして「寛容になってほしい、理解してあげてほしい」と願う遺児がいる。これらの自死遺児たちは、衝撃的な死別体験を自分史語りをつうじて客観視する試みをくり返しながら、親の自死をそれはそれでひとつのひたむきな生きかた、死にかたであったと容認し、理解するところまで成長してきたのである。

もちろん、かれらは、それにすぐつづけて現代社会が自死を選ぶ人びとがいなくなる社会になることを願うと、一様にいう。これからおこる人びとの自死はあってはならないこと、なくすために努力するべきものであること、をいう。その主要な動機のひとつは、親が自死したあとに遺された家族の苦悩や悲哀をなくしたいというところにある。それらの感情の辛さをよく知っているからこそ、自死のない社会を求めたいのだと自死遺児たちはいうのである。社会学は自殺研究に長い学問的伝統をもっている。その社会学の専門的訓練をうけた研究者として発言するならば、自殺が生じない社会はありえない。自死者ゼロの社会は自死遺児たちが夢見るユートピアでしかない。しかし、かれらがそのユートピアを希求して、社会にたいして声をあげるのであれば、それはかれらなりの社会参加として、まず評価されるべきであろう。

4　自死遺児の社会心理

二〇〇一年夏のあしなが育英会のつどいに参加した奨学生たちを対象にした調査は、全標本数が一五二五で、その学校別内訳は高校奨学生一二六三、大学奨学生二六二である。このうち自死遺児はさきに記したように九五、学校別内訳は高校奨学生七八、大学奨学生一七である。調査は、死別体験とそれをめぐる心理、ライフ・コースなどを問う調査票をもちい、ギャング・サーヴェイ（集団一斉調査）でおこなわれた。この調査方法をとったため、標本につよい緊張をしいる設問は、あしなが育英会側からの要望によって除外されている。ギャング・サーヴェイの席上で、過度の緊張から感情を激発させる者がいて、混乱が生じるのを避けるためである。調査票は、高校奨学生用は全二三問、大学奨学生用は全二五問から構成されている。いま、私の手許には全遺児と自死遺児の単純集計があり、クロス集計の作成や自由回答の抜き書きなどはこれからの作業であるが、二とおりの単純集計のみをみていても、いくつかの示唆が引き出せる。自死遺児について、これだけまとまった実数のデータは、もちろん、わが国ではじめてえられたものである。前節までの論述とかかわらせて、とくに興味深いデータを七つほど紹介する。

(1)「お父さん（お母さん）が亡くなられた直後から今までの間にあなたはつぎのような気持になったことがありますか」

回答の選択肢には一一とおりの感情を並べ、いくつでも回答してよいM・A（複数回答）とし、ほかに「これら

表 10　お父さん（お母さん）が亡くなられた直後から今までの間にあなたはつぎのような気持ちになったことがありますか。

死別などによって生じた気持ち（順位は自死遺児の場合）		自死遺児	全遺児
1 位	悲しかった	63.2	55.3
2 位	つらかった	58.9	51.5
3 位	さびしかった	56.8	51.4
4 位	納得できなかった	47.4	29.1
5 位	こわかった	34.7	24.1
6 位	同情がいやだった	30.5	31.0
7 位	ひとりぼっちとおもう	22.1	14.6
8 位	自分の無力を感じた	21.1	21.0
9 位	自分も死ぬのではないか	18.9	9.0
10 位	あきらめがついた	11.6	7.7
11 位	恥ずかしかった	8.4	7.6
	延べ計	373.6	302.3
	11 のうち 1 つ以上を回答したものの計	90.5	82.8
	これらは感じなかった	5.3	5.7
	おぼえていない	4.2	8.1
	N．A．	-	3.4
	上記 4 段の計	100.0	100.0

は感じなかった」、「おぼえていない」をくわえた。回答結果は表10に示したとおりである。自死遺児は九〇・五％が一一とおりの感情からひとり平均四・一強をえらんでいる。これが全遺児のばあいには、八二・八％が三・六強をえらんでおり、自死遺児のほうがこの設問により高い比率でより多くの選択肢をえらんでいる。自死遺児の回答比率が全遺児のそれを上まわっているものを、その差の大きさの順でひろってみると、「納得できなかった」、「こわかった」、「自分も死ぬのではないか」が上位三位に入り、前節の分析結果と照応している。

(2)「亡くなられたお父さん（お母さん）にたいして、あなたは、つぎのような気持をもったことがありますか」

回答の選択肢には九とおりの感情を並べ、

表11　亡くなられたお父さん（お母さん）にたいして、あなたはつぎのような気持ちを感じたことがありますか。

死別などした親への気持ち（順位は自死遺児の場合）		自死遺児	全遺児
1位	信じられなかった	60.0	49.0
2位	残された母も死ぬのではないか	34.7	21.4
3位	自分のせいとおもった	32.6	12.1
4位	腹が立った	26.3	9.3
5位	情けなかった	15.8	5.8
6位	憎らしかった	11.6	4.1
7位	裏切られた	11.6	2.4
8位	うらめしかった	7.4	1.7
9位	ほっとした	5.3	3.0
	延べ計	205.3	108.8
	9のうち1つ以上を回答したものの計	76.8	64.0
	これらは感じなかった	9.5	16.2
	おぼえていない	8.4	13.4
	N．A．	5.3	6.4
	上記4段の計	100.0	100.0

やはりいくつでも回答してよいM・Aで、前問と同じように、「これらは感じなかった」、「おぼえていない」をつけた。回答結果は表11に示したとおりである。これには、前問のばあいより、自死遺児の心理の特性がいっそう鮮明にあらわれている。自死遺児は七六・八％が、九とおりの感情から二・六強をえらんでいる。全遺児は六四・〇％が一・七をえらんでいる。自死遺児の回答比率が全遺児のそれを上まわっているものを、その差の大きさの順でひろってみると、「自分のせいとおもった」、「腹が立った」、「残された母も死ぬのではないか」が上位三位であるが、これらはいずれも前節の分析で注目した感情である。ほかにも「裏切られた」、「うらめしかった」の回答比率が自死遺児で全遺児の四倍以上、「情けなかった」、「憎らしかった」の回答比率が自死遺児で全遺児の三倍ちかくになることに留意したい。

表 12　今回のつどいに参加するまえ、あなたはどんな気持ちでしたか。

今回のつどい参加前の気持ち（順位は自死遺児の場合）		自死遺児	全遺児
消極的回答	1位　めんどうくさい	42.1	40.5
	2位　なにをするか不安	42.1	37.9
	3位　未知の人にあうのはいや	32.6	28.2
	4位　一人でゆくことに不安	18.9	24.2
	5位　遺児だけのつどいがいや	5.3	4.0
	延べ計	141.0	134.8
積極的回答	1位　友だちを作りたい	32.6	45.6
	2位　仲間に会う楽しみ	30.5	39.0
	3位　良いつどいにしよう	26.3	31.6
	4位　良いリーダーに期待	16.8	23.5
	5位　職員に会う楽しみ	7.4	6.7
	延べ計	113.6	146.4
	その他	9.5	9.5
	11のうち1つ以上を回答したものの計	96.8	98.2
	とくにない	3.2	1.4
	N．A．	-	0.4
	上記3段の計	100.0	100.0

（3）「今回のつどいに参加するまえ、あなたはどんな気持でしたか」

回答の選択肢には、消極的回答を五つ、積極的回答を五つ並べて、いくつえらんでもよいM・Aで回答させた。回答結果は表12のとおりである。両様の回答の延べ小計（累計）をみると、自死遺児では消極的回答一四一・〇%、積極的回答一一三・六%、全遺児では消極的回答一三四・八%、積極的回答一四六・四%、となる。この差は、自死遺児で一回目の参加者の比率が高く、全遺児ではリピーターの比率が高いことによるとおもわれる。経験的に判断すると、一回目の参加者はつどい参加に消極的であり、一度参加してその魅力を体験するとリピーターになり、二回目以降、積極的に参加するようになるのである。分析が進めば、参加まえの気持と参加回数のクロス集計の分

表13　「自分を語ろう」でリーダーや班員の話を聞いて、あなたはどうおもいましたか。

「自分を語ろう」を聞いた感想（順位は自死遺児の場合）	自死遺児	全遺児
1位　自分と同じおもいをあじわっている人たちがいた	69.5	51.7
2位　いろいろな悲しみがあることを知った	64.2	73.2
3位　この人たちになら自分のことを話してもいいとおもった	43.2	46.2
4位　自分でも聞いてあげられるんだとおもった	28.4	36.4
5位　つらかったり悲しかった体験を話してもいいんだとおもった	21.1	21.3
6位　話し手のあなたが悪いんじゃないよとおもった	15.8	23.8
7位　つらい気持ちを話せている人がうらやましかった	7.4	7.3
8位　人の話は聞きたくなかった	1.1	1.7
その他	5.3	6.0
延べ計	256.0	267.6
9のうち1つ以上を回答したものの計	96.8	97.8
N．A．	3.2	2.2
上記2段の計	100.0	100.0

析でそれが確かめられることになろう。

（4）『自分を語ろう』でリーダーや班員の話を聞いて、あなたはどうおもいましたか」

回答の選択肢には九とおりの反応を並べて、いくつ回答してもよいM・Aとした。回答結果は表13のとおりである。総じていえば、これからあとの四問では、これまでの三問のばあいより、自死遺児の回答結果と全遺児のそれが比較的似通ってきている。自死遺児の上位三位は、「自分と同じおもいをあじわっている人たちがいた」、「いろいろな悲しみがあることを知った」、「この人たちになら自分のことを話してもいいとおもった」である。「自分と同じおもいをあじわっている人たちがいた」で、自死遺児の回答比率が全遺児のそれを一七・八％と大きく上まわっているところは、自死遺児たちで、それまで自分だけが辛いおもいをしているという孤立感にさいなまれていた者が相対的に多かったことを示唆している。また、逆に「話し手の

表 14　今回のつどいで、亡くなった親のことを話して、どうおもいましたか。

「自分を語ろう」で話した感想（順位は自死遺児の場合）		自死遺児	全遺児
1位	ちゃんと話を聞いてくれてうれしかった	51.6	57.1
2位	近所や学校の友だちにいえないことを話した	48.4	37.5
3位	いろいろ話すことができてすっきりした	44.2	45.1
4位	だれにも言ってはいけないとおもっていたことを話せてホッとした	20.0	16.1
5位	少ししか話せなかったが、もっと話したかった	18.9	22.0
6位	自分の悲しい気持ちや苦しい気持ちに気付いた	16.8	21.4
7位	親のことは話したくなかった	7.4	4.3
8位	自分ばかり責めるのは止めようとおもった	4.2	6.2
9位	形どおりに話してすませた	3.2	3.3
10位	話さなければよかったとおもった	1.1	1.0
	その他	12.6	8.3
	延べ計	228.4	222.3
	11のうち1つ以上を回答したものの計	97.9	94.5
	N．A．	2.1	5.5
	上記2段の計	100.0	100.0

あなたが悪いんじゃないよとおもった」で自死遺児の回答比率が全遺児のそれの三分の二程度にとどまることは、自死遺児で親の自死を自分のせいだとかんがえている者が多いことと相関しているのではないか。これもクロス集計の分析でのちほど確かめてみたい。

(5)「今回のつどいで、亡くなった親のことを話して、どうおもいましたか」

回答の選択肢として一〇とおりの反応を並べ、いくつえらんでもよいM・Aとした。回答結果は表14のとおりである。自死遺児の回答の上位三位は、「ちゃんと話をきいてくれてうれしかった」、「近所や学校の友だちに言えないことを話した」、「いろいろ話すことができてすっきりした」である。これらに第四位の「だれにも言っていけないとおもっていたことを話せてホッとした」までをあわせて、つどいの自分史語りがもつカタルシス効果がよくあらわれている。また、「少ししか話せなかったが、もっと話したかった」は、もっと話したい事柄の認識であり、「自分の悲しい気持や苦しい気持に気付いた」は、それまで意識していなかった自分の内面の発見である。自分史を語ることが自分を知り、見つける機会であることがよくわかる。

(6)「今回のつどいに参加して、あなたは変わりましたか」

自死遺児のばあい、表15でみられるとおり、「変わったとおもう」四四・二％、「変わっていないが変わりたいとおもう」三〇・五％、これらは、つどいの教育効果の高さをよく示している回答である。七割あまりの自死遺児たちは、どこに自分の変化あるいは変化の予感を感得しているのか。

(7)「今回のつどいに参加して、つぎのような気持が生じましたか」

回答の選択肢は八つ準備され、これに「なにも考えられない」をくわえて、いくつえらんでもよいM・Aとした。八つの選択肢のうち七つまでが、積極的な反応、あしなが育英会として望ましい教育効果をあらわす反応になっている。回答結果は表16に示すとおりである。自死遺児のばあい、九一・六％の者がそれら七つの選択肢から三・二強をえらんだ。回答比率上位の三つは、「遺児仲間と出会えてよかった」、「自分を見つめなおせた」、「残されたお母さん（お父さん）の苦労を考える」であった。つどいで仲間とリーダーに出会い、過去と現在の自分を見つめなおして、将来の生きかたまでをかんがえ、ひとり親の苦労に感謝して、亡くなった親の生涯をなつかしむ。遺児たちの自助活動をつうじて、多くの自死遺児たちが精神的に再生する過程がここに示唆されている。

表 15　今回のつどいに参加して、あなたは変わりましたか。

	自死遺児	全遺児
変わったとおもう	44.2	47.2
変わってないが、変わりたいなとおもう	30.5	28.7
変わってないし、変わりたくない	4.2	4.0
わからない	21.1	18.2
N．A．	-	1.8
計	100.0	100.0

表 16　今回のつどいに参加して、つぎのような気持ちが生じましたか。

つどい参加の効果と評価		自死遺児	全遺児
自己認識	自分を見つめなおせた	50.5	61.7
	これからの生き方を考えてみよう	46.3	48.5
仲間関係	遺児仲間と出会えてよかった	61.1	58.7
	リーダーのような人間になれるようがんばろう	33.7	39.3
親への気持ち	残されたお母さん（お父さん）の苦労をかんがえる	50.5	42.5
	亡くなったお父さん（お母さん）の生き方をかんがえる	30.5	23.0
育英会	あしなが育英会の活動に参加したい	23.2	27.3
	延べ計	295.8	303.7
	７のうち１つ以上を回答したものの計	91.6	94.7
	つどいにはもうかかわりたくない	2.1	1.7
	なにも考えられない	4.2	1.6
	N．A．	2.1	2.0
	上記４段の計	100.0	100.0

注

1 副田義也「自死遺児について」真生会社会福祉研究所『母子研究』No.20、二〇〇〇年、のち改稿して、副田編『死の社会学』岩波書店、二〇〇一年に収録。

2 自死遺児文集編集委員会、あしなが育英会編『自殺って言えない—自死で遺された子ども・妻の文集』あしなが育英会、二〇〇〇年。

3 副田義也「自死遺児について・再考」『母子研究』No.22、二〇〇三年。

4 共苦関係の日本形態については、私はつぎの文献で多少論じた。副田「日本文化の可能性」井上俊ほか編『岩波講座　現代社会学23　日本文化の社会学』岩波書店、一九九六年、一九四—一九五ページ。

5 副田義也『あしなが運動と玉井義臣——歴史社会学的考察』岩波書店、二〇〇三年、四〇八—四一〇ページ。

6 カーラ・ファイン、飛田野裕子訳『さよならも言わずに逝ったあなたへ—自殺が遺族に残すもの』扶桑社、二〇〇〇年、一八七—二〇七ページ。

4

震災死体験の癒しの過程における「重要な他者」と「一般的他者」

（樽川典子 編　二〇〇七年三月
有信堂高文社『喪失と生存の社会学——大震災のライフ・ヒストリー』）

はじめに

阪神淡路大震災（一九九五年）で配偶者や子どもと死別した人びとに、震災後一〇年目にあたる二〇〇四年の秋、その死別体験やその後の生活を主題にした事例調査をさせてもらった。その生活のなかには、一般的表現でいえば、完全な、あるいは不完全な癒しの過程がふくまれており、それは生き残った人びとの死の受容であったり、その受容をふくんだパースナリティの変容であったり、ライフ・コースの改変であった。それらの過程についてくわしい聞きとりをさせていただきながら、われわれは、癒しの過程は社会化過程のひとつとみることができ、そこで、社会学、社会心理学でいう、「重要な他者」と「一般的他者」がかなりおもいがけないありかたで出現し、癒しに促進的効果をあげていることに気付いた。この発見は、死別体験の癒しにかんする理解をゆきとどかせ、あわせて二とおりの概念がみちびきだしてきた従来の理論に修正を迫るとおもわれる。

ここで、「重要な他者」と「一般的他者」について「社会学辞典」による定義を紹介しておこう。それらは、それぞれ、significant others と generalized others の訳語である。それらの定義の一例をあげる。

「個人は、他者との相互行為を通じて、社会ないし彼が属する集団に適合的な行為の仕方や態度、価値を身につけ、また自分自身を他者の観点から対象化してみるようになる。この過程における他者としては、ある特定の他者と、G・H・ミードのいう一般化された他者とが想定される。重要な他者とは、前者、すなわち個人を取り巻く人間関係のなかでも最も重要な影響を及ぼす人びとを概念化するものである。具体的にはたとえば、子どもの社会化の過程における両親、教師、遊び仲間などがあげられる」[1]。「一般化された他者」とは、社会学などの訓練をうけていないひとには耳慣れない用語であろうが、たとえば、野球のプレイヤーにとってかれが属するティームの全員であると、前出の定義はつづけている[2]。私が教室で学生たちに説明するのであれば、それに試合相手のティームの全員、アンパイア、スタンドの観客たちもつけくわえるだろう。抽象化していえば、それは社会の代表的部分である。一般化された他者が個人のうちに内面化されると、たとえば、フェアプレーの精神や良心になる。

1　死別体験

発端の震災による死別体験は、ひとつひとつが独自性のきわだつ体験であり、安易な一般化や類型化を拒んでいる。そのことを重々承知しながらあえていうと、生き残ったひとが崩壊した家屋の外部から死にゆくひとを救出しようとした事例と、生き残ったひとが死にゆくひとといっしょに崩壊した家屋の下に生き埋めになり救出された事例とがある。さしあたって、成人の報告例を四つあげてみる。

崩壊した家屋の下から家族を救出するためにあせりつつ苦闘して、遺体がみつかると同時に判断停止状態になってしまったという経過は比較的一般的である。M・J氏は、四七歳（震災当時、以下同じ）。現在は五七歳、妻を失った。かれは自動車で出勤途上で地震にあい、自宅に引き返してくると家屋は崩壊していた。姉娘が逃れ出ていて、妻と妹娘が生き埋めになっているといった。かれは、隣人たちの応援をうけながら、屋根、二階の床、壁をどけて、彼女たちを探し求めた。「そういうようなことで時間をかけながらやってきて、この辺に寝てるはずやのになあとおもうところを、三時間たち四時間たってもみつからないわけですよ。ぼくはあとでそれも自分自身を責めることになるのですが、半分もう諦めの気持が出て来たんですね。隣の下のほうの奥さんや娘さんやらも埋まって助けを求めているから、手伝いにきてくれた方に、ぼくはひとりでとにかくここでぼちぼちやりますから、隣の方を助けて上げて下さい（といった）」。そのあと、ひとりで作業していると、神戸大学のラグビー部の学生たちが手伝いにきてくれた。かれらのうちの小柄なひとりが、崩壊した家屋の下にもぐって、娘たちをみつけてくれた。「結局、七時間以上かかって、下の子どもを救出して、その時点で家内はもう反応がなかった。下の学生さんが首を横に振って（駄目だといって）、ぼくはうなずいて、わかったいうて。子どもに残酷なんで、子どもはわかっていたと思いますけど。子どもをさきに救出して病院へつれてゆき、お姉ちゃんをつけて。それでまた、ぼくは引き返して、家内の遺体を掘り出して。……家内の遺体をみたときには、自分が心を閉ざしたというか、凍りつくような感じで。……完全に拒絶ですよね。精神状態としては拒絶状態になってますから、悲しみとか辛さとか、そんなものは全然わかないですよね。そのときはね。ただ遺体を病院につれていって先生にまかせて、自分はあとの救出作業をして」。

しかし、かなり意識的に死別直後の体験を分析している事例もある。J・K氏は男性、三二歳、現在は四二歳。かれは、自宅の二階にいて、一階に妻と息子、娘が寝ていた。一階が完全につぶれて二階がその上に落ち、妻と娘が圧死した。自宅の隣に修道院があり、シスターの好意で、その一室に二人の遺体を置かせてもらい、J氏はそれにつきそった。息子は市民病院に入れた。かれには、妻と娘の死について二とおりの認識が別々にあった。「ただ二人が亡くなったというのが、その瞬間まだわからないんですよ。死んで二人はたしかに修道院にいる。死んでいるというのがまだ、ちょっといなくなっているという感覚でしかないんですよ。ちょっといないという、ただ二、三日いないというのと、あんまり変わらん。だから本当に、ああ死んでいなくなった、もう何をどうしようが絶対に帰ってこないということは、実はわかっているようで、まだ、わかっていないんです。(一月)二二日かに尼崎の焼き場のほうにもってゆくことになるまでは、葬儀屋さんを呼んで、お棺に入れて、ドライアイスなんかでできるだけ腐らんようにしてますけど、どんどんどんどん腐ってゆくんですね。そういうのをみてながら、ぼくは死んでいる二人を最初椅子に寝かせたりしてました。……最初の一日、二日は(棺が)なかったです。どんどん腐ってゆく。遺体に布だけかけて、ぼくは二人と川の字に寝ましたよ」。心理的認識では、死は二、三日の不在程度に感じられている。生理的認識では、遺体の腐敗が不可逆的に進行している。その後、J氏は落差を埋めて、妻と娘の死を絶対的喪失として受容するために、長い年月苦しまねばならなかった。その受容は、一〇年たっても完了していない。

B・Hさんは女性、当時二四歳、現在三四歳である。彼女は夫が身近で死んでゆく場面にそれとは知らずに立ち会っていた。それは、いまでも、以下のような鮮明な記憶になっている。このあと、彼女は娘といっしょに救出されて、半年の入院生活を送った。夫の死は四九日の日に夫の親から告げられ、彼女はそれから三、四ヶ月、だれとも口をきかなかった。

「そしたら朝、どかーんという音で、みな揺れたっていうんですけど、うちの家はすぐぺっちゃんこになって、もう何もかも一瞬でした。うわーってなって、何が起きたかわからない。真っ暗な状態で、三人川の字に寝ていたんですが、上に何かがあって、叩いたら木の音がした。ああ天井だわと思って。左の隣みたら、子どもが土壁やら何やらで首から下は埋まって、泣いてて。主人はもうみえなかった。そのときに『M、大丈夫?』っていったら、『ママー、ママー、助けてー』っていうんですね。ずっと泣いてる。向こうから主人の声がして、『お前、早う、Mを出さんか』。『出せないわ』って。上半身は私は動いていたので、上半身でこの子の脇をもち上げようとするけど、抜けなくて。主人が『お前は出れるんか』っていうから、私も胸から下にタンスが落ちてきていて『ああ、駄目だわ、動かない』って。『おれも動かれへん、わかれへんけど、動かれへんのや』っていうんですよ。(中略)様子が全然みえない。Mは、ずうっと泣いてて、汗をいっぱいかいてたんですよ。子どもは顔中汗だらけで、しばらく泣いてたんだけれども、泣く声が止んだんです。手だけ伸びてきたんですね。手は温い。『なんとか頑張ってよ』っていうてたんですよ。Mは、ずうっと泣いてて、汗をいっぱいかいてたんですよ。うわー、この子死ぬわとおもって。泣くのを止めていいから、息だけはあふう、はあふうしときなさい。(天井を叩いて救いを求めつづけた。しかし、声も出なくなって)ああ人間って、こうやって死んでいくのかなあって思ったんですね。主人が手を伸ばしてたのが温かかったけれども、『もうぼくは駄目だわ、ぼくもうあかん』といいだした。『何いうてんのよー』っていって。『頑張りいよー』っていって。手はまだ温かった。だから、気絶したんかなあって、良いようにとっていたんですけどね」。

祖父母あるいはその一方と孫である遺児の組合せの震災遺児家庭がある。今回の調査では、全対象の二割ちかくになる。震災で祖父母は息子か娘に先立たれ、孫は父親あるいは母親が死亡している。W・Aさんは女性、当時四六歳、現在は五六歳、娘が死亡し、娘の夫は行方が知れず、生後まもない孫娘のFちゃんを引き取り、養子縁組をして育てている。Fちゃんは一〇歳になった。娘の結婚はWさんの夫にとってもともとあまり賛成できないものであった。娘は勝手に家を出て結婚をし、その後、娘と夫は音信不通になった。Wさんと娘とのあいだの交際はあった。娘が一八歳、相手が一八歳の若い夫婦で、生活費も不足がちで、Wさんは夫に内緒でかれらに経済的援助をずっとしていた。

「娘は結婚してから、お父さんと交流がほとんどありませんでした。それで、私が成人式の日にはじめて、お父さんに挨拶しなさいということで会わせたんです」。娘は盛装して父に逢いにきた。「娘はお父さんと仲直りができたということで、すごく喜んでいたと、主人がいっていました。ほっとしたといった、泣いていたよ、いうて。それから、お父さんの車で送られて、うちに来たんです。そのとき、最後にね、『また、遊びにきてもいい？』っていうふうにいったんですよね。ほんで、お父さんが『甘えるなよ』って、とろけるような声で、嬉しそうにいうてました。ほんとうに最後の言葉、嬉しそうにいうたんで、ずうっと耳に残っています。翌々日が震災でした」。娘は圧死し、遺体は二日後、自衛隊の隊員たちによって搬出された。娘の夫は、Fちゃんの上におおいかぶさり、Fちゃんを守ったが、背中に大怪我をした。

2　死者とのコミュニケーション

一般に、社会学や社会心理学で重要な他者の概念がつかわれるのは、子どもの社会化を説明するばあいであり、重要な他者は親、教師、遊び友だちなど生者である。これにたいして、われわれは、成人が死別体験に耐えたり、そこから癒されてくる過程で、生き残ったひとが死者を重要な他者とするばあいがあることを見出した[3]。その事態が成立するための条件のうち、主要なものは、事例の分析から判断すると、つぎの三つである。

(1)死者が生者にとってなんらかの意味で実在している。多くのケースでは、死者は霊魂であり、生者の身近なところに存在しているとかんがえられている。その居場所としては、漠然と身近なところとするばあいと、墓や仏壇とかんがえるばあいとがあるが、あまり突きつめてその場所を特定しようとしないのが一般的である。仏壇の位牌や遺影と霊魂は互換的にかんがえられがちである。
(2)生者にとっては死者とのコミュニケーションが成立している。死者の側からの生者たち＝遺家族たちへの働きかけとして、もっとも一般的にあげられるのは「見守り」である。そのさい、死者にはなんらかの超自然的能力があり、たとえば遺児を危険から遠ざけたり、守護したりすることができるとおもわれている。また「見守り」以上に、死者が望んでいることを生者におこなわせるように働きかけてくることが実感されていることもある。生者の死者への働きかけは多くは言語表現による。その一般的な例としては、墓参しての死者への語りかけがある。そのさい、声を出しての語りかけが多くあった。これは、実在する死者の霊魂がその語りを聞き、理解する能力をもつとかんがえられていることを示唆する。
(3)死者が生前、なんらかの人格的美質、すぐれた人格特性をもっており、生き残ったひとはそれを継承しようと志向している。かれは、かつては生前の死者のその美質を理解しておらず、それをいま後悔している。あるいは、生き残ったひとは、生前の死者を苦しめたり、不幸にしたことがあった。かれはそれをいま後悔している。これらの条件があるとき、死者は生き残ったひとに回心や自己変革を促し、「重要な他者」になる。それは、一般的表現をとれば、生き残ったひとの記憶のなかに死者の生前のイメージがあり、そのイメージが教育的機能を生者にたいして自己回帰的にはたすのである。
私が面接した一〇ケースでは、九ケースが死者の霊魂が実在するとかんがえていた。そして、そのうち八ケースでは霊魂が墓や仏壇、あるいは身近なところにいるという実感をもっており、先述の一般論が該当して、死者とのコミュニケーションを経験しており、死者の存在が生き残った自分に影響していると報告している。

前出のM・J氏のばあい、妻とは熱烈な恋愛結婚をしている。彼女の人柄は夫にとってたいそう個性的に感じられていた。子育て、ボランティア活動などに独自の考えかたをもち、夫の言葉でいえば、「家内の性格は、子どもがそのままおとなになったようで、好意的にいえば純真無垢な気持、悪意でいえば常識のない世間知らずの人間」であった。かれはそのような妻を愛していたが、そのボランティア活動へ打ちこむ理想主義などについては、世間知らずの自己満足とひややかにながめる一面もあった。そして、かれは仕事はきちんとするが、家庭のことは妻にまかせきりで、趣味の魚釣りに夢中であった。

震災による妻との死別体験は先述のとおりである。そのあと、心を閉ざして、悲しむ余裕がなく、子どもたちとの生活の再建のために追いまくられる日々がつづく。震災から三年がたったころ、つよい怒りの感情がかれを苦しめるようになった。なぜ妻があのような悲惨な死にかたをしなければならなかったのか。その怒りはぶつける対象がみあたらず、結局、自分に向けられて自責の念になる。危機管理の意識がなく、家庭をかえりみず、自分勝手な生きかたをしてきて、妻を死なせてしまった。この時期に一時的な失業がかさなり、M氏は深刻な精神的危機におちこんだ。

「そのとき、たまたま、ホームヘルパーの講習があるから、受けてみたらという誘いがあった。お金もかかるし、どうしようかなあっておもったんですが、土日だけの講習なんで、まあええか、いってみようかとおもった。あとで気付くんですが、多分それも、家内がぼくの背中を無言で押していたんだろう。ふつうなら、そんなとこにぼくが足を向けることはまずないですよ。ぼくの性格からいえば。それなのに、ふっとそこへ行ってみようかという気がおこり、受けさせてもらって、はじめて、人間の尊厳のある生きかた、尊厳のある死にかたを勉強させてもらった。ああ、こういう世界があるんやおもって、自分の精神世界のなかに転機がおこってきた」。

その後も、心を閉ざす状態や怒りの感情はくり返しあらわれたが、M氏の気持は少しずつ開いていった。「家内がやり残したことを自分が引き継いでやれば、家内が許してくれるんやないか、いままで自分がしてきた罪を許してくれるんやないか」。

前出のJ・K氏のばあい、死者との対話の頻度がもっとも高い。かれは妻と娘の遺骨を、花隈《はなくま》(神戸市中央区)のモダン寺という浄土真宗の寺の納骨堂に入れている。ただし、かれは特定の宗教を信仰していない。かれは、その納骨堂に、震災後一〇年目のいまも毎週お参りにいっている。

「神様仏様に手を合わせるということなら、妻と娘の二人が自分らにとっては神様みたいなもので、拝む対象になっています。そこに焼いた骨や壺があって、それと対峙している気持になって、対話しているという意識になる。自宅にも仏壇があって、写真もちゃんと立ててあって、そこでも会っているという気持がある。また、外を歩いているときにも、どこかでみているやろうみたいな気持がある。毎週納骨堂にゆくのはいいか悪いかという論議はある。（中略）しかし、ぼくはゆくと気が済むんですよ。お参りにいって、話したいことが、なんぼでもある」。

プライバシーに深入りするので理由をうかがうことは控えたが、J氏が自ら語ったところによると、結婚生活の初期、J氏夫妻は不仲でしばらく別居して、たがいに実家に帰っていたことがある。また、妻は二度、流産を経験している。これらの事実について、現在、J氏の自責の念は深い。それが、この一〇年とこれからのライフ・コースを決定づけている。

「しんどい思いをさせて、これからやっといろいろしてあげられるということになっていた。（そこでの震災死は）だから残酷。ぼくと子どものために犠牲になった死にかたになっているんでね。ぼくは家族思いでも、なんでもなかった。だから（二人は）それを思い知らすために死んだのかと（おもう）。最初に二度流産したのも、ぼくの稼ぎが悪いから、（妻が）アルバイトにいって、妊娠しているのに気付かず、重いものをもって流産したんです。妻はそれをいわずに、流産した自分の体が弱いことを、ごめんね、ごめんね、と謝っていた。そんなことはないのになあとおもった。（いまとなって、）ぼくが自分を責める。これは責めるぐらいでないと、もうあかんやろうなと。この気持は（これからも）ある程度つづくんじゃないですかね。これをプラスのものにするとか、制御するとか、そういうことは（できないでしょう）。自然につきあっていくしかないんかなあとおもいます」。

前出のW・Aさんは、娘の遺体が搬出されるまえに、市民病院に運ばれた娘の夫と孫娘のFちゃんをたずねあてていた。Wさんは Fちゃんを労災病院につれてゆき、怪我をしていないことを確認して、そのまま引き取り、育てはじめた。娘を失った悲しみを感じるよりさきに、乳児の子育てがはじまった。当時から現在にかけての心境をWさんはつぎのように語った。

「どういうんかなあ、娘が死ぬとき、私がさびしい思いをしないように、子どもを預けていってくれたのかなあと、最初はおもいました。たしかに悲しんでいる暇はなかった。そうおもって、育ててきました。娘のかわりやおもうて、育ててきました。その子どもが、成長するにつれて、よく似てくるんですよ、娘に、だんだん、だんだんだんねえ。お父さんも、似てきたなあっていうてます。(そのとき、夫妻の気持ちは嬉しいのか、悲しいのかと訊いた)。どうでしょうかねえ、両方なんかなあ。わかりませんね」。

Wさんの物語=解釈に即して厳密にいうと、Wさんに Fちゃんを預けた娘は、その時点ではまだ死んでいない。ただし、彼女は自分がまもなく死ぬのを知っており、残された彼女の母親がさびしくないようにと、自らの娘を置いてゆくのである。日本の伝統文化には、死にゆくひとは超能力をもち、それによって死のまぎわに願ったことを実現させるという発想がある。Wさんは、どこまで意識してのことかはわからないが、その発想にしたがって、さきの物語を語っている。その物語のなかで、娘はWさんにとって「重要な他者」になった。この事例によって、われわれは、死者のみならず、死にゆく者も「重要な他者」になるとかんがえるべきであろう。Wさんは、娘が生きていたらFちゃんを育てたであろうやりかたで、娘にかわってFちゃんを育ててきた。そのFちゃんが成長するにつれて、娘の面影をもつようになる。Wさんは、「重要な他者」が、死んだ娘と生きておとなびてゆく孫娘に二重化するのをみているのではないか。

3　愛と悲しみ、怒り

自らの寡聞による誤りを恐れずにいえば、従来の「重要な他者」にかんする論議は、その他者と影響をうける存在のあいだの愛情関係について、ふれるところがきわめて少なかった。これは、子どもの社会化過程におよぶ他者の影響が、主として言語的および非言語的コミュニケーション論の枠組によって論じられてきたためであろう。しかし、前節でみたように、死者や死にゆく者が生き残った者にとっての「重要な他者」になるとき、生き残った者の死者によせる愛情、死者が生前に生き残った者へあたえた愛情（あるいはその愛情にかんする生き残った者の記憶）が、大きい役割をはたす。概していえば、それらの愛情が強ければ強いほど、あるいは大きければ大きいほど、「重要な他者」の影響は増加することになる。

また、前節でみたように、死者によせる生き残った者の愛情は、つねに悲しみを産み出し、しばしば怒りに転化する。死者によせる愛が悲しみを生じさせるのは、わかりやすい心理である。ひとはある対象に価値を見出しているとき、その価値が損傷されると、悲しみを感じる[4]。ひとが特定の他者を愛するとき、その他者に価値があるから愛するか、愛するからその他者に価値があるか、である。いずれにせよ、愛と価値は結びついている。そうして愛する他者の死はその価値の損傷であるから、愛した者はその死をつねに悲しむ。死者が「重要な他者」であるとき、生き残った者の悲しみの強さ、深さと、かれにとっての死者の影響力の程度は相関する。

死者によせる愛が怒りに転化するのは、いくらかわかりづらい。事例からみるかぎり、その怒りの感情は、はじめは向ける対象が見出せず、次第に生き残った自分に向けられるばあい（M・J氏）と、最初から生き残った自分に向けられるばあい（J・K氏）とがあるようである。この怒りを向ける対象が見出せないというのは、死の根本的原因が地震という自然現象であったという事情にもよっていよう。死の原因が犯罪被害であれば、加害者の犯人に怒りを向ける。医療過誤であれば、ミスをした医師に怒りを向ける。それが自他ともに納得することができる、無理がない感情の動きである。ところが、自然災害のばあい、一般的にはそういった怒りを向ける人間を特定化することが困難である。そうして、怒りの感情が自身に向けられ、自責の気持ちになるとき、そこから回心が生じて、「重要な他者」の影響がうけいれられやすくなるということがある。

死者への愛と悲しみ、怒りを述べた新しい三例をあげてみる。怒りの感情に焦点をあわせてみよう。

N・S氏は、亡くなった妻の思い出は沢山ある、それらは震災体験のあと心の建て直しに役立ったが、話すのは気恥ずかしいと前置きして、率直な語りかたをした。私はそこに愛情の初々しい表現を感じた。すなわち、(1)自分たちは見合結婚をした。自分はそれまで恋愛経験がほとんどないので、「家内が本格的には初恋のひとに近い」。だから、「つきあっていた時代のいろんなことが印象に残る」。(2)妻は夜になるとうつらうつらして、風呂になかなか入らなかった。それを起こして風呂に入らせるのが自分の夜の仕事であった。下の子にかつての妻と似た癖があり、それをみていると妻をおもいだす。(3)妻は上の子をよく教育したので、その子は食べものに好き嫌いがない。下の子を充分に教育する暇がなく、妻は死んだ。その子は好き嫌いがひどい。自分の育てかたが悪かった。妻が生きていたら、自分はそれを叱られただろう。

妻の死に腹立たしさや怒りを感じたかと訊いた。

「それぞれ出たのは出ましたね。でもあんまり強くはなかった。怒りは、何でおれがこんな目にあわないかんのやんちゅうのはありますよ。でもどこにぶっつけていいのかわからへん」。腹立たしさはつぎのように表現された。「私は地震復興という言葉がいやだったんですわ。なんでっていうと、家や物はこわれたら復興できるやんかとおもうけど、家族亡くしたもんは永久にそれは戻らないんです。嫌いなんです。復興して街がきれいになったって、妻が戻ってくるわけない。(中略)元に戻るんよ、物やったらね。死んだ人は絶対戻らへん。このへんごっつうおもいましたねえ」。夫婦が生きのびて、家を新築して、新婚気分の人びともいる。かれらと自分は決定的にちがう。N氏はそれを力説した。腹立たしさは、本人がいうほど「あんまり強くはなかった」とはおもえなかった。

F・T氏は、現在四八歳、震災時は三八歳、高一と中二の二人の娘がいる。震災では家屋が全壊し、妻は即死した。かれはかなりラディカルな無神論者である。「神も仏もあるものかとおもってます」。死者の霊魂の実在も信じていない。妻の遺骨は、彼女が亡くなってから一年ほど手許においていたが、その後、市の納骨堂において現在にいたっている。その納骨堂においているのも仮りの処置で、墓をつくってそこに遺骨を入れるということには迷いがある。将来、子どもが墓参りなどで縛られるのは望ましくない。自分が死んだら、自分の遺骨と妻の遺骨をいっしょにして、どこかの海にでも撒いてくれと、子どもにはいってある。この戦闘的無神論者の提案には、死後の世界を信じるのは拒否しながら、そこでも妻といっしょにいたいという愛情表現が感じられる。

妻の死のあと、運命への怒りがあったかと問うた。

「当時はありましたよ。最初のころはね。なんでなんやと。何か悪いことしたんか、悪いことなんか何もしてないやろうと。私もそうだし、死んだ家内もそんなひとに迷惑をかけるような人間じゃありませんから、なぜそういう人間がそういう目に遭わないといけないんだ。そういう怒りはありました」。発言は、因果応報思想を前提にして、不条理な運命を納得することができないと怒っているが、実はその怒りがあって、それを正当化するために因果応報思想をもちだしたように感じられた。その怒りをだれに向けたか。「だれにも向けられませんよね」。自分を責める気持はあったか。「多少はありましたね」。「何もかも家内に任せっきりで、苦労ばかりさせて、これから徐々に楽になってゆくだろうというときに、かわいそう」。「自分が死んだほうがよかったかなと思ったりもしました。……いまだにおもってるみたい。（この気持は）死ぬまでずっと残っているでしょう」。

N・R氏は、現在五五歳、震災当時は四五歳、震災で同年の妻と小学生の長男を失った。当時八歳であった次男が、現在、高校を卒業して一年目である。私はたまたまN氏に三回、インタヴューをしている。震災直後の夏と五年目と今回、一〇年目である。N氏はいずれのおりにもよく語ってくれたが、今回になってはじめて出現する話題もあった。妻子を失ったN氏の喪失感は深い。一〇年の時間が経過しても、落ち着いたとか、元に戻ったという感じはない。N氏は三六歳で結婚した。結婚まえの時代、女友だちが多かった。そのころの花やかな武勇伝をかれは闊達に語ってくれたが、それは省略する。しかし、結婚してみると、妻Mさんは、「いい奥さん」、「いいお母さん」で、N氏は彼女に充分に満足していた。かれは、いまでも亡くなった妻や子といっしょに行動したこと、山歩き、栗拾い、潮干狩りなどをしばしば回想し、それはとても楽しい。

妻の死に怒りを感じたことがあるかと問うた。N氏のつぎの回答にはびっくりした。これは一〇年目の今回のインタヴューではじめて聞くものであった。

「それは地震の当時（直後）やったな。いまはもう、おれがなんぼどないしようとも（妻子は）帰って来ぃへんからな。（諦めがついている。しかし、）あのときは、二人殺したろかとおもっとったんや。嫁はんと子どもが死んだから、腹立つから、わしも二人殺してもうたろかて」。だれか関係のないひとをですかと、私は反射的に訊き返した。「だれでもいい。通るやつでも。なんでおれの嫁はんと子だけこうなってな。二人分は殺さなあかんていう頭（気持）があったから」。

地震の直後、隣人たちと夜警団をつくって巡回しているとき、そういう気持になった。それは四、五ヶ月つづいたが、次第に薄れていったという。N氏自身、怒りのもってゆきどころがなくて、そのようなあらわれかたをしたのだろうと解釈している。ほかの事例との関連でいえば、ほかでは向けどころのない怒りは自分に向かって、自責の念＝自罰感情になっている。これにたいして、N氏のばあい、その怒りが不特定の他者に向かって、激しい他罰感情、殺意になっている。この心理は、N氏の陽性で外向的なパースナリティのありかたとかかわっていよう。おもいがけない告白に、私は「よっぽど奥さんを愛していたんだね」と応じた。

この節の分析は、「重要な他者」の概念が拡張されることの可能性を示唆する。最初のN・S氏のばあい、死んだ妻は子育てが上手であった、現在、夫は自分の子育てが下手であると反省しているところなどで、死者がその死後、現在から将来にかけて、生き残った夫にとってのモデル＝「重要な他者」になっている。しかし、三番目のN・R氏のばあい、かれが現在から過去を振り返るときに、楽しい過去の生活の回想を再組織するさいの不可欠の契機として、妻の記憶が必要である。従来の理論では、「重要な他者」は、子どもの成長という現在から将来への時間の流れのなかに位置づけられていた。これにたいして、成人の回想という現在から過去への時間の流れのなかに位置づけられる「重要な他者」があるのではないか。もちろん、「重要な他者」概念のこれまでの定義を尊重して、われわれが見出した第二の「重要な他者」は、別の名称で呼ぶことも可能である。しかし、私のような志向をもつ社会学研究者にとって、戦争責任論や高齢社会論を展開するさいの予想において、記憶を再組織するための「重要な他者」概念はたいそう魅力的である。これについては別稿を準備したい。

4　宗教と自然

「はじめに」でわずかにふれたが、われわれは、阪神淡路大震災による震災遺児家庭を対象として三次の調査を経験している。それらの方法はそれぞれに異なっており、厳密な意味ではそれぞれのデータの比較は困難である。それを認めたうえでのおおまかな印象をいうと、今回の調査では、癒しの過程における宗教あるいは宗教的感覚のはたす役割の大きさへの言及が増えたように感じられた。私がインタヴューした一〇例でいえば、宗教あるいは宗教的感覚を全面的に否定したのは、前出の無神論者であると自己規定したF・T氏ひとりのみである。ただし、特定の宗教の信仰が自分を支えたというひとは三人で、残りの六人は特定の宗教信仰はもっていないが、死者の霊魂が実在しており、その死者とのコミュニケーションが自分を支えているという宗教的感覚の持ち主であった。

宗教信仰の作用について「一般的他者」の概念をつかってかんがえるとき、基本的には二つの方法が区別される。ひとつは「一般的他者」として信者集団、比較的によくつかわれる用語でいえば教団や教会をかんがえる。いまひとつは「一般的他者」として神や仏、あるいはそれにかわる「聖」の属性をもった存在をかんがえる。平均的な日本人の宗教信仰の解明にさいしては、第一の方法が第二のそれより有効なばあいが多いのではないだろうか。もちろん、個別の事例で二つの方法をかさねてつかうことはあってよい。

前出のW・Aさんは、創価学会の信者である。中学生のころ入信して、現在にいたっている。亡くなった娘の墓も、学会関係の墓苑にある。彼女は毎日、勤行して追善回向をしている。学会では亡くなったひとはどこにゆくとかんがえるのかと、墓か仏壇かと問うた。「いいえ、いったん宇宙にとけこんで、また何かの縁にふれて、新しく生まれかわる。生命は永遠という。（だから、死んだひとは）また、どっかに生まれてきているのかなあ」。娘の死後、Fちゃんを育てるのに、その信仰は役に立ったかと訊いた。

「立ちましたね。前向きにとらえることができました。過去に不幸があっても、引きずられるということなく、後を振り向いてばかりでなく、前に前にと進んでいける。また、皆さんに励ましていただいたりとか、そういうのがありましたから、それでだいぶ救われました。子どもを亡くすのと、親をなくすのとはちがう。災害・事故で亡くすのと、病気で亡くすのとはちがう。（前者のほうがより辛い。その辛い体験に耐えるのに、創価学会の信仰が役に立った、という）。

（前向きにとらえるとはどういうことかと訊いた）。いつまでも悲しんでいますとね、やっぱり本人も成仏できないしね。だから、亡くなった子どもの分まで、私たちが幸せにならなかったら、いけない。泣いてばっかりおったんではねえ、ほかの子どもにも（良くない）。そのころはまだ、お兄ちゃん（長男）、お姉ちゃん（次女）もおりましたんでねえ。母親がそんな顔をしていたら、家の中も暗くなってしまう。（中略）あのころ、創価学会の名誉会長が毎月、一回、宇宙中継の放送をやっているんです。沢山の方が避難されている学会の会館でテレビをつうじて、先生の指導をうける。そのなかで、震災のことで、つぎからつぎへの激励のメッセージがありまして。やっぱりすごい勇気をいただきました」。

ほかに、心の支えとしての宗教信仰に言及した新しい事例を二つ紹介する。

T・K氏は、震災で息子夫婦とかれらの長男を失い、ひとり残された二歳七ヶ月の次男、A君を引き取り、後見人として養育している。A君は小学校六年生になった。T氏の息子との死別体験の語りは凄惨をきわめる。地震の日、午後三時ごろ、千里救急センターから電話があり、息子が入院しているのですぐ来てくれといわれた。駆けつけたセンターで、息子は意識不明の状態であった。医師は、膝から下を手術したが、さらに足の付け根から手術しなければならない、それでも助かるかどうかわからないという。T氏は助かる確率はどうかと訊いた。医師はわずかな望みしかないと答えた。それなら、もう、このままの状態で精一杯治療してください。足を切りとって助かっても、本人も辛いし、周りの人間も辛い。意識がない息子の枕許でそんな問答をかわした。翌日、息子は死んだ。あのとき手術をしておけば、息子は助かったのではないか。その想いにT氏は長いこと苦しむことになった。

「私は、息子夫婦と、墓じゃなく、家の仏壇でしょっちゅう話はしてます。孫なんかでも、なんか悪いことをしたときには、家内が仏壇のまえで話して、約束させてますわ。仏壇には息子の霊がいると思っている。写真もあるからね。対話の相手としては写真を意識しています」。

T氏は霊峰会という宗教団体に入会している。霊峰会の教えの中心は先祖供養をせよということである。この先祖という観念の範囲について質問すると、亡くなった子どもも入る、生きている親も入るといわれた。「おらはまだそういうことを究めていないけどね。ぼんやりわかること。やっぱり先祖があって、いまの自分がある。それにたいして感謝の気持ちをささげるということですわな。息子や嫁らが死んで、お経をあげとったら、Aのことを見守ってやってなという気持もあるし、それにたいして感謝もせないかん。（このように）自分なりに感謝しているんです。（仏壇の写真も、お墓のお骨も、家族として意識しているかと問うた）。そうそう、皆がおってくれたから、いまの自分がいるということですな」。

A・K氏は女性、震災当時三七歳、現在四七歳、二〇歳の長男、一八歳の長女と同居している。震災当時は、夫と別居して、緊急避難用の母子寮で親子三人でくらしていた。プライヴァシーにかかわることなので、こちらからは立ち入った質問はひかえ、A氏が話したかぎりのことから判断すると、夫とのあいだにはドメスティック・バイオレンスにもとづくトラブルがあったらしい。震災で夫が死亡したという報知がもたらされてからも、A氏は夫がいつわりの情報を流して、親子があらわれるのを待ち伏せしているのではないかと疑っていた。以前、夫といっしょにくらしていたアパートをみにゆき、それが全壊していて、夫の死亡を確認したときには、悪いけれど、死んでくれてよかったなという想いがつよく出た。

A氏はその少し前から、現在の住居のちかくの真宗の寺院で職員として働き、そこの尼と懇意にしていた。彼女は夫の死を確認してから、その尼のところにとるべき態度について相談にいった。夫を許して仏壇に祀るべきか、許さないでおくべきか。A氏の心は最初は揺らいでいた。許せないという気持がつよかったのだろう。尼は、まあ落ち着きなさいといい、二人は三ヶ月ほど話し合いをつづけた。尼は、A氏の気持ちを、もう許してあげよう、許してあげることで自分の気持ちも変えようという方向にもっていった。もっとも、尼がA氏に、彼女の夫は彼女の身代わりになって死んでくれたのだといったのには、A氏は最後まで同意することができなかった。A氏は仏壇を設け、仏壇屋で夫の位牌に法名を書いてもらい、それを寺院にもってゆき魂を入れてもらって、祀った。そのまえで手を合わせ、法事もいとなむ。ただし、A氏は、夫を許したが、夫の魂は成仏することができずに、さまよっているとみている。彼女は、その理由として、かれの死が突然死であること、かれが子どもたちにつよい未練をもっていることをあげている。

A・K氏のばあい、彼女がはたらく寺院組織は「一般的他者」であり、そのなかで彼女が懇意にしてきた尼は「重要な他者」であるとみることもできる。ただし、仏教の教義は「一般的他者」であり、その教義を体現・象徴化している存在として尼をかんがえると、尼を「一般的他者」の化身とみなすこともできそうである。

さらに一事例であるが、「一般的他者」の従来の範疇のとりかたの拡大を迫るものがあった。B・H氏の語り。「宗教信仰はまったくないです。震災のときから、神様、仏様は多分この世にいないのであろうと（おもっています）。……（入院中）病院から桜がみえたんですね。私は、今年は桜が咲かないんじゃないかなあって、おもいこんでました。こんな天変地異があったので。でも、桜は咲いたんですね。それがすごく悲しかった。人間てちっぽけなものなんだ。自然はやっぱりなにがあっても変わらない。四季はめぐってくるんだ。主人は亡くなっても、会社もつづくし、世間はなにひとつ変わらない。桜の花も咲く。自分がすごくちっぽけなものにおもえて、桜をみて泣いたんです。震災後、人生観が変わりました」。

大胆にいいきるならば、B・H氏にとって、自然が「一般的他者」として出現している。四季はめぐる、春になると桜の花が咲く。震災やそのなかでの夫の死は、彼女にとっては深刻な悲劇であるが、自然は変わらないことで、それらはとるにたりない、小さい出来事であると教えた。大きな自然の全体のなかで、天変地異も個人の生死も些細な部分でしかない。従来の欧米産の「一般的他者」の理論は、「一般的他者」が社会あるいは社会を代表するなにかであるといってきた。これにたいして、この事例では、「一般的他者」としての自然が語り手の人生観を変えている。これは日本人の相対的に独自的な自然観を前提にした「一般的他者」イメージではないか。なお、語りのなかで、神仏の不在の主張のあと、自然が「一般的他者」とみなされ、その自然の類似物として、会社と世間があげられているのに注目されたい。自然も社会も「一般的他者」であるというわけである。

5　レインボー・ハウス

レインボー・ハウスは、あしなが育英会が神戸市に建設した、震災遺児家庭のための癒しの施設である。あしなが育英会は震災直後に神戸事務所を設置して、震災遺児家庭の物心両面での救援にとりくみはじめ、震災後四年目にレインボー・ハウスを開設して、その仕事を本格的に展開した。多くのインタヴューイーがこの施設の効用に言及しているが、これまでの論議が展開した論理に即していえば、レインボー・ハウスもまた、震災遺児家庭の癒しの過程における「一般的他者」のひとつであったとおもわれる。

全体としてのレインボー・ハウスは、物的基礎である建物や設備とそこで働く人びと、そこを利用する人びとから構成されている。いっそう具体的にいえば、働く人びとは、①あしなが育英会の職員、②心塾（レインボー・ハウスに併設された学生寮）の学生であるボランティア、③市民のファシリテーターなどであり、利用する人びとは、④震災遺児家庭の遺児、⑤震災遺児家庭の父親、祖父、⑥震災遺児家庭の母親、祖母などである。利用する人びとは、利用行動において、さきの番号が示すように三グループにわかれがちであるが、⑥はさらに母親のみのグループと祖母のみのグループにわかれることがあるようである。

震災遺児家庭にとってのレインボー・ハウスの効用を研究するためには、つぎの事実の認識が重要な前提条件となる。阪神淡路大震災は当該地域の住民たちの広い範囲に大きい被害をもたらした。しかし、その多数の被害者住民のなかで、震災遺児家庭は少数派である。多数の被害者は住居が倒壊したり、家族のだれかが負傷したりしている。しかし、両親の一方あるいは双方が死亡したという家庭は相対的には少ない。震災遺児の調査をしているとき、地震で親を亡くした子どもは、クラスではこの子ひとりだという指摘によく出会った。それゆえ、震災遺児家庭の親も子も、多数の住民のあいだで、自らの被害について語ってもわかってもらえないだろうと沈黙し、孤立することになる。前出のN・S氏は、震災からの復興が進んでも、死んだ家族は帰ってこないと力説した。同じく前出のB・H氏は、周囲に「だれも主人が亡くなった人なんかいないじゃない」とおもっていた。いずれも、沈黙し孤立している心情の吐露である。

そのような震災遺児家庭の母子にとって、レインボー・ハウスとは何であったか。B・H氏は、まことに明快にその存在意義を語った。

「子どもは小学生のころ、よくレインボー・ハウスに来てました。受験勉強で六年生の一年間、来なかったんですよ。そしたら、大学生の方も入れ替わって、来づらくなったみたいで、いまは来ていません。夏のキャンプだけは、ママが休憩したいからいってきてっていって、いやだなあというところを、いかせたんです。でも、小学校五年生までは、レインボー・ハウスがすごく好きでした。私は、夏休みも仕事ですので、ここに出勤時に送ってきて、子どもを置いて、迎えにきてつれて帰るとかしてました。家にひとりで置いておくのは不安ですし、ゲームばかりしているんですよ。それがここにいると、危険なことをしたら叱られるのだけど、ふつうは走っても怒られない。それが心地良かったようです。職員の方を叩いたり、乗っかったり。子どもにとって気分的に浄化される場所、抜け道だったんじゃないか。

私自身もすごく浄化されたんですよ。ここで。ここには、お祖母ちゃんチーム、お父さんチーム、お母さんチームがあります。私は周りを見渡して、主人が亡くなったとはだれも知らないし、なんで私だけがとおもっていました。ここにくると、そんな(同じ経験をした)方がいらっしゃる。それを話せるんですね。とくに私のばあい姑との関係を話せますよね。それに、子どもを育てるのがすごくしんどいとき、泣きたいとき、愚痴のこぼしあいができた。『今日、レインボーに何時にね』とか、そういう集まるところがあった。母親にとって、ここが浄化の場所だった。ここで心の洗濯をして家に帰れる。ほかに、ここで、年長のお母さんから育児のアドバイスがもらえる。母子家庭のための支援金などについての情報がもらえるのも、ありがたかったですね」。

申し分なくゆきとどいた自己分析というほかはない。それでもわずかにつけくわえれば、B氏はレインボー・ハウスで、母子家庭の母親として社会のなかで生きる活力や知識をえたのであった。そのさい、震災遺児家庭の母親同士の日常的、自然発生的コミュニケーションが、彼女の自己訓練のための力の源泉であった。その訓練の機軸部分を、彼女は「浄化」といい、「心の洗濯」といっている。私はそれを、自己の美質を探りあてること、生きる力の発見といいかえてみたい。B氏にとって、レインボー・ハウスの価値は、そこでの震災遺児家庭の母親たちとの出会いとコミュニケーションに集約される。そのようなものとして、彼女が自らを癒してゆく過程において、レインボー・ハウスは「一般的他者」であった。

前出のM・J氏は、父子家庭の娘と父親にたいするレインボー・ハウスの効用の一例をつぎのように語った。

「上の子は(心を)もう完全にまだ閉ざしたままです。下の子はまだ比較的社交性があるから、ここ(レインボー・ハウス)でも富士のつどいなど参加させてもらい、自分の気持を書きだすこともさしてもらって、多少なりとも癒しの経験をさせてもらっているけど、お姉ちゃんのほうはそういうことをまったく拒否している。お姉ちゃんは、震災当時のことを、妹には話しているかもしれないが、ぼくにはいわないですね」。

レインボー・ハウスが主催する遺児たちのつどいがあり、そこで遺児たちは震災体験、死別体験やそれをめぐる自分の心の動きを語りあったり、文章で表現することで、自分を客観視することが次第にできるようになり、癒しの過程を進んでゆく。そのさい、レインボー・ハウスは、あるいはそこでの遺児のつどいは、遺児にとっての「一般的他者」である。ただし、同じ姉妹であっても、一方はそのつどいに参加するが、他方はそれを拒否するという分岐がある。

「三年目からの自責感は、五、六年目までつづきました。六年目に長い手記をかきまして、自分の気持が少し楽になったというのは、あるんですよ。（そのころ、M氏は職業訓練校で学び、パソコンが使えるようになっていた）。当時、（レインボー・ハウスには）樋口さんがおられて、木原さん（震災遺児家庭の父親仲間のひとり）が書かれた手記を見せられて、こんなんありますよ、よかったら書きませんかと、すすめられました。ぼくは中学しか出てませんし、ええかげんな生きかたをしてきましたから、文章を書くなんておもってもみなかった。ただ、自分の体験したこと、感じたことを素直に書けばいいかとおもって、書きだした。樋口さん（あしなが育英会の職員）や木原さんのアドバイスをうけながら、書いてゆくうちに、辛いんですけど、怒りの感情が消えるわけじゃないが、少し和らいでいくのが実感されました」。

そういう過程があって、M氏は、一〇年目の現在、妻が亡くなったこと、震災があったことを、全部受け止められるような気持になれたと述べている。樋口は、あしなが育英会の神戸事務所の初代代表であり、震災遺児家庭の親子たちの信望を一身に集め、大きい指導力を発揮した。木原は父親仲間のリーダー的存在のひとりであった。さきの語りからも一部をうかがうことができるのだが、レインボー・ハウスは震災遺児家庭の親子たちに文章による自己表現をすすめ、癒しを実現してゆく知的共同体という一面をもっていた。それをも、「一般的他者」

としての規定のなかに包摂しておきたい。

おわりに

本文は極度に圧縮して書いているので、それを要約することはしない。私の気持としては、本文自体が書かれるべき長大な論文の要約である。ここでは、本文の作業からみちびきだされた、社会化の推進力としての「重要な他者」と「一般的他者」の従来の概念や理論につけくわえられる新しい発見や提案を整理しておくにとどめる。

(1)従来、社会化の実例としては子どもの成長が多くとられてきたが、われわれは震災遺児家庭の成員が経験する死別体験からの癒しを社会化のひとつの過程とみた。

(2)子どもの社会化において「重要な他者」は親、教師、友人などの生者であるが、われわれは死別体験の癒しにおいては、「重要な他者」がしばしば亡くなった配偶者、子どもなど死者であることをみいだした。

(3)あるひとにとって死者が「重要な他者」となるための条件は、①かれが死者の実在を確信していること、②かれが死者とのコミュニケーションを実感していること、③かれが生前の死者の人格的美質を認識していること、④かれが生前の死者にくわえた仕打ちを反省していること、などである。

(4)死者が「重要な他者」としてあるひとにおよぼす影響の程度は、かれの死者によせる愛情、死者を失った悲しみや怒りの大きさ、強さと相関する。また、かれの記憶のなかにある、死者が生前にかれにあたえた愛情の大きさ、強さと相関する。

(5)(4)でいう怒りは、怒りを覚えている本人に向けられるとき、自罰＝自責の感情となり、他者に向けられるとき、他罰＝攻撃の衝動となる。自責の感情は反省、回心をもたらし、死者が「重要な他者」として影響をもちやすくする。

(6)あるひとにとって死者が「重要な他者」になるにあたって、二つの時間軸が区分される。ひとつは、死者が現在から将来に向ってのかれのパースナリティやライフ・コースを決定する。いまひとつは、死者が現在から過去に向ってのかれの記憶やライフ・コースのイメージを再組織化する。

(7)子どもの社会化において「一般的他者」の実例としてはその子が所属する野球のティームなどがあげられ、それは一般化していえば部分社会である。われわれは死別体験の癒しにおいて、「一般的他者」として宗教の教団、教会などとレインボー・ハウスがたかい頻度であらわれるのを見出した。

(8)死別体験の癒しにおいて、教団、教会が「一般的他者」として登場するのは理解しやすいことである。宗教の教義は一般的に「死後の生」の観念をふくみ、死別体験のあと生き残った者に、死者がなんらかのかたちで生きつづけていること、死者とかれのあいだの関係が維持されていることを認知させる。

(9)また、死別体験の癒しにおいて、レインボー・ハウスが「一般的他者」として登場するのも理解しやすいことである。大震災の被災者のなかで震災遺児家庭の人びとは相対的に少数派であり、孤立しがちである。かれらはレインボー・ハウスにやってきて、同じ経験をもつ仲間とのコミュニケーションをもつことができ、癒しを経験する。

(10)さらに、死別体験の癒しにおいて、自然が「一般的他者」となった一例があった。ひとが社会化される過程において、社会が内面化して、良心あるいは超自我になるといわれる。この事例では、自然が内面化して絶対的基準となり、個人の生死を些細な事柄として位置づけたと報告されている。これは「一般的他者」の概念の拡張を要求する可能性をもつとおもわれる。

注

1　草柳千早「重要な他者」森岡清美ほか編『新社会学辞典』有斐閣、一九九三年、七〇三ページ。

2　草柳千早「一般化された他者」同右、五三ページ。

3　死者が近しいひとにとって「重要な他者」となるというアイディアは、私の既発表の文献ではつぎが初出である。副田義也「死者とのつながり――先達に答える」筑波大学社会学研究室『社会学ジャーナル』第二二号、一九九七年。これはのちに改稿されて「死者とのつながり」、副田編『死の社会学』岩波書店、二〇〇一年、となる。ただし、これらでは「重要な他者」という概念を明示的につかっていない。その概念を実際につかって、死者が「重要な他者」であったとする命題はつぎが初出である。副田『あしなが運動と玉井義臣――歴史社会学的考察』岩波書店、二〇〇三年、七九ページ。ただし、同書ではその命題についての理論的考察はまったくおこなっていない。本稿はその命題の理論的考察をはじめて試みるものである。

4　J・メゾンヌーヴ、山田悠紀男訳『感情』文庫クセジュ、白水社、一九七〇年、六三―六四ページ。

追記：本稿は、前記の調査で私がインタビューした一〇の事例を仔細に分析して執筆されている。できることなら、読者にその一〇の事例に目を通されたうえで本稿をお読みいただくことを希望したいのである。しかし、紙幅の制約があり、本書（樽川典子編『喪失と生存の社会学――大震災のライフ・ヒストリー』二〇〇七年、有信堂高文社のこと）第二部にはそのうちの五つを収録してもらうのが精一杯のところであった。せめて本稿にあわせてその五つを併読されることをお願いしたい。

5 不安論ノート

（一九七七年、東京女子大学『経済と社会』）

1　生、死、不安

R・M・リルケは「マルテ・ラウリッツ・ブリッゲの手記」を、一九〇四年から一〇年にかけて執筆した。二〇世紀の初頭にあらわれ、そののちのドイツ、フランスなどの文学につよい影響力をもったこの作品は、主題においても手法においても、まことに豊穣である。その豊穣さは、その容易にはとらえがたい全体性の表現によって、それを読むひとを途方にくれさせる。かれが分析的にかたむきがちな志向の持ち主であれば、とくにそうである。それを認めたうえで、私は、この作品のなかで不安に焦点をあわせ、その成立、構造、機能などをあきらかにしてみよう。したがって、あらためていうまでもないが、以下の作業は「マルテ・ラウリッツ・ブリッゲの手記」の文学的・美学的作品論ではない。その内容の一部を素材にした、不安の現象学的・社会学的スケッチである。

そこでは、不安は、おおまかに区分して、四とおりのアスペクトをもつようである。その第一は、生が死と出逢うところに成立する不安である。「人びとは生きるためにこの都会へあつまつてくるらしい。しかし、僕はむしろ、ここではみんなが死んでゆくとしか思へないのだ」[1]――作品の書き出しの文章は、その不安の成立の条件を端的にあきらかにしている。ひとが生きる過程は、かれが死にちかづいてゆく過程でもある。その認識は不安を成立させる。「街路が一斉に匂ひはじめた。ヨードホルムと馬鈴薯をいためる油脂と精神的な不安と、僕はどうやらこの三種の匂ひを嗅ぎわけることが出来た」[2]――ヨードホルムは、病院の匂い、死を連想させる匂いである。馬鈴薯をいためる油脂は、食物の匂い、生活の匂いである。両者の出逢いは、精神的な不安となる。こうして、マルテにとって、かれが暮らしているパリは、不安にみちた都会である。

それは、リルケ自身の体験でもあった。かれは、一九〇二年夏にはじめてパリに出てき、イタリーやスカンディナヴィアなどへのながい旅行をはさみながら、六年の夏までそこにいた。そのあいだにかれがかいた手紙のなかに、さきの引用文と類似する多くの文章をみいだすことができる。たとえば、パリに出てきてすぐに、かれは、妻のクララへの手紙につぎのようにかいている。「パリはほんたうに大きくて親しめない都会だ。僕にはどうしても、どうしても親しめない。ここには到るところにたくさんの病院があつて、それが僕を脅かす。ヴェルレーヌやボードレールやマラルメになぜいつもいつも病院が出てくるのか、そのわけが今はよくわかるのだ。どの通りでも、病人が行つたり来たりしてゐるのが眼に映る。（中略）僕は突然感じるのだ。この広い都会には病人の軍隊、死にかかつている者の軍勢、死者の群がゐるのだ、と」[3]——リルケは、この印象の由来を、生の衝動がパリにおいてはほかの都会においてよりも強烈であるところに求めている。かれによれば、生はなにか安らかなもの、広々としたもの、単純なものである。これにたいして、生の衝動は性急なもの、追い求めるものである。それは、生を、いますぐ、すべて自らのものにしようとする。そのかぎりで、生の衝動は死にちかい。別の言いかたをすれば、生の衝動は、それが生の衝動であるかぎり生に属し、それが生の衝動であるかぎり死に属する（傍点は副田による）。したがって、そこで、生と死とが出逢い、不安が生ずる。

作品にもどる。生が死に出逢うときの不安は、まず、恐怖である。マルテは、群衆のなかでベンチで失神した男を目撃して、市内電車のなかで急死した娘をまえにして、死んでゆく犬のそばで、蝿の骸がころがる晩秋の室で、あるいは、ひとり夜半のベッドのうえで、死の恐怖を味わう。そのいくつかのばあい、恐怖は不安と同義語である。つよすぎる死の恐怖は、ひとに、生のあかしを求めさせる。「僕はひとりでゐても、やはり死の恐怖を感じた。

僕は恥をわすれて告白しなければならぬが、不気味な死の恐怖のために夜半のベッドのうへに起きあがつたことも一度や二度ではなかつたのだ。すくなくとも起きてすわつてゐることが何か生きてゐるしるしであり、死んだ人間はすわることも出来ぬだらうと、ぼくは真面目にそんなはかない言ひわけを考へてゐた」[4]

このように感性のレヴェルで描かれた不安は、それ自身としては、不毛の印象、行き止まりの印象をもっている。その不安が生みだすのは、せいぜい、おののきや身をおこすことでしかない。しかし、思想のレヴェルでその不安をとらえなおしてみるとき、そこには別の意味があらわれる。死の不安は、「僕たちの最後の力」[5]であるとリルケはかいている。ひとにとって、もっとも重要なのは自分自身の存在の意味である。しかし、それは、ひとがもっとも知らないものである。かれの日常の生活はさしあたってやらねばならない些細な雑事でみたされており、ひとはそれのみに追われて生きる。かれの存在の意味は忘れられている。そうして、長い時間が過ぎたあと、死があらわれる。そのとき、ひとは忘れていたものに気付き、その想像もできない大きさをおそれる。死を対置することで、ひとは、自己の生の本質的な意味にはじめておもいいたる。つまり、死の不安は人びとを生の認識におもむかせる契機となり、そのかぎりで、それは力である。

しかし、一般に、多くの人びとは不安とは無縁に生き、死んでゆく。生と死が出逢うところに成立する不安の不在は、広い範囲でみいだされる現代の現実である。それはなにによって可能になっているのか。できあいの生きかた、死にかたを受けいれることによって、それは可能になる。「人間はどこかからやつて来て、一つの生活を見つけだす。出来あひの生活。ただ人間はその出来あひの服に手をとほせばよいのだ。しばらくすると、やがてこの世から去らねばならぬ。否応なしに出てゆかねばならぬ。しかし、人々はなんの苦労もいらない。――もしもし、それが君の死ですよ。――あ、左様ですか。そして、人間はやって来たと同じやうに無造作に立ち去つてゆく」[6]——失われているのは、自分だけの生きかた、死にかたである。V・フランクルの用語を借りるならば、生と死から独自性がうばわれたのである[7]。そのような生と死は、出逢っても不安を成立させない。独自性を捨てきった生をいきるひとは、死を対置されたところで、振りかえるべき自己の存在の意味をもっていない。それどころか、生とは、所詮は自分がいきてきたできあいのありかた以外のありかたをするはずがないと居直るかもしれない。

独自性が失われる過程を、リルケは二とおりに区分して説明している。まず、貨幣がもつ人間にたいする支配力がある。「幌のない辻馬車でくる病人もあつた。幌をうしろにたたんだ辻まちの馬車で、規定の料金で、ややおくれがちにはいつて来た。一時間が二フランの辻馬車だ。死んでゆく一時間がたつた二フランといふ勘定である」[8]——その一時間は、死んでゆくひとにとっては、かけがえのない一時間であるはずである。いや、一般に、ひとのいきる時間は、くりかえされることはなく、いずれもそのひとにとってかけがえがない。しかし、その時間が貨幣によって表現されるとき、かけがえのなさは消失する。この二フランは、あの二フランと同じである。その意味で、K・マルクスは、貨幣を端的に「水平主義者」[9]と呼んだのであった。

つぎに、巨大化した組織がもつ人間にたいする支配力がある。「この有名な市民病院は非常にふるいもので、(中略)いまではベッドの数も五百五十九にふえ、まるで工場か何かのやうな様子にかはつてしまつている。そして、このやうな巨大な機構のなかでは、一つ一つの死などてんで物のかずにならぬのだ」[10]——工場が画一的な生産物を生産するように、病院が画一的な死を生産するという比喩は、ある真実をすさまじくいいあてている。そこでは、死は、特定の疾病によってもたらされるものであり、それにふさわしい特定の治療でたいおうされるものである。その死をひきうけるひとにとって、それがほかならぬ自分の死だという意味はみのがされる。疾病の種類が同じであれば、あるいは、治療の種類が同じであれば、その結末としての死は、あれでもこれでも同じである。このような意味で巨大化した組織も、また「水平主義者」といわれるべきであろう。

こうして、現代は生と死との出逢いによる不安の不在によって特徴づけられる時代という一面をもっている。それは生と死が独自性を失ったところで基礎付けられる。そうであればこそ、思想のレヴェルでの不安は、そのような時代を批判し、そこでの生のありかたを批判する機能をもつことになった。しかし、このような批判の方法にはある種の危険がつきまとうのもみのがしてはなるまい。もっとも一般化していえば、死の不安が生の認識への契機をふくむとき、その認識は鋭利であることの代償を頽廃へかたむくことでしばしば支払うのである。リルケ自身は、そのことをもよく洞察していた。一九一二年、この作品の読者のひとりにあててかいた手紙で、かれの運命とマルテのそれとのあいだの類比を求めないようにと、リルケは警告している。「誘いに追従し、この書に並んですすむものは、必然的に下におちてゆく。この書は、本質的には、いわば流れに逆らって読もうとつとめる人びとにのみ、喜びをあたえるであろう」――ここには、その洞察の一端が示される。

2 意志の敗北、断絶と孤独

さて、「マルテ・ラウリッツ・ブリッゲの手記」における不安の第二のアスペクトは、自己の内部における意志の敗北の不安、自己の外部にたいする断絶・孤独の不安である。

意志の敗北の不安のもっともみごとな形象化の例のひとつは、マルテがブゥルヴァール・サン・ミシェルでみた舞踏病の老人が発作をおこすにいたる過程の描写にみられる。マルテはその通りをあるいていて、一軒のカフェのまえで、ボーイたちがなにかを目顔で知らせあい、わらいあっているのに気付く。かれらは、マルテのまえをあるいてゆく大柄のやせた老人に注意をあつめているのである。しかし、その老人の服装にも態度にもおかしいところはない。やがて、マルテは、その老人の歩行の動作のあいまに、片足をちょっとちぢめ別の片足で二、三度はねるような動作がまじるのに気付いた。老人は、そのつど果物の皮などが落ちていて、それを避けるためにやっているのだというようなふりをして、巧妙にごまかしをする。その動作がまじるのが消えると、つぎには、手が外套の襟をまくってはもとどおりにする動作をはじめる。こんどは、老人はそれをもとどおりに折りかえすのがむずかしいというふりを懸命によそおっている。老人の苦しげな工夫の詳細をきわめた描写をつらねたあと、リルケはつぎのようにかいている。

「老人が道をあるきながら、できるだけ平気な呑気そうな外観をつくらふことにひどく骨折つてゐるあひだに、僕はおそろしい痙攣が老人の身体のなかに鬱憤してゆくのがわかつた。老人がそののつぴきならぬ鬱積と成長を感じるときの不安が、僕にのりうつつた。老人の身体のなかに痙攣の発作がつたはりはじめると、ステツキに両手でしがみつくのが、僕の眼にはつきりうつりはじめた。彼の手の表情には必死な真剣さがこもつてゐた。僕は老人の意志のおほきさを信じ、老人の意志に希望をつないだ。しかし、かうなつては意志なんて一体何ものだらう。つひに老人も力が竭き、やがて最後の瞬間がくるのだ。もう、その瞬間はとほくない。心臓をどきどきさせて、僕はすぐ老人のあとにつづいた。僕は小銭をあつめるやうにまづしい僕の力を掻きあつめ、老人の手をみつめながら、もしすこしでも役に立てばどうぞこれを受け取つてくれたまへと言ひたいやうな切なさを感じた」[11]

やがて、老人の意志は敗北する。その瞬間、かれはステッキをはなし、空中をとぶように腕をひろげる。自然の力がほとばしるように、痙攣が一時に爆発し、かれは群衆のなかではげしい舞踏をおどるのだ。これも、リルケ自身が実際に目撃したものであった。一九〇三年七月に年長の女友だち、ルウ・アンドレス・ザロメにあてたかれの長文の手紙のなかに、この舞踏病の老人のエピソオドが、ほぼそのまま、ばあいによってはいっそう詳細にかきこまれて、ふくまれている。そこで、群衆によっておどる老人からへだてられたあと「私の膝は顫えていました」とリルケはかいている。「私は力をすつかり使ひ果してしまつたやうでした。まるで他人の苦悩が私から糧をとり、私を空つぽにしてしまったかのやうでした」[12]

これらの記述から、つぎの二点に留意したい。まず、意志の敗北の不安とは、いっそう正確にいえば、意志の敗北の予想にもとづく不安である。それは、ひとが、ある行為をおこなうことを意志しており、ほかの行為をおこなわせようとする別の力があって、意志が別の力に優越しているときに、やがて別の力が意志に優越するであろうと予想するところで成立する。別の力は、すでにみた記述では、自然の力であり、生理的なものであった。しかし、つねにそうであるとはかぎるまい。それは社会の力であり、歴史的なものであるばあいもあろう。つぎに、意志の敗北の不安は、連帯への可能性をもっている。これも多少くわしくいいなおせば、ひとが自らの意志の敗北を予想して不安をいだくとき、その不安は別のひとによってわかちもたれることができる。それによって、後者は自らの意志が前者の意志をいわば補強するためにもちいられることを希望するばあいがある。リルケは、この心理にひとかたならぬ関心をよせていたのではなかろうか。マルテがその意志を、意志によって戦いながら敗れようとする他者にたいして用立てようとする例は、ほかにもみられる。たとえば、隣室にすむ、右眼の瞼がたれさがってくるという奇癖をもつ大学生にたいするばあいがある[13]。マルテの希望は、それらの記述では実現しなかったが、これもつねにそうであるとはかぎらない。念のためにいっておけば、これらの指摘は分析ではなく、いわば分析の出発点にしかすぎない。

自己の外部にたいする断絶・孤独の不安のもっとも全体的な形象化の例のひとつは、マルテがミルクホールであった男の描写にみられる。その男は気味がわるい静かさで、マルテがすわりつけているテーブルにすわってい た。マルテはとっさにその静かさの意味を諒解する。かれの身体は恐怖のために化石のようになり、驚愕によって麻痺させられているのだ。その恐怖や驚愕は、かれの内部におこったことにたいするものらしい。「彼はいま人間たちから離れてゐるだけではなく、ほとんど自分があらゆるものから離れてゐることを意識してゐるらしかつた。もうすこしのところであらゆるものがその意味を失つてしまふ瀬戸際である。おそらくテーブルも、珈琲茶碗も、坐つてゐる椅子も、あらゆる日常の道具と手ぢかの品物までが、そのとき何かわからぬ無縁な鈍重なものに一変するだらう。彼はぽつねんとすわつて、さういふ奇態な一瞬間をまつてゐた。」[14]

ここでは、孤独は、他者や事物が構成する外部の意味の喪失によって生ずる。孤独とは無意味なものにかこまれていきることである。孤独の不安は、他者や事物が意味を喪失しそうだという予想にもとづく不安である。それにとらえられたとき、マルテは抵抗する。しかし、抵抗しながら、かれは、意味の喪失の原因が自らの内部にあることを知っている。かれが、ミルクホールであった男を理解することができたのも、「所詮ぼくの内部に、あらゆるものから自己を切りはなし遮断する或るものがすでに芽ぐみはじめてゐるせゐ」[15]である。その「或るもの」とはなにか。それを探索しようとするとき、私が手がかりになりそうだと見当をつける記述の一部はつぎのとおりである。

まず、マルテが街頭で出逢う群衆にかんする描写がある。「道路は一ぱいの人ごみで、みんなが僕の方へ押して来た。今日はちやうど謝肉祭だ。もう夜になつてゐた。人々はみんな仕事をやすんで町へとび出したのだ。肩と肩とが押しあつてゐた。人々の顔は見世もの小舎から射すあかりに赤くそめられ、ひらいた疵ぐちから膿汁がもれ出るやうに、人々の口から笑ゐがもれてゐた」[16]――疵口と口、膿汁と笑いの比喩をふくむ、この群衆の表情の描写は、かれらの精神の病理の忌まわしさをたいそう正確にとらえている。それは、人びとがもつ非人間性の忌まわしさといいかえてもよい。私は、この箇所を読むとき、F・エンゲルスが「イギリスにおける労働階級の状態」の「大都市」と題された章で、街頭の群衆の忌まわしさを端的に指摘しているのを想起するのがつねである[17]。さきにいった「或るもの」は、いっぽうではこの忌ましさへの拒否であり、誤解をおそれずにいえば、他方ではこの忌ましさそれ自身なのではないだろうか。

つぎに、マルテが自己にあたえている故郷を喪失した存在であるという規定がある。ウルスゴールの故郷についてかたったのち、かれはつぎのように独白する。「しかし僕はいまひとりぼつちで、何一つ持ちものもない。一箇のトランクと書物をいれた箱をさげて、何の好奇心もなく、僕は世界をほつつき歩いた。これは一体何といふ生活だらう。家もない。家につたはる道具もなければ、犬もない」[18]――これと類似する文章は、この作品のなかに何度かあらわれる。そうしてそれは、パリにおけるリルケ自身の自己規定でもあった。たとえば、一九〇三年一月のエレン・ケイにあてた手紙で、かれは「この喧しい、不安にみちた、よそよそしいパリ」といい、「私の妻(そして私もまた)、私どもは故郷のない人間です」[19]といっている。故郷を喪失したひとは、故郷を希求する。さきにいった或るものは、その喪失・希求とふかくかかわっているとおもわれる。

なお、これまでみてきた不安の第一のアスペクトと第二のアスペクトとの関係について、簡単にふれておきたい。第二のアスペクトは、自己の内部における意志の敗北の不安と自己にたいする外部の意味の喪失の不安とであった。それらの敗北と喪失の極限は死において生ずる。したがって、第二のアスペクトの極限化したものが第一のアスペクトだといってよい。また、逆にいえば、第一のアスペクトが日常化したものが第二のアスペクトだともいえる。死という概念が日常においてもつ抽象的性格をかんがえあわせるならば、さきの日常化は具体化ともいいかえられる。

3　創造的行為の推進力

「マルテ・ラウリッツ・ブリッゲの手記」における不安の第三のアスペクトは、創造的行為の推進力としての不安である。

マルテのばあい、創造的行為は、具体的には、文学作品の創作活動である。なにが、かれをその活動に駆りたてるのか。その、なにかにふれて、マルテはかいている。「はたして、とぼくはかんがえてみる。だれも真実なもの、重要なものをみなかったのだろうか。はたしてだれもそれを認識しなかったし、表現しなかったのだろうか。人間はすでに数千年、ものをながめ、ものをかんがえ、ものをかいてきたのに――その数千年がバタパンと一箇の林檎をたべる小学生の昼休みの時間のように、まるで空虚に消え去ってゆくことがあってよいのだろうか」[20]――そのようなことがあるかもしれないという不安をもったひとは、その真実なもの、重要なものを認識し、表現しようとする試みにおもむかねばならない。その試みのためにかれがもっともふさわしい資質・能力をもっていなくとも、さきのような不安をもつかぎりは、かれ以外に、その仕事におもむくひとはいないのだ。それは、マルテにとって、夜も昼もかくことにほかならない。

この、不安がひとを創造的行為に駆りたてる過程をよりいっそう具体的に理解しようとするとき手がかりのひとつはマルテにとって「真実なもの、重要なもの」とは具体的になにであるかという問いにある。それは、とりあえず、つぎの五とおりほどの内容をもつようである。

(1)まず、それは、他者の存在である。過去のそれぞれの時代における中心となるひとりの他者の存在である。そのような他者が認識されず、表現されなかったのではないか。それは、「世界のすべての歴史がまちがつて理解されてゐる」[21]ともいいかえることができる。その時代の中心になる存在を、未知の死者であるからという理由でみのがし、その周辺にいた意味のとぼしい人びとにふれて、埋めあわせをしようとするところに成立する、歴史の誤解である。

このばあい、時代の中心になる存在とは、それぞれの時代にあって、人間の精神の、時代を超える、ある普遍的・本質的部分とマルテがかんがえる部分を体現した人びとをさしている。たとえば、精神の営みとしての愛にかぎっていえば、それらの人びとは、古代ギリシャのサッフオであり、ポルトガルの尼僧、マリアナ・アルコフォラドであり、「アベラールとエロイーズ」の物語にえがかれたエロイーズであった[22]。しかし、かれらは、未知の死者であり、あるいは、仮構の存在である。それらの他者をどのようにして認識し、表現するのか。自己をつうじて、かれらを認識し、表現するのである。「人間はあらゆる前生からうまれたものだ」[23]――この、前生とは、ひとがうまれぬさきに生じたことがらというほどの意味である。かれは、それらのことがらのひとつひとつをあらためて体験することはできない。けれども、それらのことがらは、かれ自身のなかにいわば投影している。その投影にみいることにより、ひとは、自己をつうじて、他者の認識・表現にいたるのである。

（2）つぎに、それは自己の存在である。周囲の人びとのさまざまな言葉の氾濫のなかで、自己が見失われてしまっているのではないか。必要なのは、自己に見入り、自己をつうじて「あらゆる前生」にいたり、そこからうまれた存在としての自己を認識し、表現することである[24]。こうして、自己の認識・表現と、他者の認識・表現とは、たがいに他が成立し、深化するための条件である。

さて、自己の認識・表現は、マルテのばあい、すでに述べた孤独の不安によっても基礎付けられている。孤独とは無意味なものにかこまれていきることである。その状態から、自己の認識・表現がめざされるとはどういうことであろうか。マルテは、その意味を、ボードレールの散文詩集『パリの憂鬱』のなかの「午前一時に」の末尾の部分と、旧約聖書ヨブ記第三〇章の八節以下の部分とに託している[25]。「午前一時に」では、無意味な現実の生活と誇るべき芸術の制作とが対比されている。都会の生活は、愚にもつかない人間関係と行為にみちている。その一日がおわり、部屋に鍵をかけて、詩人は、ようやく、休息とまでゆかないが静寂の数時間をすごすことができる。そこでは、かれは、かれ自身に苦しむだけでよい。自らに苦しむとはなにか。それが自己の認識・表現にほかならない。「そして爾、わが主なる神よ！　私が人間の屑ではないこと、この私が私の軽蔑する者どもより劣った人間でないことを、自らにあかしするに足る数行の美しい詩句を産む力をあたえたまえ」と詩人はねがっている。

無意味なものにかこまれていきる孤独からのがれて、自己の認識・表現である芸術の制作へとひとがおもむく。そのとき、自己の認識・表現がであう困難の一端を示すのが、「ヨブ記」からの引用であろう。ある対象を認識するということは、それがもつ意味を把握するということである。その意味は、対象以外のなにものかにたいする意味でなければならない。そのなにものか、とは、マルテのばあい、いったい、なにか。それは、かれをとりかこんでいた無意味なものには属さない。それとは別のなにかである。「僕はしかし、おそろしい恐怖にもかかはらず、結局何か偉大なもののまへにたたされた人間だといふ気がする。（中略）僕が何かを書くといふより、むしろ僕が何かに書かれてしまふのだ」[26]——その、なにかを、マルテはあと一歩のところで把握することができない。したがって、あと一歩のところで、かれは、自己の認識・表現をはたすことができない。その、かれの失望と希望とは、ヨブのそれらの感情と似通うことになろう。ヨブは、かれには根拠がないとおもわれる苦悩をあたえられ、神と世界との意味を理解することができず、したがって、それらにたいする自己の認識・表現をおこなうことができなかったのである。

これら二通りの引用において、自己の認識・表現のとらえかたがことなっているのを、やはり、みのがすべきではあるまい。「午前一時に」においては、自己の認識・表現は、自己の価値を「自らにあかしする」すなわち、自己にたいして証明するためのものであった。そこでは、自己の価値は自明の前提とされている。その価値をさだめる基準はなにかと問う余地はない。したがって、自己の認識・表現における困難は、作詩術のレヴェルにのみ属することになり、解決可能なものである。ボードレールは、その意味で、自己の認識・表現をいわば無前提に信じていたのである。P・ヴァレリイは、かれを評して「生れはロマン派」「趣味からもロマン派」であると規定し、ロマン主義のさなかにあって「古典派」をおもわせるが、それはただおもわせるだけだと述べ、つぎのように締めくくる。「科学がまさに異常な発達をとげようとする時期にあって、ロマン主義は反科学的精神状態を呈していました。情熱と霊感とは、自分自身よりほかにはいらぬと思いこむのであります」[27]。

しかし、リルケにおいては、自己の認識、表現における困難は、作詩術のレヴェルにのみ属するものではなかった。その困難はより根源的なものとしてもとらえられる。さきの記述をうけていえば、かれにとっては、自己の価値は自明の前提ではなかった。もし、その価値が成立しないときには、自己の認識・表現は、それ自身が成立の可能性をもちあわせない。そこで、まず、自己の価値が問われることになる。その問いの苦しみは、すでにみたように、「ヨブ記」の引用に託されているわけであるが、ヨブにとっての神と世界とは、リルケにとってはなにであったのだろうか。なにか偉大なもの、というマルテの言葉がもつ意味をいっそう掘りさげるために、「真実なもの、重要なもの」にかんする、のこされた三とおりの註解が有効である。

(3)それは、個人の現実と全体との関係である。すでにみた他者と自己にかんする理解によってもあきらかなように、個人の生活は現実の全体のなかに位置づけられ、その全体との相互規定関係にあるとみるべきである。ところが、「すべての現実は彼にとつて無用であり、彼の現実生活は何ものとの連携もなく空つぽな部屋の時計のやうにただ経過してしまふ」[28]ということがあるのではなかろうか。それもひとを創造行為におもむかせる不安である。さらに、その個人の概念については、つぎの二点が注目される。

(4)まず、それは、人間のひとりひとりがもつかけがえのなさでもある。女たち、娘たち、子どもたち、などというが、それらのことばは、対象をさす言葉としては複数をもたず、「無数の単数のあつまり」[29]なのである。つまり、二つ以上の同一のものの集合が複数で表現されるのならば、そうして、人びとをかれらのひとりひとりがもつかけがえのなさに注目しつつとらえるならば、人間をさすことばの複数はありえない。

(5)つぎに、それは、人間の能動性でもある。人びとは、その能動性によって、「神」をつくりあげつつ、生きる。それは、かれらがそれぞれに外界に、自らの個性を刻印しつつ生きるということでもある．ところが、「神」とは、なにか、できあいのもの、自分が所有することができるもの、他者と共有することができるもの、であるという考えがある。そこでは、人間の能動性がただしく理解されていない[30]。

この、人間の能動性にかんする理解をいっそうゆきとどいたものにしようとするとき、リルケが「神」によってなにを表現しようとしているのかをかんがえる必要があろう。若い詩人、フランツ・カプスが、神を信じられなくなったので、いたるところに神があらわれた幼年時代をおもいだすことが不安で、苦しいとうったえてきたとき、リルケは、およそ、つぎのようにこたえている。

あなたは、ほんとうに、神を失ったのだろうか。子どもが神をもてるだろうか。それは、男たちが辛じて担い、老人たちはその重みに押しつぶされそうになるものだ。また、神をもつひとがいるとしたら、かれが神によって失われることはあろうが、その逆はありえないのではなかろうか。――子どものころには神はなかった。それ以前にも神はなかった。あなたには、神を失ったとして、それをなつかしむ資格も、ふたたび発見しようとさがす資格もない。神は「来るべき者」である。それは「永劫の昔から我々の前に立つ者、未来の者、私達がその葉であるところの樹の最終の結実」である[31]。その誕生はつねに時のかなたに属する。「蜜蜂が蜜をあつめるように、私達も、すべての物から最も甘美なものを取りあつめて神を造るのです」[32]――ひとが生きるということは、子どものばあいでも、おとなのばあいでも、そのようにして神を創造するということである。

ここでは、造物主としての神と被造物としての人間とのあいだの関係を逆転していると、ひとまず、いえる。しかし、たとえば、フォイエルバッハにみられるような、その逆転の試みにみいだされがちな、神の仮構的性格の暴露から、その手段的性格の指摘へといいたる志向はみられない。むしろ、神は仮構にたいしていえば実体であり、手段にたいしていえば目的である。そうして、その神を、ひとは体験することはできない。「私達の祖先が私達を体験出来なかつたと同じ様な意味で、私達が体験することのない神を造るのです」[33]――これをつぎのように解いてみよう。私たちの祖先は、私たちを体験することはできなかったが、私たちをつくりだし、私たちの内部に投影し、私たちとともに、過去から現在にわたる全体を構成する。その私たちは、神を体験することはできないが、神をつくり、神の内部に包摂され、そのかぎりで、神とともに、現在から未来にわたる全体を構成する。なお、私たちの祖先も神をつくったということ、私たちの内部に祖先が投影しているということをかんがえてあわせれば、神は過去から未来にわたる全体であるといいなおすことができる。それは、リルケの用語法をはなれることが許されるならば、歴史の全体にほかならない。したがって、「神」をつくる人間の能動性は、歴史の全体にはたらきかけてゆく人間の能動性である。

4　真実なもの、重要なもの

こうして「真実なもの・重要なもの」とは、他者の存在、自己の存在、現実の全体と個人の生活との関係、人間ひとりひとりのかけがえのなさ、歴史にたいする人間の能動性、などであった。それらのものが認識されず、表現されなかったのではないかという不安が、ひとを創造的行為に駆りたてる。この不安をいっそうよく理解しようとするとき、つぎのように問うことは意味があろう。それらのものが認識されず、表現されなかったという「不安なかんがえ」――とマルテはいう。そこで、その考えはつねに不安な考えなのか。別の表現を求めれば、思考がそのような内容・対象をもつとき、ひとは、かならず、不安にとらえられるのか。

一九〇二年九月、リルケはオーギュスト・ロダンに送った手紙のなかで、つぎのようにかいている。「私があなたのもとに参りましたのも、ただ研究をかくためばかりではありません――どのやうに生きなければならないかをおたずねするためでした。そしてあなたはお答へくださつた。仕事をすることによつて、と。私にはこのことがよく判ります。仕事をすること、それが死ぬことなく生きることなのだ、と私は感じます」[34]――ここに示された判断の別の表現は、一九〇三年二月、リルケがカプスにあたえたさいしょの手紙のなかで、詩人がえらぶべき生きかたにふれたところにみいだされる。「ただ一つの手段があるきりです。自らの内へお入りなさい。あなたが書かずにいられない根拠を深くさぐつて下さい。それがあなたの心の最も深い所に根を張つているかどうかを検べてごらんなさい、もしもあなたが書くことを止められたら、死ななければならないかどうか、自分自身に告白して下さい」[35]

つまり、創造的行為にしたがうひとは、それよりほかに生きかたがないのである。その行為を禁じられることは、死にしかつうじない。そのようなひとが、かれがしたがうべき創造的行為に気付くということは、かれがえらぶことを許されるただひとつの生きかたに気付くということである。そのとき、かれは可能性において生と死とを所有する。その生きかたをひきうけ生きるか、あるいは、その生きかたをこばんで死ぬか。かれの内部で、可能性に属する生と死とがであう。その出会いが不安の成立であるとは、すでに、いった。その不安は、ひとを、創造的行為という生きかたをひきうけ、可能性に属する生を現実性に属するものへと転化させ、可能性に属する死を非現実性に属するものへと転化させようとする試みへと駆りたてる。創造的行為を、リルケが「死ぬことなく生きること」だという意味は明らかである。

「真実なもの、重要なもの」が認識されず、表現されなかったことに気付くとき、ひとは不安にとらえられるという判断は、つぎのように補足されよう。それら「真実なもの、重要なもの」は、その認識・表現をかれがひきうけなければならないものである。それをひきうけるかどうかは、ひとが自らの内部の必然性のみによって決断するべきである。なお、それをひきうけないでもよいというばあいもあろう。リルケはそこにも目配りをしている。「詩人であってはならないためには、書かなくても生きられるということを感じるだけで十分です」36――そのような結果がもたらされたとしても、自らの内部への沈潜は無駄ではない。かれ自身の別の生きかたがみつけられることになろう。

こうして、不安の第三のアスペクトと、すでにみた不安の第一、第二のアスペクトとの関係をかんがえることができるようになる。第三のアスペクトも、生と死とがであうところに成立する不安である。そのかぎりでは、それは、第一のアスペクトにひとしい。しかし、第三のアスペクトでは、生は創造的行為をつうじての生であり、死はその行為の放棄をつうじての死である。これらの生と死とにくわえられた限定をかんがえれば、第一のアスペクトが創造的行為とのかかわりあいで特殊的・具体的に限定されたものが、第三のアスペクトだといってもよい、なお、さきにみたように、第一のアスペクトが日常的・具体的に限定されたものが第二のアスペクト、すなわち、自己の内部における意志の敗北の不安と自己にたいする外部の意味の喪失の不安であった。したがって、私たちは、第一のアスペクトが具体化するみちとして、日常化と特殊化という二つのみちをみいだしたともいえる。また、すでに述べたところをふまえて、第二のアスペクトを生活者の不安、第三のアスペクトを創造者の不安と呼ぶこともできよう。

さいごに、不安の第三のアスペクトの以上のような考察と関連して生ずる留意点のひとつの所在を指摘しておきたい。

それは、この第三のサスペクトの理解において、作家としてのリルケとその創造した作中人物・マルテのとの関係をどうみるべきであろうかということである。すでに、第一のアスペクトにふれたおりに、リルケが「マルテ・ラウリッツ・ブリッゲの手記」を、いわば流れにさからって読むように、と読者にすすめたことを紹介した。「この書に並んですすむものは、必然的に下におちてゆく」――それは、一面では、リルケが自己をマルテから峻別することを示している。マルテは生きるためにたたかいつつ、敗北していったが、リルケはこの作品を執筆したあと、ながい沈黙をつづけて、『ドウィノ悲歌』や『オルフォイスにささげるソネット』の制作をはたしたのである。しかし、マルテはリルケの分身でもあった。それはどのような分身であったか。リルケは、ルウ・ザロメにかきおくっている。「マルテは僕の精神的危険のなかから生まれた人物にちがいありませんが、かれがある意味においては、僕の身代わりとして没落したのであるか、もしくは、それと反対に、僕がかれの手記をかくことによって、かえってこのような運命の急湍にたたねばならぬ羽目におとされたのか、どちらがはたしてほんとうの事実でしょう? 僕はこの小説をかいてしまってから、まるで死にそこねた人間のようにぼんやりしています」――マルテはリルケの分身であったが、リルケはそこに自己をあまりに深く投入したので、リルケがマルテの分身であるかのように感ぜられることもあったのだ。

不安の第三のアスペクトにおいて、マルテは、リルケから峻別される存在であるよりは、より多く分身とみなされる存在であるのではなかろうか。この判断の物的な根拠は、リルケの作品のうちでは、『マルテ・ラウリッツ・ブリッゲの手記』とかれの書簡とをつきあわせて求められる。しかし、私は、その判断が許されたばあい、それと第一のアスペクトについて述べたところをつきあわせ、そこからたぐりだせるつぎのような着眼により魅かれる。不安の第三のアスペクトの体験は、創造的行為にしたがう人びとにとって避けることができない。それは、かれらにとってしばしば苦しみや悩みをもたらすが、生と死とが独自性を失った結果として、「不安の不在によって特徴づけられる時代」としての現代においては、一種の恩寵でもある。かれらは、その体験を思想のレヴェルにまでたかめ、それによって時代を批判し、そこでの生のありかたを批判することができる。しかし、「死の不安が生の認識をふくむとき、その認識は鋭利であることの代償を頽廃へかたむくことでしばしば支払う」ともすでに述べた。そこで、かれらは、頽廃への契機をもち、それに耐えつつ、時代の批判者となる。

5　子どもの不安

「マルテ・ラウリッツ・ブリッゲの手記」における不安の第四のアスペクトは、子どもの不安である。この作品、とくに第一部の大きな部分はマルテの幼年時代、少年時代の思い出を述べることについやされている。そのうち、不安にかんする思い出は愛にかんする思い出と並ぶ主要なものである。そこに描かれる子どもの不安は具体的にはさまざまであるが、ここでは、それをさらに四つほどに区分したい。

そのひとつは、死者が生きている人びとにたちまじるときに成立する不安である。この不安にかんするめぼしいエピソードは二つある。(1)マルテが一二、三歳のころ、かれは父親に連れられてウルネクロスターの古城に住む母方の祖父を訪れ、そこにしばらく滞在した。かって、その館でクリスティーネ・ブラーエという女性が二人目の子どもを産み、その産褥の床で死んだ。それは、そのとき生まれた男の子がのち成人して亡くなったというほどの過去のことである。そのクリスティーネ・ブラーエが、マルテが祖父や父親、そのほかの人びとと食事をしている広間を通り過ぎてゆく。父親は蒼ざめ立ち上るが、祖父は「あれはここを通つてもいい人だよ、よその人ぢやない」と屈託がない。[37] (2)母親が娘であったころ妹・インゲボルクが死に、その埋葬がおこなわれた日の体験を子どものマルテに物語る。テラスで家族がみな集るお茶の時間、健康なころのインゲボルクは食物の支度をして最後に出てくるとき郵便物をはこんでくる習慣があった。しかし、彼女が病気になってからはその習慣は途絶えていた。その埋葬がおこなわれた日のお茶の時間、母はテーブルにつき、インゲボルクが家から出てくるのがあたりまえのようにおもう。ほかの家族も、それを待っている表情である。「わたしは何おもはず――マルテ、わたしはいまそれを考へただけでぞつと冷たい気持がするんですよ――わたしは何おもはず。あやふく『何をぐづぐづしてゐるのでせう――』と言はうとしました」[38]

説明的にいえば、最初のエピソードは陰鬱な古城での超自然的な亡霊の物語であり、あとのエピソードは日常生活のなかでのその心理主義的解釈ということになろうか。マルテの母親がいうように、死者が生きている人びとのあいだにたちまじるのは、生きている人びとのせいである。かれらが死者を呼ぶのである。その結果、死者があらわれると、生と死の出逢いが生じ、生きている人びとは不安を感じる。

二つ目としては子どもが非力な存在であることによる不安、三つ目としては成長にともない自己の内部からあふれてくるものへの不安をあげておきたい。それらは、マルテが病んだとき、よみがえる子ども時代の思い出とともに、そっくりそのまま帰ってきた、長く忘れていた「心のわびしい不安」として集中的に記述されている。

「毛布の端から飛び出てゐるちひさな糸くづが、ひよつとしたら、鉄針のやうに固くてあぶないのではないかといふ不安な気持。ピジャマのボタンが、ひよつとしたら僕の頭よりも大きくて重たいのぢやないかと思つたりする恐怖。そして僕は、いま僕のベッドから落ちたパンのかけらがガラスのやうに下で砕けるのではないかと考へたりする。するともう、何も彼もがそんな風にこはれてしまつて、取かへしがつかなくなるやうに、何かわからぬ苦しさが胸を押しつけてくるのだ。破つてすてた手紙の一枚の端きれが、誰にみられてもならぬ極秘なもので、部屋ぢゆうどこに隠しても安堵がならぬみたいな不安が襲つてくる。もし眠つてしまつたら、何かのはずみで、煖爐のまへにころがしてある石炭の塊を知らずに呑みこみはすまいかといふ風な不安がおこる。頭のなかで何か或る数字が忽ちおほきくなりだし、僕の頭のなかにをさまり切れなくなるやうな気がしてくる。花崗岩が僕が寝たところだけ不気味な灰色に変色しはしまいかとおもう。僕が無意識に悲鳴をあげるので、人々が部屋のまへにあつまり、扉をやぶつて這入つて来るやうな恐怖もある。おもはず何も彼も言つてしまひ。言つてはならぬとおもつてゐることを、却つてあけすけに言つてしまいはせぬかといふ不安。また、いくら言ほうとしても、どういふ風に言つてよいかわからず、ひとことも口がきけぬのではないかといふ心配。そのほか、ありとあらゆる不安、心配、気がかり。……」39

ここには、いくらか整理をすれば、つぎの六とおりのほどの不安がふくまれている。(1)傷つけられはしないかという不安。糸くずやボタンにかんする不安として描かれている。(2)秘密を守りきれないのではないかという不安。手紙の一片の隠し場所がないのでは、という懸念として示されている。(3)やってはならないことをやってしまうのではないかという不安。石炭の塊りを知らずに呑みこむかもしれない。(4)観念が成長しすぎて自分を破滅させるのではないかという不安。頭のなかで大きくなりだしておさまりきれなくなる数字は、観念、イデオロギーなどの象徴である。(5)身体から汚れが分泌される不安。その結果、花崗岩の上の主人公が寝た場所だけが変色するというわけである。(6)言葉で伝達する必要があるとき、それができなくなってしまうのではないかという不安。これについては、マルテが子ども時代、机の下の暗がりで色鉛筆を探していたとき、壁のなかから出てきた手に愕き、怯えながら、それを大人たちに話せなかった経験がおもいあわせられる。

以上の六とおりの不安は、さらに抽象化すれば、成長にかかわる不安としてとらえなおすことができそうである。(1)や(6)は、まだ成長していない子どもがその非力さを自覚してもつ不安である。(2)から(5)までは、成長につれて自らの内部からあふれだすものについての不安である。それは秘密にされねばならないなにか、禁じられている行為、イデオロギー、生理的な分泌物などである。子どもは思春期をひかえて急激な成長がはじまるとき、それらをあふれ出させる存在として自らを意識する。

四つ目は、自己を喪失する不安である。マルテは子どものころ、客間の隣室にある戸棚を開けて、一八世紀風の侍従職の制服、官服などをみつけた。かれは、それらの衣服を着て鏡のまえに立ち、空想のなかで別の人物になってみた。かれは「或る種の服装から直接流れてくるらしい影響力のようなもの」を知る。その服装を身につけると、かれの手足は俳優のそれのようにうごきだすのだ。かれは、さまざまに変化しながら、かえって自分をよりつよく意識する。

そんなある日、マルテは最後の戸棚を開けて仮装舞踏会の衣裳をみつける。イタリア風、トルコ風、ペルシャ風などの衣服、装身具、ショール、ヴェール。色とりどりのそれらをながめながら、かれは「本当に自由な、無限の変化をふくむ可能性」を予感した。仮面もあった。かれは仮面のひとつをかむり、布地をターバンのように頭に巻き、マントを着て鏡のまえにいった。扮装の出来栄えは申分なかった。かれはポーズをつくってみる。そのとき、マントの裾ででもひっかけたのだろうか、テーブルが倒れた。そこにおいてあった飾りものや小箱が落ちてこわれ、香水罎は砕けて香水が床に汚みをつくった。かれはそれらを始末しようとしたがうまくゆかない。仮面やマントが邪魔になる。巻きつけた布をはずそうとすると、かえって締まってくる。かれは鏡をみて、手をどううごかしたらよいか知ろうとした。

「しかし柱鏡はその機会を待ちかまへてゐたらしかつた。鏡にとつて、復讐の時間がやうやくおとづれたのだ。僕はますます呼吸が苦しくなり、何とかしてこの仮装を取りはづさうともがいた。すると、どうしたわけか、鏡はいつか知らぬまに僕の顔をあげさせ、ぢっと鏡のなかを凝視させてゐる。鏡は不思議なちからで、僕に或る彫像を——いや、或る奇態な現実を演出させるのだった。僕は自分の意志で極力抵抗しながら、その異様な、得体のしれぬ、怪奇な現実のなかに、ずるずると引きずりこまれてしまつた。いまや鏡が命令者になり、僕が一種の鏡にかはつてゐた。(中略)僕は何もわからなくなり、そこに打つ倒れてしまつた。それからおよそ一秒時は、僕はしきりに無くなつてゆく自分といふものに対して、ひどく込み入つた、悲痛な、無益な憧憬をおぼえた。」[40]

このエピソードは、変身遊びのなかで不始末から狼狽して生じたおびえをよく伝えているが、それを越えて子どもの不安の一面がもつ普遍的性格を示唆しているともみえる。それは「無くなってゆく自分」についての不安である。成長するということは、新しい自分になってゆくということであるが、それは同時に、いままでの自分を喪失してゆくということでもある。これにたいして、子どもが成長して青年になり、成人になっても、その人格は連続性をもつのだから、成長は自分の喪失ではないという考えかたがあろう。しかし、子どもについてのリルケの考えかたはそうではなかった。

リルケは、子どもを、おとなとは異質の存在、いわば別の種族のようにみている。かれは、フリードリッヒ・フーフあての手紙のなかでかいている。「幼年時代をもつといふことは、一つの生を生きる前に無数の生を生きるといふことです。」また「私は孤独な悲しい子供でした。(中略)私は、あの時代には、大人の生活が決してもうとどかない物や深みや夢があつたと感じます。」[41]

最後に、この不安の第四のアスペクトと、すでにみた三つのアスペクトとの関係をひととおりみておきたい。第四のアスペクトは、死者が生きている人びとにたちまじる不安、非力な存在であることの不安、自己の内部からあふれ出るものへの不安、自分を喪失する不安などをふくんでいた。最初のものは、すでにいったように生と死が出逢うところに成立する不安のひとつの形態である。残りの三つも同様であろう。非力な存在であることにより傷つけられるかもしれないという不安はいうまでもない。自己の内部からあふれ出るものと、自己の成長としての自己の喪失は、表裏の関係にある。生と死の出逢いは、後者で直接的に、前者では間接的に示されている。そのようなものとして、子どもの生は死にちかい関係にあるというリルケの判断をも理解しておきたい。

注

1 R・M・リルケ、大山定一訳『マルテの手記』(以下、『手記』と略記する)新潮文庫、一九五三年、八ページ。
2 『手記』八ページ。
3 リルケ、矢内原伊作訳『巴里の手紙――リルケ書簡集――』(以下『手紙』と略記する)角川文庫、一九五五年、一〇ページ。
4 『手記』一八二ページ。
5 『手記』一八三ページ。
6 『手記』一四ページ。
7 V・フランクル、霜山徳爾訳『死と愛』みすず書房、一九六二年。
8 『手記』一三ページ。
9 K・マルクス、三浦和男訳「市民社会における貨幣の権力」『経済学=哲学手稿』青木書店、一九六二年、二二七ページ。

10 『手記』一三―一四ページ。
11 『手記』七五ページ。
12 『手紙』一一八ページ。
13 『手記』一九六―一九七ページ。
14 『手記』五六―五七ページ。
15 『手記』五七ページ。
16 『手記』五三ページ。
17 F・エンゲルス、武田隆夫訳「イギリスにおける労働階級の状態」『マルクス・エンゲルス選集　二巻』新潮社、四七ページ。
18 『手記』二二ページ。
19 『手紙』六〇―六一ページ。
20 『手記』二八ページ。
21 『手記』二八ページ。
22 『手記』二六〇―二六九ページ。
23 『手記』二八ページ。
24 『手記』二八―二九ページ。
25 『手記』五九―六〇ページ。
26 『手記』五八ページ。
27 P・ヴァレリィ、佐藤正彰訳「ボオドレールの位置」『世界文学大系33』筑摩書房、四三九―四四〇ページ。
28 『手記』二九ページ。
29 『手記』二九ページ。

30 『手記』二九—三〇ページ。
31 リルケ、高安國世訳『若き詩人への手紙　若き女性への手紙』新潮文庫、一九五六年、三八ページ。
32 同右、三八—三九ページ。
33 同右、三九ページ。
34 『手紙』三一ページ。
35 『若き詩人への手紙　若き女性への手紙』前出、一二ページ。
36 同右、一五ページ。
37 『手記』三九ページ。
38 『手記』九六—九八ページ。
39 『手記』六九—七〇ページ。
40 『手記』一一〇—一一五ページ。
41 『手紙』五二—五三ページ。

6 死の社会学の全体構想

はしがき

死は、現代日本において、多くの人びとにとって、また、かれらが構成する社会にとって、大きい関心事である。人びとは、自分自身と愛する者の人生のありかたをおもうとき、その最後に確実にやってくる死を意識しないではいられない。また、マス・メディアの報道内容をみても、その主要なものの大多数は、死となんらかのかかわりをもっている。国内では老いや疾病の果ての死、事故や犯罪がもたらした死が多く語られ、海外からは戦火や政争による死、窮乏や飢餓による死がひっきりなしに伝えられる。

このような状況のなかで、現代日本の社会学は死を考察の主題とすることがあまりに少ない。人びとや社会の死によせる関心の大きさ、多様さと、社会学者たちの死についての関心の弱さと単調さ。この対照性自体が知識社会学のひとつのテーマである。社会学の学問としての未熟さが、人びとのライフ・コースにおいて誕生や成長に関心をよせるほどに、衰退や死亡に関心をよせさせないのではないか。あるいは、社会変動の過程において、産業化や都市化などの発展に注目するほどには、格差や内戦などの停滞・後退に興味をもたないのではないか。すぐれた例外があることには、のちにふれる。しかし、同学の仲間たちの多くが、死についてあまりにわずかしか語っていないのも事実である。そのようなかれらのなかで、われわれは交通事故死をてはじめに、病死、災害死、自死などの調査研究に従事し、死にかかわる諸社会事象の実証的・理論的研究を蓄積してきている。

以下、二つの作業をつうじて、死の社会学的研究の主要な知見と課題を例示してみる。

1　私の研究経験から

死の社会学的研究とみなすことができる自分の業績を、社会学の主要な対象の理論ごとにひとつあげて、それによってえられた知見の一部を紹介してみる。

第一、社会的行為の理論＝『あしなが運動と玉井義臣』の「Ⅱ・時代の本質」

玉井が交通評論家、社会運動家として成功するにあたっての時代的背景を論じ、その不可欠の一環としての交通事故死をくわしく考察した。その時代は一般に高度成長期としてとらえられるが、主導産業のひとつは自動車産業であった。自動車関連産業が提供する雇用機会によって、日本の国民の一〇％前後がはたらくようになる。大量の自動車が生産、販売、消費されて、モータリゼイションが進行し、多数の交通事故による死者が出た。高度成長期の社会変動を多面的に分析し、それらとの関連で交通事故死の多発を究明した。それは残された交通遺児家庭の貧困問題、疾病問題、教育問題などの原因ともなった。なお、同書では、ほかに病死、ガン死、自死、災害死などもまとまった考察の対象となっており、グリーフ・ワークやその発展としての社会運動までが論じられた。

第二、相互作用の理論＝「死者とのつながり」『死の社会学』所収。

日本文化を歴史的に観察して、死者と生者とのつながりに四つの基本類型を区分した。すなわち、(1)祖霊と子孫、家のつながり、死者は加護をあたえ、生者は魂祭りをする。(2)怨霊・御霊と住民・個人とのつながり、死者は災厄、加護をもたらし、生者は回向、信仰をささげる。(3)主君の霊と家臣個人とのつながり、死者は生前に性関係をもち、あるいは贈与をおこなっており、生者は殉死するが、そこには返礼と自己主張がふくまれる。(4)英霊と天皇、臣民、国民のつながり、死者は護国をおこない、生者は慰霊・顕彰をおこなう。この四類型を利用しながら、戦前昭和期の精神史をつぎのように論じた。国家官僚たちは(4)の靖国思想で国民の思想統制をはかったが、文学者たちは(3)から象徴的殉死の思想をつくって対抗した。それは、生者が死者とのつながりによって再生するという思想である。

第三、「パーソナリティの理論=「震災体験の癒しの過程における『重要な他者』と『一般的他者』」樽川典子編著『喪失と生存の社会学』所収。

社会学は、子どもの社会化=成長の過程を論じて、「重要な他者」と「一般的他者」のはたらきを重視してきた。われわれは、その発想を、阪神淡路大震災によって家族を失ったひとの癒し=立ちなおりの過程の理解に適用した。一〇の新しい発見があったが、そのうちの三つを紹介する。(1)死別体験の癒しの過程において「重要な他者」はしばしば亡くなった配偶者や子どもであった。(2)ある人にとって、死者が「重要な他者」となるための条件は、①かれが死者の実在を確信していること、②かれが死者とのコミュニケーションを実感していること、③かれが生前の死者の人格的美質を認識していること(以下略)。(3)死者が「重要な他者」としてあるひとにおよぼす影響の程度は、かれの死者によせる愛情、死者を失った悲しみや怒りの大きさ、強さと相関する。また、かれの記憶のなかにある、死者が生前にかれにあたえた愛情の大きさ、強さと相関する。

第四、社会制度の理論=『死者に語る——弔辞の社会学』

死にかかわる社会制度の代表例のひとつが葬儀制度である。現代日本において葬儀の重要な一環として死者にささげられる弔辞がある。弔辞は、対故人型のばあい、ある死者の葬儀において、参列者のひとりがその死者に呼びかけ、語りかける言葉である。その死者はふつう霊魂とかんがえられている。プロテスタントのキリスト教は葬儀で故人に語りかけることを原理的には禁じており、これと比較すると、日本の、あるいは東アジアの葬儀の独自性があきらかである。弔辞の具体例の研究から引き出された命題の一部を列記する。(1)弔辞は短い伝記である。(2)弔辞は短い現代史である。(3)弔辞は読み手の自己表現である。(4)社葬の弔辞は会社教のマニフェストである。(5)南原繁の弔辞はキリスト教の原理に背くところがある。(6)原民喜への弔辞は、原子爆弾の被爆体験をもつ日本の近代史をめぐる死者と生者の対話の発端である。

第五、集団・組織の理論＝『内務省の社会史』とくに衛生局にかかわる節。

内務省が国民にたいしておこなった管理のうち、衛生局が担当した部分は、身体(生命)の管理と約言される。内務省は「医制」「日本薬局方」をさだめ、病院、薬局、医師、看護婦、薬剤師、産婆などを主要な行政資源としつつ、衛生行政を展開した。その主内容は、まず、海外から侵入する急性伝染病への対策であり、ついで、結核が代表する慢性伝染病への対策であった。内務省は前者ではみるべき成果をあげたが、後者では苦戦した。その実状を明治維新から敗戦までの時間域で大づかみにみると、国家機構が頂点に立ち、多様な行政資源を駆使して展開する衛生行政は、身体(生命)の管理であって、誕生、健康、疾病、死亡の管理であるとみえる。死の社会学的研究においては、国家は国民の死の管理機構である。あわせて、内務省は陸軍省と協働して、徴兵行政をおこなっていたことに注目せよ。国家は国民をなるべく死なせないようにするが、しかし、必要があれば死なせる。

第六、文化の理論＝「共産主義と大量死――ソヴィエト連邦のばあい」武川正吾ほか編『死生学3巻　死とライフ・サイクル』所収。

二〇世紀の時代的特質のひとつは大量死の発生にもとめられる。二度の世界大戦は六五〇〇万の死者を出した。

ナチス・ドイツは強制収容所で五〇〇万のユダヤ人を虐殺した。共産主義の圧政は一億人ちかい死者を発生させた。ソヴィエト連邦では、そのうち二〇〇〇万人が殺されている。その主要形態は、飢饉による農民の餓死、政治裁判による大テロル、強制収容所における虐殺と強制移住による大量死、である。その歴史的要因はつぎの七つである。(1)ソ連がおかれていた国際環境からの圧力、(2)マルクス主義の暴力肯定の思想、(3)成功した革命の内戦体験、(4)革命家たち、とくにスターリンのパーソナリティ、(5)帝政ロシアの政治文化、(6)社会主義官僚制、(7)トロツキー、トロツキスト、トロツキズムという口実。

第七、全体社会の理論＝『世界子どもの歴史11・現代』「Ⅱ・統計による接近」の「2・誕生と子どもの死亡」

この全体社会は国民社会でも世界社会でもよい。前掲の書物は、国民社会の集合としての世界社会を一九八一年の時点で観察し、乳児死亡率と幼児死亡率の国際比較をおこなっている。当時、国民社会はＧＮＰと経済体制によって、六つのグループに区分されていた。各グループの乳児死亡率と幼児死亡率はつぎのとおり。(1)低所得国九九・一四、(2)下位中所得国九五・一四、(3)上位中所得国六二・六、(4)高所得石油輸出国九六・一三、(5)市場経済工業国一一・〇、(6)東欧非市場経済国二五・一。ユニセフは、乳児死亡率こそ、子どものための進歩をはかるもっとも敏感な指標であるとみている。そこには、教育、給水、保健、栄養の進歩が反映する。八一年、一年間で、低所得国、中所得国において、約一五〇〇万の乳幼児が死亡した。

2　主要な課題と留意点

これまでの叙述を手がかりにして、死の社会学の研究課題を整理し、それらを研究するさいの留意点をあげておきたい。課題の多くは複数の理論によって研究されうるのだが、重複を避けるため、特定の課題はひとつの理論にかぎってあげる。また、便宜上、課題は主要なもの一〇までを限度とする。

第一、社会的行為の理論による研究。

研究課題＝(1)病死、(2)ガン死、(3)災害死、(4)交通事故死、(5)自殺、(6)戦死、(7)戦災死、(8)餓死、(9)刑死。

社会的行為として死とは、死にゆくひとの行為、その帰結としての死および死後である。死にゆくひとの行為を調査するさいの主要な情報源は、死にゆく人本人とそのひとをまぢかに観察しうる人びとである。前者による情報の形態として闘病記、将兵の手記、遺書などがある。自分史ブームの一環として闘病記が多く刊行されているので、その収集・分析にはとくに留意しなければならない。将兵の手記・遺書については、前世代の社会学者たちの業績の継承・発展に留意する。後者としては、医師、看護師、介護職員、ＭＳＷ、宗教家などの専門職・準専門職の観察を、文書やインタビューによって収集・分析する。死後＝生者としての不在を、社会的行為としての死にどう組みこむか。

第二、相互作用の理論による研究。

研究課題＝(1)医療、(2)看護、(3)介護、(4)ＭＳＷ、(5)ついの看取り、(6)殺人、(7)テロル、(8)ジェノサイド、(9)死者とのつながり、(10)献体。

この相互作用は、死にゆくひとあるいは死者と生者の相互作用である。そのもっとも一般的な形態とみなしうるものとして医療をかんがえてみると、相互作用としての医療は、医師と死にゆくひとのそれぞれの社会的行為の複合として存立する。医師の医療行為にたいして、インフォームド・コンセントの制度が示唆するように、死にゆくひとも医療に参加する。死にゆくひとの意志、能力などにもとづく社会的行為として、医療をうけることをかんがえなくてはならない。看護からついの看取りまでも同様である。殺人、テロル、ジェノサイドについては、加害者と被害者の相互作用の観点を分析に導入して、被害者学との接点をさぐり、ジェノサイドのばあい、社会的抵抗にも注目するべきである。

第三、パーソナリティの理論による研究。

研究課題＝(1)死にゆくひと、(2)死者、(3)遺体・遺骨、(4)霊魂、(5)遺家族、(6)天皇、(7)国民、(8)医師、(9)看護師、(10)軍人。

現代の日本社会において圧倒的多数の人びとが死者の実在、とくに親しかった死者の実在を信じている。その死者の比較的に一般的な存在形式は霊魂である。その霊魂は、自意識、生活史にかんする記憶、人間的な感情をもち、母国語を理解するとかんがえられている。これは社会学のタームでいえば、死者がパーソナリティとして存在するということにほかならない。したがって、観念世界においては、社会は生者と死者によって構成されることになる。靖国思想においては、天皇は国民の頂点に立ち、英霊と向かいあう。死にかかわる専門職業人たちの研究は、パーソナリティの理論のうち、職業的性格、社会的性格の理論によっておこなわれる。武士道など伝統文化の影響にも注目。

第四、社会制度の理論による研究。

研究課題＝(1)医療制度、(2)医療保険制度、(3)医療扶助制度、(4)介護保険制度、(5)医師教育制度、(6)葬儀制度、(7)墓地制度、(8)相続制度、(9)死刑制度。

医療制度の顕在的機能は医師による患者の治療であるが、潜在的機能は医師が社会にたいしてもつ権力・権威の保障であるという命題がある。われわれは、これに、顕在的機能では医師による患者、その家族、ひろくは社会への死の受容をつけくわえ、潜在的機能にかんしてはその権力・権威の背景に階級と国家の権力・権威があることをつけくわえねばならない。ほぼ同様の事情が死刑制度と専門職としての法曹についてもいえることに留意されたい。死にかかわる社会制度には多かれ少なかれ、この事情がある。政治権力による民衆支配の有力な一環はかれらに死を受容させることである。そこに科学、宗教、呪術、儀式が動員されている。

第五、集団・組織の理論による研究。

研究課題＝(1)内務省・厚生省、(2)陸軍省・海軍省・防衛省、(3)司法省・法務省、(4)病院・ホスピス、(5)軍隊、(6)裁判所・刑務所、(7)強制収容所、(8)葬儀企業、(9)寺院・教会、(10)暴力団。

死の社会学的研究が新しく発見・強調した重要な命題のひとつは、国家が死を管理すると約言される。私は内務省研究と大量死研究をつうじてその命題にみちびかれた。管理のために国家組織がおこなう社会的行為としては、日常的なものに医療行政、司法行政があり、非日常的なものに戦争、革命がある。これらのうち、革命のみは、新しい国家を形成する政治勢力がその形成過程でおこなう社会的行為というべきだろう。国家組織のもとには、病院、軍隊、裁判所などの行政資源が部分社会として連なっており、そこではたらく専門職は難度の高い国家試験をつうじて採用される。

第六、文化の理論による研究。

研究課題＝(1)死の判定（医療文化）、(2)尊厳死・安楽死、(3)死後の生（宗教文化）、(4)追悼、(5)辞世・悲歌、(6)暴力革命思想、(7)総力戦思想、(8)核兵器、(9)特攻作戦、(10)ゲリラ。

この分野で、現在、もっとも注目を集めるトピックは、死とはなにかという死の判定の問題であろう。従来なじまれてきた死の観念は心拍と呼吸の停止、瞳孔の拡大を条件としていた。それは多分に伝統的・民族的観念であった。これにたいして、臓器移植と関連する脳死の観念は新しく出現した通文化的な死の観念である。二とおりの死の観念は目下、はげしく葛藤している。また、二〇世紀は戦争と革命の世紀であり、それらによって大量死がおこった。暴力革命思想、総力戦思想を大量死のイデオロギーとして研究するべきである。

第七、全体社会の理論による研究。

研究課題＝（1）人口動態、（2）死亡率、（3）乳児死亡率、（4）幼児死亡率、（5）自殺率、（6）平均寿命、（7）高齢化率、（8）大量死。

人口社会学は、社会学の諸分野のうちで、将来予測の正確度がきわだって高い分野であった。それは出生率、高齢化率などの予測で早くから注目されてきたが、それらの函数としての死亡率の予測を検討してみたい。総じていえば、富裕社会、過剰富裕社会は高齢化社会、高齢社会であり、ひとがなかなか死ねない社会であり、死にゆく過程が長期化する社会である。また、南の国々は人口問題に共通して悩んでいるが、その根本原因は、（1）子どもが労働力として早くから価値をもち、（2）親の老後の生活保障の有力手段でもあるのに、（3）乳児死亡率・幼児死亡率が高いので、（4）子どもを多く産むところにもとめられる。

この節の叙述を次ページ図1にまとめた。

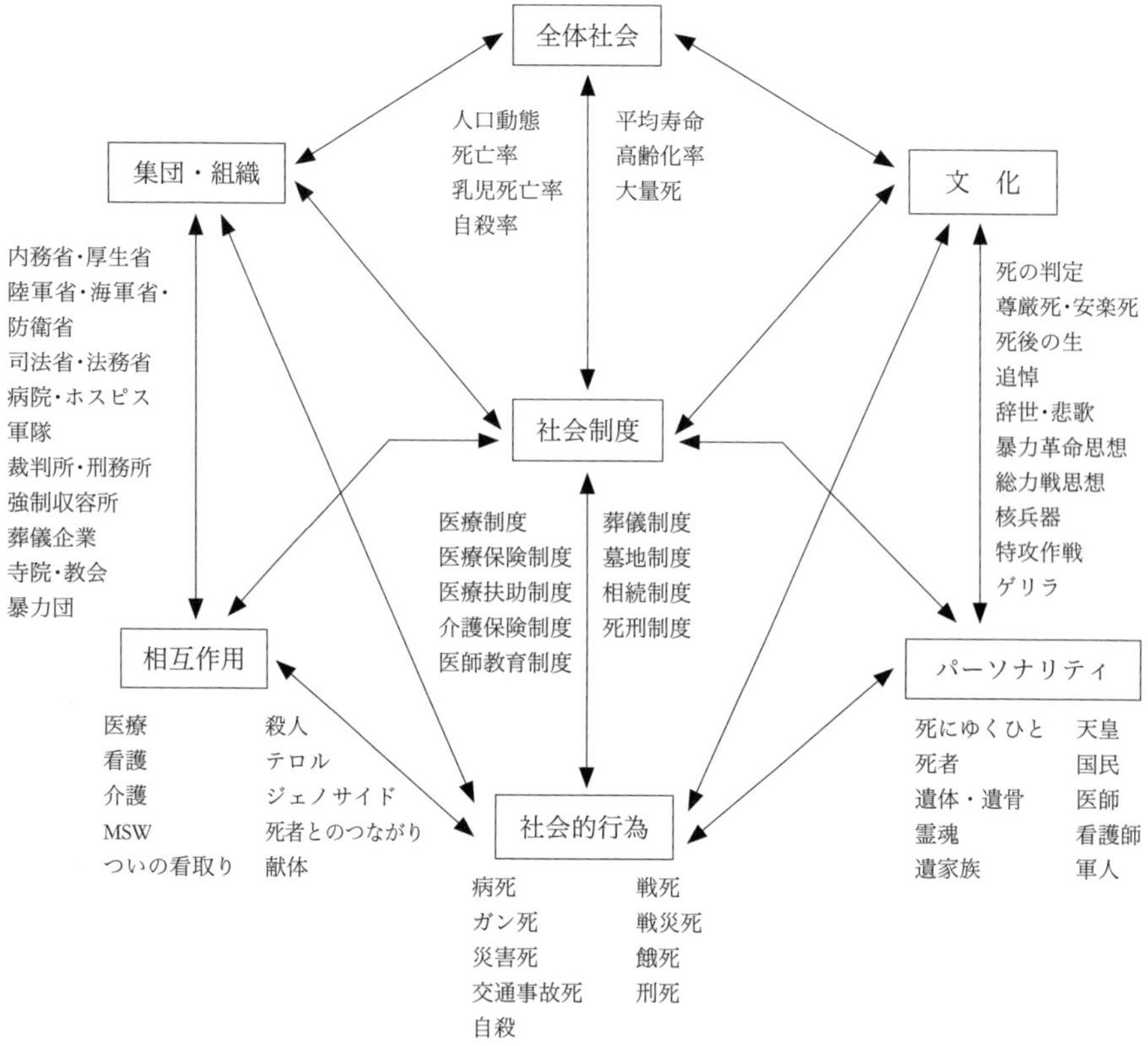

図1　死の社会学の対象と方法

あとがき

死は、社会学の研究対象とされるとき、基本的発想として、他者の死と自己の死に二分される。まず、他者の死からはじめよう。私を組織者とする若い社会学研究者たちのゆるやかな結びつきが、死の社会学を自分たちの専攻領域のひとつとして自覚していったのは、最初は多分に偶然のきっかけによってであった。私たちは生活問題の調査・研究で実績をつんできており、その一環として一九七四年に交通遺児育英会から委託され「交通遺児家庭の生活実態調査」をおこなった。この仕事は二、三の年度の中断をはさみながら、対象を病気遺児家庭、ガン遺児家庭、震災遺児家庭、自死遺児家庭、津波遺児家庭などと多様化させつつ、現在まで、約四〇年つづいている。その間、一九九四年から委託者があしなが育英会にかわった。研究課題ははじめのうちは貧困問題を機軸にした生活問題であったが、のちには死と死別の問題の比重が次第に増してきた。とくに自死遺児家庭、ガン遺児家庭の調査のあたりから、その傾向がつよまってきた。

この調査研究を背景にして、R・ベネディクトの『菊と刀』をめぐって、作田啓一氏と私の見解の交換から、私は、本巻所収の「死者とのつながり」を執筆することになる。この執筆のいきさつについては、前出論文の冒頭部分にくわしく述べているので、それをくり返すことはしない。死者とのつながりという発想から「死者に語る——弔辞の社会学」、「自死遺児について・再考」、「震災死体験の癒しの過程における『重要な他者』と『一般的他者』」の三篇がつくられている。この三篇があつかう素材は、私が知るかぎり、日本の現代社会学においてはじめてとりあげられたものである。

つぎに、自己の死であるが、私が研究主題としての形式をとったそれにはじめてふれたのは、S・フロイトの「快感原則の彼岸」においてであった。「あらゆる生物は内的な理由から死んで無機物に還るという仮定が許されるなら、われわれはただ、あらゆる生命の目標は死であるとしか言えない。」この衝撃的な仮説を成立させたフロイトの推理をくわしく紹介する紙幅のゆとりはないが、かれは、生物有機体の歴史と欲望の本質の規定からそれをはたしている。無機物の世界に生命が誕生し、その生命は無機物にもどろうとする。その衝迫が死の本能である。この仮説によって、人間は生の本能と死の本能をもつことになり、前者は生の継続を、後者は死をかれに強いる。エロスとタナトス、二つの本能は、けわしい対立関係に入ることになる。

この対立関係の事例研究のひとつとして、R・M・リルケの『マルテ・ラウリッツ・ブリッゲの手記』にかんする分析研究を位置づけておこう。その作品において、キイ・コンセプトは、生・死・不安の三つである。三者の関係は、生は最初から死を内在させており、時が経過すればかならず死すべき存在である。生が死と出会うとき、不安が成立する。不安の四つの位相の描写は、私の能力が及ぶかぎり精緻におこなったのでくり返さない。私がそれらにあたえた呼び名をあげて、読者の回想の便をはかることにする。

(1)生が死に出会うとき成立する不安。
(2)自己の内部における意志の敗北の不安。
自己の外部にたいする断絶・孤独の不安。
(3)創造的行為の推進力としての不安。
(4)子どもの不安。

①死者が立ちまじるときの生者の不安。
②非力による不安。
③成長につれて内部からあふれるものについての不安。
④自己を喪失する不安。

私は、この論考を出発点に、不安を主題にして、原民喜「夏の花」、S・フロイト「自我とエス」、V・レーニン「帝国主義論」を素材に、二〇世紀の社会心理を論じる仕事を計画したことがあったが、語学面の制約によって断念している。そのような制約を意に介さない若手の研究者の登場を切望する。

本巻の収録作品について、初版の刊行年月日、掲載誌(単行本)、出版社、最終版の刊行年月日、その他はつぎのとおり。


「死者とのつながり」原題「死者とのつながり――先達に答える」筑波大学社会学研究室『社会学ジャーナル』第22号、一九九七年三月。前出の題で、副田義也編『死の社会学』二〇〇一年二月二七日、岩波書店。

「死者に語る――弔辞の社会学」二〇〇三年一二月一〇日、筑摩書房。

「自死遺児について・再考」二〇〇二年三月三一日『母子研究』No.22、真生会社会福祉研究所。二〇一三年一月、副田義也編『福祉社会学の挑戦』岩波書店。

「震災死体験の癒しの過程における『重要な他者』と『一般的他者』」二〇〇七年三月一七日、樽川典子編『喪失と生存の社会学』有信堂高文社。初出時タイトルは「震災体験の癒しの過程における『重要な他者』と『一般的他者』」。前出『福祉社会学の挑戦』。

「不安論ノート」一九七七年三月一日『経済と社会』第五号、東京女子大学社会学会。

「死の社会学の全体構想」二〇〇八年三月、研究代表者・副田義也『死の社会学的研究――平成一七年度〜平成一九年度科学研究費補助金（基盤研究（A））研究成果報告書』。のち一部修正。

なお、本巻所収の「死者に語る――弔辞の社会学」について、以下の注記をする。「死者とのつながり」を巻末においた私の編著「死の社会学」（二〇〇一年、岩波書店）が出版されたのち、死者とのつながりというアイディアを主題に発展させた『死者に語る――弔辞の社会学』（二〇〇一年、筑摩書房）を誘われてかいた。この本を私は学術書としての文体で文献注を入れてかいたのだが、新書として刊行することになり、かならずしも本意でなかったが、注をすべて省略することになった。著者の気分としては、今回、本来の形式でこの本を世に出してやることができたとおもっている。

著者紹介(一)

著書、編著書のための著者紹介はかきなれているが、作品集、著作集のためのそれをかくのは最初の経験である。それらの刊行物は複数巻で刊行されるのが常であろうが、同じことを毎回かくわけにもゆくまい。最初のうちは型通りの家系および生育歴、学歴、職歴などをかきつらねておき、後半以降は学問的・思想的遍歴から毎度一、二のトピックスをひろっておくことにする。

家系図は、私のばあい、私から三代さかのぼれば充分であろう。父親は副田正義、父方の祖父は佐賀県のひと、副田勘太郎、若いころは町道場で柔術の師範をつとめ、遊侠の徒とのまじわりもあったらしい。晩年は独居して日雇い労働者として生計をたてていた。その生活のすさみように息子である私の父親はかんがえるところが多く、苦学して中学校を卒業、青山学院専門学校神学部に学んで、キリスト教西部バプテスト派の牧師となった。戦前期、最初の任地で六年間開拓伝道に従事して信者三人をえるにとどまった。私の子ども心にも、当時の生活の赤貧洗うが如き状態はまざまざと記憶されている。母親は中島信子、母方の祖父は中島辰蔵、このひとも牧師でキリスト教東部バプテスト派の牧師であった。キリスト教の教義研究に打ちこむと同時に、禅哲学を熱心に勉強していた。私の母親は牧師の娘で牧師の妻となった訳である。両親の信仰生活は、父が九七歳、母が一〇四歳で死去するまで一貫してゆらぐことはなかった。

このような両親の許で、かれらに充分に愛されて、私は育てられた。私自身も貧困の辛さをしばしば嘆きながら、おおむねその生活に適応して、日々をすごしていた。ただの一点をのぞけば。私は、かれらのキリスト教信仰にまったく共感することができず、それどころか、その信仰に苛立ちと敵意をつねにいだいていたのである。これは事実である。なぜ、私はそのような価値意識の持ち主になったのか、そこにはどのような要因がはたらいていたのか。たとえば、子どもの性格形成過程の反抗期に、両親の権威主義的態度がかれらのピューリタニズムとしてあらわれ、私の反キリスト教的な心情のターゲットとして定着したという説明のしかたがかんがえられる。しかし、私の個人的実感としては、そうもいえようが、それのみで充分な説明になるとはいえそうにない。

時代はうつる。軍国主義政治のもと、地方権力は手段をえらばず、私の父親がはたらく伝道所を閉鎖させた。かれはキリスト教関係の書物を販売する書店主となり、ついでミッション・スクールの聖書や英語の教師となり、家族を養った。太平洋戦争は、私が国民学校（当時、小学校をそう改名していた。）二年生の冬、はじまった。

その冬、私は八歳であったが、のちに一族のなかで語り草となる発言を母親を相手にしている。「宗教は科学と一致しない。」「キリスト教も迷信のひとつだ。」当時、私の知的世界において、迷信という言葉は、宗教という言葉とほぼ同義であった。私は、そのころから読書にかんしてはきわめつきの早熟な子どもで、父が経営者である書店の商品から、坪内訳のシェクスピア全集も米川訳のドストエフスキー全集もぬきだし、よみとばしていた。太平洋戦争の戦局は、日本軍の勝利が連続する短い期間のあと、わが国の敗戦に急速にかたむいていった。

私が国民学校五年生の夏、父は徴兵され、母と私、弟妹四人は福岡市に住んでいたが、そこでアメリカ空軍による市街地の半分が一夜で消失する空襲を体験する。いきなり空襲警報のサイレンが鳴りわたって、焼夷弾の絨毯爆撃がはじまり、着弾の轟音にとりまかれて外出することができず、母子は押し入れの下段に入った。母は早口で祈った。「神様、久留米の兵営にいるお父さんをお守りください。私たち親子をお守りください」その祈りに唱和することに、私は短い瞬間の連らなりのなかで抵抗した。神はいないはずだ。それは人間たちの想像がつくりだしたものでしかない。しかし、私の抵抗はたちまち押し切られてしまう。人間はこんなにもろいものなのだ。私は母の祈りに唱和して、早口で、神に救いをもとめる祈りに追いこまれていった。

波状空爆のあいまに、私たちは、家々が炎上して明るい街路を、町はずれの丘陵につくられた防空壕に逃れていった。近所の子どもたちに負傷者はなかった。その夜から翌日にかけて、私は、神に祈った自らの弱さを責めて、うしろめたさをくり返し味わっていたが、それを家族にもらすことはなかった。

ま行

や行

ら行

わ行

た行

な行

は行

さ行

事項索引

な行

は行

ま行

や行

ら行

わ行

人名索引

著者

副田　義也（そえだ よしや）

死者とのつながり―副田義也社会学作品集第Ⅱ巻―

2017年1月20日　初　版第1刷発行　〔検印省略〕

＊定価はカバーに表示してあります

著者©副田義也　発行者 下田勝司　印刷・製本　中央精版印刷

東京都文京区向丘1-20-6　郵便振替 00110-6-37828

〒113-0023　TEL 03-3818-5521（代）　FAX 03-3818-5514

発行所　株式会社 東信堂

E-Mail tk203444@fsinet.or.jp　URL http://www.toshindo-pub.com/

Published by TOSHINDO PUBLISHING CO.,LTD.

1-20-6, Mukougaoka, Bunkyo-ku, Tokyo, 113-0023, Japan

ISBN978-4-7989-1400-8 C3336

副田義也社会学作品集　全12巻

Ⅰ　人間論の社会学的方法

Ⅱ　死者とのつながり【本書】

Ⅲ　老いとはなにか

Ⅳ　現代世界の子ども

Ⅴ　日本文化試論

Ⅵ　『菊と刀』ふたたび

Ⅶ　福祉社会学宣言

Ⅷ　福祉社会学革命

Ⅸ　教育勅語の社会史

Ⅹ　教育基本法の社会史

Ⅺ　学校教育と日本社会

Ⅻ　マンガ文化